U0135218

大道春風御樂裡
仙標玉骨壯元郎

垂人不羨瀛洲伴
經幄論思公邑晚

王朝　朝鲜　中的　文物

〔韩〕申炳周　著

王海龙　译

真景

조선평전

景

社会科学文献出版社
SOCIAL SCIENCES ACADEMIC PRESS (CHINA)

序

　　历史对我们生活的最大意义是什么呢？这虽然是老生常谈，但我觉得那就是通过历史来诊断今天的生活，然后勾勒未来，铭记"温故知新"和"法古创新"之精神。特别需要指出的是，朝鲜王朝是一个距当代社会并不久远的时代。当时的生活和思想传承至今，有很多朝鲜王朝时期的历史场景需要重温。

　　除现实性之外，还有一个重要的因素，即历史现场。找到蕴含历史气息的现场，若有机会从中自动复原历史，学习历史的兴趣就会倍增。我也是在看书和讲课的同时，试图从重视现实性和历史现场的角度，系统地传授朝鲜王朝的历史。

　　作为此项工作之一，从 2007 年开始，我有机会在报纸专栏发表连载文章，将朝鲜王朝历史中可以被称为"真景"的重要场面与当代历史进行交叉与反思。在写了多达 60 次的专栏后，已经过去了 3 年的时间。转眼间，零零散散的文字形成了框架，我也有了将其出书的想法。此时，我遇到了书缸出版社的法人代表姜升旻（音）和主编李恩慧（音），这使本书得以问世。另外，我在大体阐述朝鲜王朝时期的政治、经济、社会和文化的同时，勾勒了它们的轮廓，附加了若干评论。

我在书中兴致勃勃地展现朝鲜王朝时期历史真面目的同时，还试图以和现在对话的方式进行叙述。如您所知，因为我觉得，重温这些真面目，使其更加鲜明地展现出来，比将其关在历史博物馆里更有意义。

留心观察 2011 年日本大地震之惨剧的同时，我想到了朝鲜王朝时期地震的发生及应对方式。我还将朝鲜王朝科举考试的热潮与最近的大学入学考试（修学能力考试）制度进行了比较。目击刁难官吏的新参礼文化原封不动地承袭至今，我便指出了其中的弊端。描述 1623 年"仁祖反正"的同时，我还指出，这和"5·16 军事政变""12·12 军事政变"等当代军事政变具有联系的来龙去脉。我还想告诉大家，随着最近法国决定将原外奎章阁所藏书籍归还韩国，作为社会热点议题而浮现的外奎章阁仪轨被利用起来，这使过去几百年的历史于今天得以重现，并深深地立于我们的生活之中。

本书也不打算放弃历史现场。书中描写了首尔的城郭，以及只保守自身秘密的朝鲜王陵的历史。书中强调，在清溪川水路上，太宗和英祖时期的光荣历史正在"呼吸"。另外，我还介绍了中人阶层委巷文学运动的发祥地，即仁王山一带的文学遗迹。读到展现 1795 年华城巡幸路线与具体日程的文章，读者可以体会到正祖追求的政治改革的现场。此外，书中还描写了古人们的运动与游戏，以及朝鲜王朝时期的大象、红薯和马铃薯等与生活史相关的内容，希望读者们能够更加真切地体会朝鲜王朝的历史。

最近，出版界出版的历史著作接连不断。这其中最重要的原因是，以《朝鲜王朝实录》为首，用汉字写成的大多数记录文献被翻译出来，这为非历史专业出身的人也能轻易地写历史著作提供了条件。我也想过，我是不是也被卷入这场历史著作的洪流之中了呢？
但是，我又想到，更加系统性地撰写大众历史读物也是一件有意义
的事情。于是，本书便出版了。

　　站在大学讲坛已十五年……其间，给学生讲课时做的笔记、教
室里接触到的学生们的反应、担任《TV 朝鲜王朝实录》及《历史特
辑》等节目的顾问、主持《申炳周的历史故事》节目，这些探索朝
鲜王朝历史大众化进程的经历，成了撰写本书的基础。

　　经编辑之手，起初凌乱复杂的原稿变得精致起来，此乃编辑
之功。此外，我还要感谢在校订过程中，一起阅读本稿的尹慧旻
（音）、金洙仁（音）、全多慧（音）、仁智敏（音）等建国大学历史
系的研究生们。

　　最后，我想和积极支持丈夫的韩国史专业的妻子金允珍（音），
以及现在正在精读父亲之书并提出建议的女儿海圆（音），一起分享
本书出版的快乐。

申炳周

2011 年 3 月

于入春时节的建国大学研究室

目 录

丙 ——————

朝鲜王朝的农村、都市及底层人的生活

丁 ——————

震撼朝鲜王朝的危机瞬间

欲变化却受挫

朝鲜王朝隐秘且神奇的故事

庚

笼罩朝鲜王朝的灾难

辛

朝鲜王朝社会的实力

壬

反映变革的时代

癸

历史的意义

甲

朝鲜王朝是一个什么样的王朝？

构建了法治框架的
朝鲜王朝宪法:《经国大典》

  从 2009 年开始，7 月 17 日的制宪节不再是韩国的法定假日了。这其中的主要原因在于，在每周五个工作日的情况下，过多的公休日会阻碍工作的连续性。就这样，继植树节和韩文节之后，制宪节也成了改革的对象。对此，很多人认为，作为对 1948 年 7 月 17 日大韩民国制定的宪法的纪念，制宪节的意义褪色了；还有一部分人议论，这与前总统卢武铉的发言"因为是那个家伙的宪法"有关，并对卢武铉政府取消制宪节法定假日的做法表示遗憾。从历史上看，有无成文宪法是区分朝鲜王朝和高丽王朝的重要基准。这是因为，直到朝鲜王朝时期，才从原有的习惯法或依靠中国法律的阶段中摆脱出来；而且随着成文宪法《经国大典》编纂完成，国家运营体系得以确立。但从今天的视角看，标榜性理学理念的朝鲜王朝宪法《经国大典》有很多历史局限性，如禁止寡妇再嫁，庶出子孙永不得参加科考，允许买卖奴隶等内容。不过，为编纂万世不变的法典，即《经国大典》而倾注努力的过程，以及此典中在今天看来依旧合理的诸多规定，都特别值得关注。

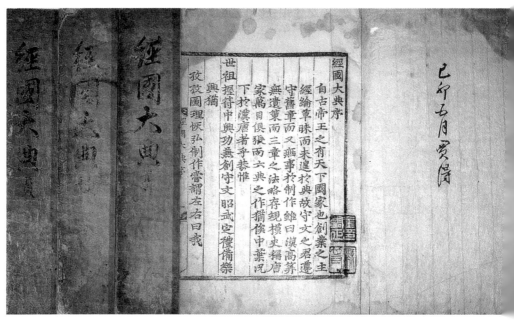

《经国大典》，藏于首尔历史博物馆。

历经 90 年岁月编纂的法典

　　同大韩民国宪法一样，《经国大典》的制定过程并不顺利。朝鲜王朝建立以后，政治、社会、经济、文化较高丽时期发生了截然不同的变化。其中，最大的变化就是成文法典的编纂。高丽时期，规范人们日常生活的法律是从中国吸收的法律和传统的习惯法。太祖即位后下教书[1]曰："仪章法制一依前朝（高丽）故事，然法律需新定，并照诸律处之，不循高丽之弊。"太祖的即位教书之方针由建国功臣郑道传执行。

　　1394 年（太祖三年），郑道传著《朝鲜经国典》，并将此典献给太祖。《朝鲜经国典》由总序和正文两部分构成：总序有五篇，即正宝位、国号、定国本、世系、教书；正文有六篇，即治典、赋典、礼典、政典、宪典、工典。《朝鲜经国典》指明了朝鲜王朝的建国理念和统治方向，是日后朝鲜王朝宪法《经国大典》的母本。下面，我们先来看一下《朝鲜经国典》中的内容。

> 冢宰得其人。六典举而百职修。故曰人主之职。在论一相。冢宰之谓也。
>
> 上以承君父。下以统百官治万民。厥职大矣。且人主之材。有昏明强弱之不同。顺其美而匡其恶。

郑道传在《朝鲜经国典》总序中指出，君主有贤能和迂腐之分，要让天下最为贤能之士担任宰相，强调由宰相引领国家的发展。《朝鲜经国典》具体地提出了克服高丽末期的社会矛盾后，朝鲜王朝的社会发展方向：扩大言路、重视事大外交、靠注重能力考试的制度选拔官吏、改革郡县制和户籍制以提高国家收入、构建以仁为基础的道德政治等。

太祖时期，领议政赵浚以《朝鲜经国典》为根本法，将过去10余年间公布的正在发挥作用的法令，以及日后必须遵行的法令进行收集和分类，并将其命名为《经济六典》。《经济六典》无疑是朝鲜半岛历史上最初的成文统一法典，从这一点来看，《经济六典》的意义十分重大。除汉文外，《经济六典》还夹杂了吏读和方言，使普通百姓也便于理解。

太宗时期，《经济六典》的不足之处得到完备，形成了《元六典》和《续六典》。1433年（世宗十五年），黄喜等人得到世宗的许可，编纂了《新纂经济六典》。朝鲜王朝建立后，从太祖至世宗时期，多以"成宪尊重主义"，即尊重先王时期制定的法典为原则编纂法典。随后，时代的发展要求原典和续典等所有法令要从整体上进行统合，进而形成了《经国大典》。

世祖即位后接受梁诚之的建议，认识到基本调查和确立法典的必要性，从国家层面主导法典编纂事业。1457 年（世祖三年），朝廷设立六典详定所，开始编纂《经国大典》，依次编成并实施户典和刑典。1466 年末，朝廷决定，经再校编纂完成的《经国大典》两年后开始实施。世祖薨，《经国大典》再次得以修补。成宗时期，《经国大典》经 1482 年的全文修订后，最终于 1485 年一月开始实施。到《经国大典》最终完成，其过程伴随着很多阵痛。之所以如此，原

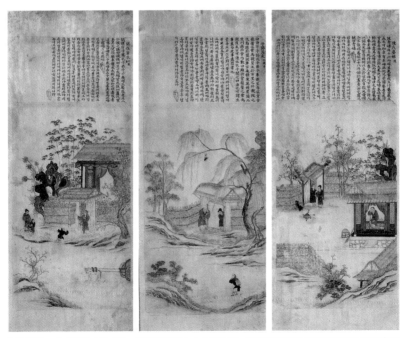

《孝子图》，成于朝鲜王朝时期，藏于韩国国立中央博物馆。《朝鲜经国典》不仅制订了为克服高丽末期之社会矛盾的整备方案，还使统治理念走向了道德政治。孝行是其中的核心德目。

因在于朝鲜王朝编纂一部永世不变之法典的意图非常强烈。《经国大典》由六典构成，即吏典、户典、礼典、刑典、兵典、工典。从1394 年开始编撰《朝鲜经国典》，到 1485 年《经国大典》编纂完成，朝鲜王朝的法典编纂事业大约经历了 90 年的岁月。

《经国大典》编纂完成后，朝鲜王朝又组织进行了三次法典编纂事业，形成了《续大典》《大典通编》和《大典会通》[2]。但是，直到《大典会通》编纂完成，《经国大典》的主体框架一直被传承下来。换言之，就《大典会通》而言，该法典将《经国大典》中记载的法律条文记为"源"[3]，将《续六典》中补充的内容记为"续"，将《大典通编》中增补的内容记为"增"，最后将《大典会通》中添加的内容记为"补"，可以使人一目了然地掌握朝鲜王朝时期四大法典的内容和变化。后续法典之所以如此，原因在于朝鲜王朝根本法典之《经国大典》从刚开始制定时，就建构了宪法法律框架。

"允许奴婢休 80 天产假"

《经国大典》细分为六典，即吏典、户典、礼典、刑典、兵典、工典，共 319 条。吏典规定了中央和地方的官制、官吏的任免，以及内命妇和外命妇[4]的品阶等。有趣的是，吏典的开头部分便介绍了五品尚宫的品阶，以及后宫女官的官阶，即嫔[5]、贵人、昭仪、淑仪、昭容、淑容、昭媛、淑媛等。因为她们和国王的关系最为亲近，所以这些女官的品阶被记录在了法典的开头部分。

户典规定了类似于今财政经济部[6]等经济相关部门所管辖的内容，如税制，以及官吏们的俸禄、田地、房屋、买卖奴婢的数量等。

《刑政图》，作者金允辅，图中记录的是百姓向官衙呈递所志[7]的场面。朝鲜王朝时期，各官衙的刑罚和裁决都遵循当时具有宪法意义的《经国大典》之刑典。朝鲜王朝以法典统领百姓，百姓通过各种诉讼，如向城邑的首领提交所志，以及向观察使[8]呈递议送等解决冤屈。

礼典规定了类似于今文化体育观光部或外交通商部负责的相关业务，如科举制度、外交、祭礼、丧服、婚礼等。

此外，《经国大典》还包括关于刑罚的量刑和裁决、买卖奴婢、财产继承等内容（类似于今法务部工作业务）的刑典，关于国防和军事的兵典，以及关于道路、交通、建筑、度量衡等建筑和工业方面的工典，其顺序依次为吏典、户典、礼典、刑典、兵典、工典。因为朝鲜王朝的中央和地方政治结构由六曹组成，所以其行文体系由六典构成。朝鲜王朝时期，中央设六曹，地方设六房，即吏房、

左图是犯人头戴枷锁被发配的场景，右图是判官审问原告和被告的场景。

户房、礼房、刑房、兵房、工房。所以，朝鲜王朝的法典结合当时的行政组织体系做出了规定，大大提高了行政效率。

　　下面看一下《经国大典》中一些有趣的规定。在有关公奴婢的法条中，刑典中有允许奴婢休产假的规定：产前 30 天，产后 50 天，共计 80 天；丈夫也享有 15 天的产假。最近，韩国社会也为女性育儿施行了很多措施。但是，在朝鲜王朝时期就允许奴婢休产假的明文规定，确实令人大吃一惊。

　　在科举制度方面，礼典在出身问题上规定了禁止应试的人群。其中，引人注意的是，这些人之中包括赃吏[9]。禁止贪官的子孙后代参加科考，反映了朝鲜王朝严厉的反腐措施。另外，科举考试中的定额制，即按人口比例从各个地区选拔科举考试的初试合格者，对地区差异问题凸显的今天也非常有借鉴意义。

对于徇私舞弊的征税公务员，刑典中规定没收其财产。也就是说，如有间接侵吞百姓纳税之谷物者，即便侵吞者本人已死，国家也要强制没收其妻子和子女的财产。此外，《经国大典》中还规定，违反服饰穿着规定者要受相应的刑罚。《经国大典》中还特别规定，禁止穿戴金银等奢侈品，堂上官[10]以下官员的子女结婚时，如果使用绫罗绸缎，要受杖刑八十下。

刑典中的"奔竞禁止法"也非常惹人注意。所谓"奔竞"，是"奔趋竞利"的缩略语，即走后门、拉关系的意思。刑典规定，"如有奔竞者，杖一百，流放三千里"，从源头上封锁了权门势族的政治通路，这对总统身边不断发生违法腐败的当今政界具有很大启示。

1　教书类似于诏书，皇帝下诏，国王下教书。——译注

2　《续大典》在英祖时期编纂完成，《大典通编》在正祖时期编纂完成，《大典会通》在高宗时期编纂完成。

3　此处原文为汉字"原"，因现代汉语中"源"更能体现原文的意思，故译作"源"。——译注

4　内命妇和外命妇为后宫女官的分称，内命妇即侍候国王的嫔妃和宫女，外命妇即王族的妻女及文武官的妻子，因丈夫或父亲的职位而受封的女性。——译注

5　嫔为正一品女官。

6　韩国的财政经济部类似于中国的财政部，下文出现的各韩国中央部门也不难理解，因其实为专有名称，所以在此进行了直译。但需要指出的是，韩国中央政府对各部委进行了数次改革，文中提及的部门，现在可能已经被细分或更换名称了。——译注

7　所志和后文的议送都是专有名词，可以将其理解为诉讼状。——译注

8　观察使即国王派往各地的御史，相当于清朝的钦差。——译注

9　赃吏指贪官的子孙。

10　堂上官指正一品至正三品官员。——译注

古人们的新年风俗

　　朝鲜王朝时期，新年[1]同样象征新的一年开始，其意义也很重要。为迎新年，国王在王宫摆桌设宴，大臣们祝国王万寿无疆，为国王敬献特产。国王作诗贺新年，赐大臣们岁画。民间也流行拜年，穿新衣，吃年糕汤。16世纪的学者柳希春所作的《眉岩日记》、正祖时期学者洪锡谟的《东国岁时记》、1819年金迈淳描写汉阳"年中行事"[2]的《洌阳岁时记》，以及朝鲜王朝后期实学家柳得恭所作的《京都杂志》等历史文献，具体地记录了朝鲜王朝时期的新年风俗。本文以上述史书为中心，深入探究朝鲜王朝时期王室和民间迎新年的场景。

王室迎新年的风景

　　新年一到，朝鲜王朝的王室便忙了起来，因为王室要准备各种仪式。新年的第一天，王室举行的最盛大的仪式是正朝仪式。拿现在

《寿星老人图》，成于 1829 年以后，大小为 140cm×182cm，藏于韩国国立民俗博物馆。图中人物头顶尖尖，是主管人类寿命的寿星老人，又叫南极老人，因为古代中国人相信，南极星决定人的寿命，把图中老人看作南极星的化身。寿星老人是岁画中的人物，被画得非常好。

的话来说，正朝仪式也就是新年贺礼仪式。每年正月初一，国王和文武百官齐聚一堂，举行庆新年的朝贺仪式。领议政、左议政、右议政协领大臣们向国王进行新年问安，递交贺新年的笺文和表里[3]。朝鲜王朝后期，新年一到，国王便会奖励农耕。其中，最具代表性的国王是正祖，他每逢新年都会亲自向八道观察使下鼓励农耕的教书。

地方官吏在敬献笺文的同时，还向国王献上地方特产。国王为大臣们设会礼宴，赐予大臣们美食、御酒和鲜花，以慰劳他们过去一年的劳苦。国王还会在王妃殿，即中宫殿为女人们单独设宴。事先指定的随从大臣（在国王身边侍奉的臣下，属承政院、司谏院、司宪府、弘文馆、艺文馆的官吏）和堂下文官[4]会遵从国王的旨意，在承政院作延祥诗。此时，国王会向弘文馆或奎章阁的提学[5]出"韵"，让他们作五言绝句或七言律诗。被选中的诗会被贴在宫中的木柱或门框上，以便让更多的人看到，同时以此恭贺新年。

新年时，王室人员及官吏的夫人年过 70 岁，会被赐予大米、海鲜、食盐等。官吏年过 80 岁，抑或百姓年过 90 岁，身份地位会上升一个等级。官吏或百姓年过百岁，身份地位会上升一个品阶。这是新年时朝鲜王朝为长寿老人做出的特别关照。

画官在其任职的图画署里作画，绘制分别主管人们寿命和一天时运的寿星和值日神将的图。然后，画官们将所作之画献给国土，还相互赠送。这被称为岁画。另外，画官们还画"二将图"，图中有两位穿着黄金甲的大将。二将图被画好后献给国王，其长度有一人多长。此外，画官们还作身穿红道袍、头戴黑纱帽的画像，然后将其贴在宫中的大门上。新年时，图画署的画官们还作鬼神头像画，以及赶走瘟神和恶鬼的画，然后将其贴在门框上。各官厅的胥吏和下人们，以及军营里的军官和士兵们会叠纸，在名衔[6]上写上名字，然后去官员或老师家里送名衔。这些官员或儒士会在自家大门放好涂着漆的托盘，用其接收名衔。这被称为岁衔，意思是新年的时候互相送名衔。

用《土亭秘诀》和栖卜迎新年

新年早晨，百姓们早早地在祠堂供上祭品，进行名为"正朝茶礼"的祭祀。男孩和女孩们身穿名为"岁庇阴"的新衣，茶礼结束后，向家里的大人们和年长的亲戚拜年。拜年时，用于招待客人的食物和酒被称为"岁馔"和"岁酒"。汤饼（年糕汤）是朝鲜王朝时期新年必不可少的食品，据《京都杂志》载："岁衔之始，粳米饼按摩成条，候硬横截薄如钱，烹调雉肉胡椒屑，为岁馔之不可缺者。"

新年时，若见到朋友或年轻人，要相互问候，彼此送上祝福的话，例如祝对方"金榜题名""步步高升""早生贵子""恭喜发财"等。大年初一凌晨，人们走上街头，用听到的第一声马叫声来占卜当年的吉凶，这被称为"厅谶"。

占卜在新年时很流行。朝鲜王朝时期，民间流行五行卜和栖卜。所谓五行卜，就是用木头做成象棋子似的卦签，在卦签上面刻上金木水火土，然后根据摇卦的情况进行占卜。所谓栖卜，就是通过掷现在仍旧流行的栖来占卜新年的吉凶。例如，若掷出三个猪，即儿见慈母之运；若掷出"猪、猪、狗"，即鼠入仓中之运，等等。但是，从最近也用《土亭秘诀》占卜新年的运势来看，因为《土亭秘诀》中的卦象未出现在《东国岁时记》、《洌阳岁时记》和《京都杂志》当中，所以可以推断，《土亭秘诀》至少是从19世纪后期开始流行的。

《土亭秘诀》的原理源自《周易》，虽然是众人皆易懂之书，但它与《周易》又不同。首先，《周易》有64个基本卦象，而《土亭秘诀》只有48个基本卦象，且二者卜卦的方法也不一样：《土亭秘诀》去除了四柱当中的时辰，只用年月日进行占卜。因为朝鲜王朝时期民间没有时钟，多数人都不能准确知道时辰，所以我认为，这种做法是为了方便。换言之，《土亭秘诀》既运用了《周易》的演绎方法，又充分考虑了朝鲜王朝当时的实际情况。这样一来，二者的卦数也就有所不同。《周易》共有 424 卦，而《土亭秘诀》总共只有144 卦。可以说，《土亭秘诀》更为简便。

《土亭秘诀》写下了 12 个月运数的诗句，撰写方式如"东方木姓，偶来助我""官运之灾，小心舌根"。这些语句简单明了，却是留有很多想象余地的卦象。虽然每句诗句中的吉凶都混有恰当的比喻，但大体上都是乐观的内容。即便是悲观之卦，也提出了克服和回避的方案。所以，《土亭秘诀》给绝望的人带来了希望，有着引导人们凡事尽心而为，以及谨慎行事的力量。从这一点来看，相较于着重判别运势，《土亭秘诀》更是激发民众生活活力的一种存在。《土亭秘诀》的作者之所以假托为李之菡，可以用 16 世纪李之菡描述的民众亲华倾向反映在卦书当中来解释。

卦桶和卦钱，藏于温阳民俗博物馆。朝鲜王朝时期，新年卜卦被确定为一种风俗。特别需要指出的是，摇周易之 64 卦来占卜的方式被称为"龟卦"。

《眉岩日记》中的新年风俗

《眉岩日记》是 16 世纪的学者柳希春（1513—1577）所作。现在留存下来的日记始于 1567 年十月一日，终于 1577 年五月十三日，历时 11 年。当史草（《朝鲜王朝实录》的底本）等诸多史料因壬辰倭乱而消失时，《眉岩日记》作为壬辰倭乱时期的补充性资料，其利用价值被广泛认可。看一下《眉岩日记》中关于正月初一的记录，就能清楚地了解到 16 世纪的新年风俗。下面看一下 1568 年和 1571 年正月初一的记录：

> 阴雪。晨，众人前行岁拜。未明冠带，质明，与府使郭君行望阙礼，我东郭西，十二拜，山呼而出。
>
> 柳浃，以干柿二贴、干秀鱼四尾、真梳十介赠我。沈筬亦来。早朝，遣尹忠男往光阳，代祭崔舍人（即《漂海录》的作者崔溥）先生，持祭文以进。余于崔寅吉处，送米五斗，旧婢波致处米一斗。（1568 年）
>
> 自鸡鸣，大小人等来行岁拜，不可胜记，朴水使送家鹿一脚并饼来。（1571 年）

从上述记录来看，无论是 400 多年前，还是现在，拜年且互送礼物的风俗几乎一样。从 1571 年一月三日的"新历一件，来自尹弘中"来看，当时人们迎接新年还收受月历。

1573 年，柳希春正在弘文馆做官。下面，我们再来看一下朝廷官吏迎新年的情形。

早朝，诣玉堂（弘文馆），率入番郑彦智、禹性传，问安于大殿，蒙赐酒。遂至恭懿殿前问安，又蒙赐酒。又至懿圣中殿前问安，懿殿又赐酒。既毕，闻今日有别宣酝于本馆，复回至玉堂，假寐于坐，至午时。中使领大宣酝而至，希春等三人，拜受于庭，遂升堂。与中使分边相对坐，既拜受宣酝，大盏次次巡盃，又次次行酒。既毕，时已未矣，分散归舍。

即便是中央官吏也接受许多礼物馈赠。柳希春接受过天彦郡守金秀杰馈赠的三只山鸡和两尾干梭鱼，以及镇安郡守朴四宇馈赠的五升蜂蜜、三只山鸡、一贴肉脯和三斗黑芝麻。许封还将内赐的黄柑送给了柳希春。

柳希春还记录了新年时送来名衔的 30 多人的名单。《眉岩日记》的记录让人联想到最近官公署的新年贺礼仪式。此外，《眉岩日记》还记录了作者本人在 1571 年和 1576 年的新年创作的诗歌。这些诗歌

《眉岩集》，作者柳希春，成于 1869 年，藏于韩国歌辞文学馆，第 5—18 卷包含了《眉岩日记》。《眉岩日记》细致地记录了 1567 年十月一日至 1577 年五月十三日朝廷上大大小小的事情。

当中包含了作者对过去一年的感怀，以及在新年时立下的雄心壮志。

《眉岩日记》中描绘了新年的风俗，虽然身份社会发生了变化，但当时的新年风俗与当今社会我们互赠礼物的习惯没有较大的差异。新年时，大家互相拜年，彼此馈赠礼物，预先制订新一年的计划，这是即便再过 500 年也不会变的风俗。

1　本书中的新年皆指春节。——译注
2　年中行事指一年中的各种活动。——译注
3　表里即布料的面和里子。——译注
4　堂下文官指正三品以下的文官。——译注
5　所谓提学，是在奎章阁任职的从一品官员，以及在艺文馆或弘文馆任职的从二品官员的统称。——译注
6　名衔写有名字、住址、职业、身份等。——译注

朝鲜王朝时期新任官吏的入职仪式

　　和今天大学校园里的迎新生一样，朝鲜王朝时期也有残酷的新人欢迎仪式。其中，新参礼就是刁难官场新人的一种仪式。从朝鲜王朝建国之初开始，新参礼一直流传下来，由于其礼数过分，经常招致社会问题。

　　朝鲜王朝建立之初，新参礼引发的社会问题最早见于《太祖实录》。太祖元年十一月二十五日，都评议使司请求朝廷，让监察、三馆（艺文馆、成均馆、校书馆）、内侍、茶房等官衙废除对新参实行烦琐的仪式。从相当于当今国会的都评议使司指出新参礼的弊端可以看出，从高丽王朝流传下来的新参礼，在朝鲜王朝初期也非常盛行。

　　在 15 世纪的学者成伣所编纂的《慵斋丛话》中，也有一些关于新参礼的记录。监督官吏的机关司宪府是一个纲纪严明的机构。司宪府将新来的官吏称为"新鬼"，并用多种方式对他们进行侮辱。在房屋中间放一块橡子般的木头，让新参拾起，这被称为"擎笏"。如果新参拾不起木头，就要向前辈下跪，并遭受前辈的拳击。这还不

《箕山风俗图帖》中的《及第新礼》，作者金俊根，成于朝鲜王朝末期。《及第新礼》描绘的是科举中举者向先任官吏行新参礼的情景。据说，高丽时代末期，新参礼的实行目的在于正纲纪，以及纠正通过走后门而非靠实力的权门势族子弟的习惯。

算结束，前面所说的前辈还要让下一个前辈拳打新参。新参礼还要求新参玩捉鱼游戏，让新参走进池塘，用纱帽（文武百官穿官服时配套的帽子）舀水，结果使新参的衣服都弄脏了。还有捉蜘蛛游戏，即让新参用耳朵和手搓厨房的墙壁，待双手被弄黑以后再洗手，然后让新参喝掉洗手水。喝过这种洗手水后，没有不吐的新参。

　　结束如此残酷的入职仪式后，新参们在酒意已浓之时，还要唱司宪府的官邸之歌，即《霜台别曲》。就好像参加高中校友聚会，狠狠地抓"军纪"，最后唱校歌一样。除了对新参进行肉体上的折磨外，还要求新参多备酒宴。下面让我们再回到《慵斋丛话》中去看一下：

> 新及第入三馆者，先生侵劳困辱之。一以示尊卑之序，一以折骄慢之气。艺文馆尤甚。新来初拜职设宴，日许参。过

《裴裨将传》，作者与创作日期不详，资料来源于雅丹书店。《裴裨将传》是根据盘索里《裴裨将传打令》改编而成的文学作品。这部作品讽刺了朝鲜王朝后期统治阶级的傲慢与伪善，是讽刺文学的经典。重要的是，我们可以从这部作品中看出，刁难刚刚迈入官僚社会的裴裨将的官僚文化，以及从妓生的故事中反映出的新参礼文化，一直广泛地流传到了朝鲜王朝后期。

五十日设宴，曰免新。于其中间设宴，曰中日宴。每宴征盛馔于新来，或于其家，或于他处，必乘昏乃至。

此外，新参还要记住宫殿房脊上的十神，即大唐师傅、孙行者、猪八戒、沙和尚、麻和尚、三杀菩萨、二口龙、穿山甲、二鬼朴、裸土头。新参们要将这些陌生的名字一口气按顺序背下来。如果背不下来，新参们肯定会受到残酷的折磨。

为了革除新参礼的弊端，朝鲜王朝宪法《经国大典》规定，"有刁难或虐待新参者，杖六十"。但是，暗地里已习惯化的新参礼习俗却不可能完全被改变。我们可以从朝鲜王朝后期的古典小说《裴裨将传》的核心精神中，了解到刁难刚刚迈入官僚社会的裴裨将的官僚文化，以及从妓生的故事中反映出的新参礼文化，广泛地影响到了朝鲜王朝后期。

从纠正贵族子弟的纲纪变为集体刁难新参

朝鲜王朝时期的代表性学者李珥对新参礼持有非常强烈的否定态度。李珥九次考中状元，学识渊博，作风正派。作为这样一个学者，他比任何人都讨厌前辈们以新参礼为由刁难自己的行为。事实上，李珥文科及第入职承文院后，曾经因为对前辈不恭而被革职。和李珥一起被称为双璧的大学者退溪李滉听到这个消息以后说道："戏新参虽为不正时俗，然既事已先知，入仕途，岂能擅自免其罚？"也就是说，他向人们转达的意思是：已经定型为时代风俗的新参礼是无法回避的。

但是，李珥认为，新参礼是必须革除的恶习，并最终向国王建议革除新参礼。据《石潭日记》1569 年（宣祖二年）九月载，李珥向宣祖提出如下建议：

> 作人之效，虽非一朝可见，但弊习伤教者则不可不革。今者士之初登第者，四馆目为新来，污辱侵虐，无所不至。夫豪杰之士，尚不以科举为念，况使之毁冠裂服，宛转泥水中，尽丧威仪，以弃廉耻。然后乃登仕版，则豪杰之士孰肯为世用乎。

指出新参礼的弊端之后，李珥又对新参礼的渊源进行了说明：

> 于传无征，但闻丽末科举不公。登第者多贵家子弟，口尚乳臭者。故时人目之曰粉红榜，人情愤激遂肇侵辱云。

李珥认为，新参礼始于高丽末期，目的是纠正通过拉关系、走后门而获得官职的权门势族子弟的纲纪和习惯。用现在的人事任命来看，新参礼就是对"空降人物"进行刁难。这就是新参礼的渊源。

新参礼的最初目的是委婉地告诉通过走后门上来的无能官员们，国家的官职不可随意地被占据。但是，在李珥生活的时代，新参礼失去了最初的目的，最后变成了集体刁难下属的手段，从而演变成了社会问题。所以，从典型的模范官吏李珥的立场来看，这种新参礼是绝对无法接受的。

在法国的高中和大学里，也有所谓"迎新生"的传统，即前辈要求新生乞讨，让新生做各种离奇古怪的事等，虐待和强迫新生。1996 年，在美国职业棒球大联盟打球的棒球选手朴赞浩也遭受过道奇棒球队流传已久的新人仪式的羞辱，被要求将自己心爱的衣服撕得粉碎。今天，在大学生活跃的街头，迎新生聚餐时，新生被要求往辣海鲜汤里面倒烧酒，然后一起喝掉。类似让人蒙羞的行为仍以新参礼的名义得以残留，如炸弹酒盛行的检察系统新人入职仪式、只要是男人都经历过的新兵欢迎仪式等，这些入职仪式和欢迎仪式的文化已经深深地渗透到了韩国社会的方方面面。

　　实际上，很多国家和民族在不同历史时期都有过由某个集团组织实行的独特的欢迎仪式文化或入职仪式文化。民族学学者和宗教学学者认为，这种文化是自古至今持续流传下来的人生仪礼被世俗化的结果。从拉丁语和希腊语的词源来看，所谓人生仪礼是指，使人类这颗种子得以成熟和繁荣昌盛的开始。意指某种人生仪礼之候选人的"新手"（neophyte），是新草从地底下冒芽的意思。换言之，新参们要通过考验和历练来忘掉在这之前的自己，然后才能成长为"新人"。无论是过去还是现在，无论是东方还是西方，对新参们实行的这种欢迎仪式，都具有上述意味。但是，在任何时代或任何区域，如果这种文化过了头，就会发生问题。朝鲜王朝时期，新参礼的弊端之所以被不断提出，主要是因为过分苛刻的新参礼非但没能让新参们适应新的文化和空间，反而让他们事先就有了一种被排挤的感觉。

朝鲜王朝时期科举考试的热潮

　　每当学生为了进入大学，准备修能考试[1]时，韩国社会都要折腾一翻。为了孩子们升学，高三学生的家长们拿出一年的私生活时间全部押在考试上。电视、广播、报纸适时报道修能考试的相关情况，官方媒体还会发布考试的标准答案。这会让人想到，在土地贫瘠和资源不足的地理条件下，以及在重视人才和学问的文化传统框架下，生活在韩国这片土地上的任何人都摆脱不了考试所带来的竞争。那么，较我们早一个朝代的前辈们，即朝鲜王朝时期的人们，也像我们一样热衷于考试吗？

抄袭原有的文章占大多数

　　我们经常会在电视或书中看到，朝鲜王朝时期的书生们背着行囊前往汉阳参加科举考试。但是，关于科举考试的具体流程和科目，我们又了解多少呢？

朝鲜王朝时期，科举考试是国家选拔官吏的最重要的考试。中举就会当官，所以很多人为了中举而花费了一生的时间。科举考试的科目有选拔文官和武官的文科和武科，以及选拔律官、译官、医官等技术职业者的杂科等。在所有科举考试科目当中，所占比重最大的是文科（大科）。

要想参加文科考试，首先必须通过地方举行的小科考试。小科考试又被分为生员试和进士试，生员试考查考生对儒学经典的理解程度，进士试考察的则是考生的文笔。结合现行的考试来看，进士试相当于论述考试[2]。韩国古典小说中提到的"崔进士"和"许生员"等人，就是通过进士试和生员试的人。

今天的论述考试所占比重很大。同样，朝鲜王朝时期科举考试中的进士试所占比重也很大。在进士试的正式考试当中，有一种叫作"策文"的高分值的命题作文，主要考查考生的文笔。但是，大多数考生并不能将自己的想法付诸文字，而是将别人早已写过的文章原封不动地默写下来。仁祖时期，学者申钦在给参加科举考试的考生评分时感叹道："天下文章一大抄！"

生员试和进士试统称为小科考试。只有通过小科考试，才能到朝鲜王朝的最高教育机关——成均馆里面学习。在成均馆学习的过程中，至少要得到300分的出席分数，才有资格参加大科，即文科的考试。这里所说的出席分数是评价考生诚实与否的重要标准，相当于现在所说的内审成绩[3]。

文科考试还要经过初试、复试、殿试，最终选出33名合格考生。式年试[4]每3年举行一次，3年选拔33名官吏。朝鲜王朝时期，要想成为公务员，就好像骆驼要穿过针眼一样非常难。所以，当时人们用"一睹王之恩德与容颜"比喻参加科举考试的过程，将参加科

《平生图》，丝绸水彩画，大小为 34.6cm×119cm，藏于温阳民俗博物馆。《平生图》描绘了进京赶考、状元三日游街，以及成为翰林学士后努力工作的情景。

举考试比作"观光"。有趣的是，当时的人们将艰难险阻的参加科举考试之路比喻成了今天人们旅游出行的观光之路，两者间的意思发生了巨大变化。

实行地区定员制

朝鲜王朝时期，在进行小科和文科初试时，各地区按人口比例实行定员制。法典《经国大典》规定，各道选拔小科和文科初试合格者时，按定员制选拔人才。生员试初试的合格者有 700 名，进士试初试的合格者也有 700 名。在这些合格者中，汉城府、庆尚道、全罗道、江原道按人口比例分别选出 200 名、100 名、90 名、45 名。在 240 名文科初试合格者当中，从成均馆、汉城府、京畿道、忠清道、全罗道、庆尚道、江原道、平安道、黄海道、永安道选出的合格者分别是 50 名、40 名、20 名、25 名、25 名、30 名、15 名、15 名、10 名、10 名。初试时实行地区定员制，复试时按考试成绩选拔官吏。实行这种考试制度，不仅能够缩小地区差异，还能如实地反映出个人的能力。

发布合格者名单被叫作"放榜"，一同合格的人被称为"同期生"。不论年龄大小，同期生都像朋友一样相处。同期生们还偶尔聚会，目的是让大家和睦相处。科举考试的合格者头插御赐花游街三日，在合格者所在的村子里，全村人像办喜事一样摆桌设宴，祝贺中举者。

朝鲜王朝后期，民间流行将自己一生的主要情景画在 8 幅屏风里，将这 8 幅屏风命名为《平生图》并进行保存的习惯。当时，通

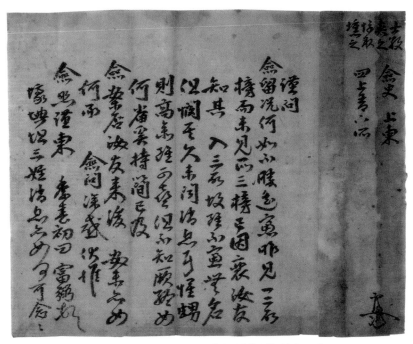

简札，成于 1576 年，藏于绍修博物馆。金富弼在信中对收信人转达问候，对赵穆等人的科举考试结果表示关心。

过科举考试是 8 幅屏风画中必不可少的内容。由此可见，科举及第不仅是个人的骄傲，更是家门的荣耀。

贪官的子孙永世不得参加科考

朝鲜王朝时期，良人以上的各阶层民众都可以参加科举考试，但奴婢等贱人阶层的民众不具备参加科举考试的资格。从制度上讲，即便是农民也可以努力学习并参加科举考试。但从现实情况看，从事农耕的农民们不可能通过科举考试。

虽然良人以上阶层的民众都可以参加科举考试，但并不是所有人都被允许参加科举考试。例如，谋逆罪罪犯的儿子、贪官的子孙、再嫁妇女所生的子孙，以及庶出子孙是不允许参加科举考试的，小说《洪吉童传》里的主人公洪吉童未能参加科举考试的原因就在于此。从禁止贪官的子孙参加科举考试的规定来看，朝鲜王朝时期的反腐比现在更严厉。

虽然奴婢根本不被允许参加科举考试，但也有极少数奴婢通过向主人学习学问，然后参加科举考试，并最终通过科举考试的例子。中宗时期，刑曹判书潘硕枰就曾是宰相家的家奴，后来通过了科举考试。但是，这样的例子在朝鲜王朝时期并不多见。

《世传书画帖》中的《东都闻喜宴图》，纸质彩色画，金重休，大小为39cm×26.5cm，朝鲜王朝后期金润所藏。画中描绘的是科举考试合格者头插御赐花游街三日的场景。

鼻孔里藏答案：作弊行为千姿百态

像今天一样，朝鲜王朝时期也有很多人想在考场上通过作弊来提高成绩。科举考试大体上在两三个地方进行，认识考官的人被称为相避，相避必须在其他考场考试。考场上，举子（考生）们相距6尺（约1.8米）而坐，禁止举子以外的人出入。进入考场前，举子们要接受检查，除考试所需文具外，禁止携带书或纸条。进入考场之后，举子们争抢偏僻抑或角落的"有利"座位。

考场上最为常见的作弊就是抄袭，各种作弊行为可谓层出不穷：有人将押题答案满满地藏在了衣角里，有人坐在墙角指使下人往考场里传纸条，有人把纸条藏在毛笔桶里，甚至还有人把答案藏在鼻孔里，然后被人发现。还有一种被称为借述的作弊方式，即在别人的答题纸上写下自己的名字。此外，还有向考官行贿，以及扰乱考场秩序的作弊行为。

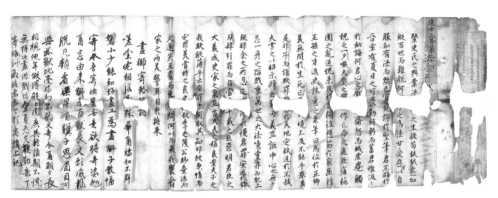

《李时清进士试卷》，大小为 82.5cm×208cm，宝物第 876 号，1610 年作，藏于韩国国学振兴院。此为李时清（1580—1616）在 1610 年进士试中合格时的试卷。

　　考试在朝鲜王朝时期也是决定个人命运的重要评价手段，朝廷为防止作弊也做出了很多努力。比如，在试卷的答题纸旁边写下四代祖先及外祖父的名字，评分的时候把这些名字漏出来，让评卷人不知道考生的名字。还有一种方法叫易书，让专人誊写答题纸，目的是让评卷人看不出考生的笔体。

　　还有一种规定叫"相避"，即考生的亲戚和熟人不得成为该考生的考官，这和今天因为有子女即将参加修能考试，因此自己不能进入命题委员会的举措相似。

　　还有一种方法叫"背诵"，即在让考生转身背诵儒家经典时，用幕布在考生身后遮挡考生，让评分人看不到考生。这也和今天音乐等艺术类专业课考试一样，不让考官看到考生。无论是现在，还是朝鲜王朝时期，想通过作弊提高分数的考生，以及为防止作弊而采取的各种办法，二者都是大同小异的。

▶

《平生图》中官吏赴任的场景。

　　最近，校长推荐制和捐赠入学制也引发了各种问题。科举制度过分看重考试成绩，对家境富裕的孩子更有利，因而经常可以听见主张引入举荐制的声音。

1　修能考试，即大学入学考试，相当于中国的高考。——译注
2　论述考试相当于中国公务员考试科目中的"申论"。——译注
3　内审成绩是指学生在学校里的平时表现，如出席情况、学习态度等。——译注
4　式年，即天干和地支中含有子、卯、午、酉的年份，式年试就是在式年举行的中央政府举办的科举考试。——译注

《朝鲜王朝实录》的保存智慧

　　2008 年 2 月崇礼门的一场大火让所有国民为之叹息。因为即便是在壬辰倭乱和朝鲜战争这样的国难面前，韩国民众都坚强地挺了过来，这次大火却让韩国国民的自尊心瞬间崩塌了。当天，目击这场火灾的人们内心充满了伤心和愤怒。这场火灾所带来的冲击让长期以来没能保护好当今最珍贵的文物古迹的人们的责任感得以建立。既是韩国国宝，又是世界记录遗产[1]的《朝鲜王朝实录》也经历过巨大的危机。幸运的是，即便是在危险关头，当时的人们还是想把实录保存下来。因为他们的努力，实录才得以安全地保存至今。正因为如此，实录才能完好无缺地流传给后人，后人们才能通过实录了解朝鲜王朝时期的方方面面。下面，就让我们去保存《朝鲜王朝实录》的历史情境中看一下吧！

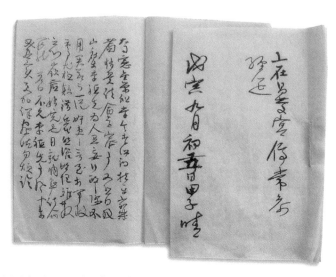

《仁祖戊寅史草》，成于1638年，藏于奎藏阁韩国学研究院。一般来说，朝鲜
王朝时期，史稿要被"洗草"²后重新利用，所以一般不会流传下来。但是，
在出现内乱或战乱的时候，也有流传下来的情况。图中的史稿就是流传下来
的史稿之一，总共37册，记录了1638年（仁祖十六年）六月十三日，以及
1638年七月二十三日至九月十七日的历史。

精心应对：对史稿进行分散保管

　　着重记载历代国王的行迹、收录朝鲜王朝时期绝大部分历史的
《朝鲜王朝实录》是一部编年体正史，里面记录了从第一代王太祖至
第二十五代王哲宗472年间（1392—1863）的历史。鼎足山版本的
《朝鲜王朝实录》共1707卷1188册，收录了朝鲜王朝时期的政治、
外交、军事、法律、思想、生活等各方面的史实。

　　《朝鲜王朝实录》在国王死后进行编纂。国王死后，朝廷临时
设置实录厅，并要求实录厅公正地执行编纂任务。然后，实录厅开
始广泛收集史官们记录的史稿和时政记。朝鲜王朝时期，大部分书

《景宗大王实录奉安后曝晒形止案》，成于 1736 年，藏于韩国学中央研究院藏书阁。为永久保存实录，要对保存在史库的实录进行曝晒。该文献记录了曝晒时的各种程序、规定，以及人员等相关内容。

籍被编纂完成后都要献给国王，但实录例外。实录编纂完成后，要马上报告给总裁官，然后立刻放在史库里保管。这是因为朝廷担心，如果允许国王过目实录，史官的独立性就得不到保障，史官就会歪曲历史。

记录实录的官吏们被称为史官。狭义上讲，编纂实录的史官主要由八人组成，即艺文馆专职官员奉教两人、待教两人、检阅四人，他们被称为"翰林"。翰林八员为春秋馆记事官，主要负责侍奉国王、在宫中轮流值夜、撰写史稿和时政记、编纂实录，以及晾晒史稿[3]等。

史稿是史官参加国家召开的所有会议后，对会议的见闻所作的记录。在这些记录中，不仅有历史事件，还有史官们的历史认识。除史官外，连国王都不能随意过目史稿。这不仅能保障史官的身份地位，还能保证史料的公正性和客观性。实录内容的完成需要经过三个步骤，即史官们撰写初稿，校正初稿形成二稿，以及将二稿确定为终稿。洗一洗初稿和二稿，除掉上面的内容，然后对被水洗过的纸进行重新利用。

时政记是朝廷接到都城和地方的各个官厅以文件形式汇报的各自业务执行情况后，由春秋馆将其中的主要内容摘录而成的，其主要内容是春秋馆日记和观象监日记等。时政记须每年编纂成册，并向国王报告。保管起来的时政记会被用成实录的主要资料来源。实录的内容之所以丰富，主要是因为广泛参考了时政记。

高丽王朝时期就开始编写实录，但在契丹和蒙古进攻高丽的过程中，《高丽实录》被完全烧毁，连一点痕迹都找不到了。朝鲜王朝继承高丽王朝的传统，继续编写实录。为了不再发生如高丽王朝遗失实录的事件，朝鲜王朝发挥智慧，采取了不只编纂一部实录，而是编纂多部实录，然后对实录进行分散保管的办法。保管实录的地方被称为史库，意思是保管历史文物的书库。这是因为，朝鲜王朝认为，把实录放在一处保管，如果遇到火灾，实录就会被完全烧毁。

实录编纂完成后，春秋馆举行盛大的奉安仪式。然后，宫中的春秋馆史库和地方的史库分别保管编纂好的一部实录。之所以在地方行政中心建立史库，是因为地方史对实录的管理有诸多有利之处。但是，在人来人往的地方行政中心建立史库也会带来很多问题。所以不断有人提出，如果史库失火或被盗，实录可能就会因此消失。

实际上，这样的事情确实发生过。中宗时期，星州史库的工作人员想要抓鸽子，而这时史库失火了，实录因此被烧掉。如果发生这种情况，就要抄写保管在其他史库里的实录，然后再将抄写好的实录补充进去，因此实录不会有大的错误。

抓鸽子导致实录被烧毁

1592 年的壬辰倭乱真实地反映了在交通复杂和人口密集的地方史库的危险性。由于倭寇的入侵，汉阳春秋馆、忠州史库、星州史库的史稿不见了。在实录差点儿从历史上销声匿迹的瞬间，只有全州史库的实录留存了下来。但是，由于交战激烈，全州史库也不可能是永远安全的地方。就在连国家都没有采取特别措施之际，参奉吴希吉、儒生孙弘禄和安义挺身而出，感到危机的他们开始将全州史库的实录转移到内藏山。为转移实录，孙弘禄和安义还轮流值夜。后来，在战争的旋涡之中，实录曾经落脚海州和妙香山等地，最后才回到了江华岛。在《朝鲜王朝实录》差点儿完全消失的危急关头，由于孙弘禄和安义这样平凡百姓的献身性努力，实录才得以保存下来。

以壬辰倭乱为契机，《朝鲜王朝实录》的保管体系发生了巨大变化。因为在壬辰倭乱期间，除全州史库的实录外，其余史库的实录都被烧毁了。于是，有人建议，在险峻的山区建立史库，对实录进行更加安全的保管。因为在经历战乱之后，人们认识到，山区是适合保管实录的场所。

光海君执政之后的朝鲜王朝史库共有 5 个，即汉阳的春秋馆史

库、江华岛摩尼山史库、平安道宁边的妙香山史库、庆尚道奉化的
太白山史库、江原道平昌的五台山史库。所有史库按地区分配后，
建在险峻的山区。史库旁边还建了守护寺庙，让僧侣们应对万一，
保护实录。鼎足山传灯寺、赤裳山安国寺、太白山觉华寺、五台山
月精寺担任守护寺庙的职能。此后，为应对后金（清）的进攻，妙
香山史库转移到四周皆为天然要塞的全罗道茂朱的赤裳山城，即赤
裳山史库。丙子之役时，江华摩尼山史库被大面积损坏。孝宗时期，
江华摩尼山史库发生火灾。1660 年，江华摩尼山史库转移到邻近的
鼎足山史库。至此，朝鲜王朝后期地方上的四大史库，即鼎足山史
库、赤裳山史库、太白山史库、五台山史库正式被确定，这个体系
一直存续到朝鲜王朝灭亡。

　　日本帝国主义殖民统治时期，实录又经历了磨难。日本帝国主
义者将朝鲜王朝最宝贵的文物，即《朝鲜王朝实录》收管在朝鲜总
督府。此后，鼎足山史库和太白山史库的实录保管在京城帝国大学
图书馆；赤裳山史库的实录保管在朝鲜王室的资料保管所，即昌庆
宫藏书阁；1913 年，五台山史库的实录通过注文津港转移到日本东
京帝国大学。这可能是因为日本帝国主义者梦想着朝鲜成为其永久
性的殖民地，还要视朝鲜王朝的历史为自己的历史。光复以后，鼎
足山史库和太白山史库的实录转移到京城帝国大学的后身——首尔
大学。之后，遵循先祖分别保管的精神，太白山史库的实录被保存
在韩国国家记录院釜山中心。受朝鲜战争的影响，赤裳山史库的实
录行踪不明，后来得知这套实录保管在朝鲜。受 1923 年日本关东大
地震余波的影响，五台山史库的 788 册实录只剩下了 74 册，其余皆
被损毁。2006 年，日本将五台山史库的 74 册实录返还给韩国。由此，
首尔大学奎章阁韩国学研究院保管着五台山史库残存的 74 册实录。

　　1973年,《朝鲜王朝实录》被指定为国宝。1997年10月1日,《朝鲜王朝实录》被收录为世界记录遗产,其价值得到全世界公认。我们到现在还能看到完整的实录,得益于战乱时期挺身而出的百姓们的努力,以及朝鲜王朝后期先祖们在山区建立史库的智慧。实录不仅记录了政治史,还记录了影视素材中诸如长今、孔吉等各种人物的故事。此外,太宗时期朝鲜王朝传入一头大象,显宗时期宫中闹鬼,正祖戴眼镜等生活史方面的内容也很丰富。在这一文化宝库差点儿消失的时候,我们的祖先最终还是将实录保存了下来。随着时间的流逝,不再遗失珍贵的文物并将其流传后世,已然是我们的一份责任。

1　"世界记录遗产"为韩国语直译,中文译作"世界记忆项目"。——译注
2　洗草,即用水洗史稿稿纸,除去史稿稿纸上的字,对史稿稿纸进行再次利用的过程。——译注
3　晾晒史稿是为了防止湿气和虫害,更好地保存实录。

只为一人举行的庆典：世子的入学典礼

　　每年 3 月，当今韩国的各个学校都会竞相举行入学典礼。朝鲜王朝时期也有入学典礼，不但有最高学府成均馆的入学典礼，还有朝鲜王朝时期最华丽的入学典礼，即只为世子一人举行的入学典礼。流传至今 的《入学图》为我们生动地再现了世子入学典礼的庄重场面。

拜师仪式

　　拜谒成均馆，参拜供奉孔子的大成殿，在明伦堂向成均馆的博士行拜师礼，然后接受教育，这种仪式即世子的入学典礼。但在入学典礼结束之后，世子无须一直在成均馆学习。成均馆里举行的世子入学典礼只是朝廷举办的一次庆典，其意义在于让世子通过行拜师礼，表达其要成为追求真知的圣君的决心。入学礼源于中国古籍《礼记》，举行世子入学典礼的目的在于让世人明父子、君臣、长幼

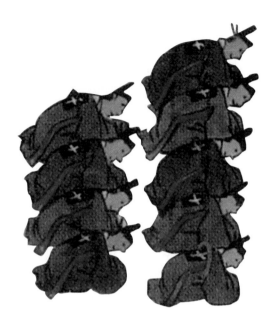

之道。

　　朝鲜王朝的首个世子入学典礼是在太宗时期举行的。从即位以后开始，太宗就关心为元子[1]择师，以及在成均馆里为元子修建学堂之事。1403年（太宗三年）四月八日，让宁大君行入学礼。据《朝鲜王朝实录》载："元子入学，服学生服，谒文庙奠爵，行束脩礼于博士。以成均司成薛俱、司艺金稠为博士受之，束帛一筐、酒一壶、脩一案。"

　　世子的入学典礼大致可分为三种仪式，其中的"入学仪"又被分为四个具体的仪式。三种仪式是指，出宫到达成均馆的"出宫仪"、到达成均馆后举行的一系列"入学仪"，以及返回宫中后，接

▶

　　《王世子入学图帖》中的《出宫仪图》，成于1817年，大小为36.5cm×25.3cm，藏于庆南大学博物馆。该图描绘了纯祖十七年三月十一日，纯祖的长子孝明世子（翼宗）出昌庆宫弘化门，前往成均馆的场景。

受文武官吏和宗亲祝贺的"受贺仪"。在成均馆内举行的"入学仪"又被细分为四步：在大成殿向孔子、颜子、曾子、子思、孟子等圣人的神位敬酒的"爵献仪"，在明伦堂外请求老师允许自己听课后进入堂内的"往复仪"，为老师呈献礼物的"受币仪"，以及步入明伦堂听老师讲课的"入学仪"。

入学仪式结束后，紧接着举行宴会。臣下向国王献辞，祝贺世子入学。国王召参加入学典礼的群臣，以及成均馆的儒生们入宫，为他们摆桌设宴。为了让天下百姓共同庆祝世子的入学典礼，还经常举行"庆科别试"[2]，发布赦免令。

能否使用书桌是朝鲜王朝世子入学典礼上最大的争论点。虽然仁祖和孝宗都曾提议让世子也使用书桌，但大臣们认为，把课本放在地上接受教育更符合师生之道。由于大臣们的阻拦，世子始终未能在入学典礼上使用书桌。可见，即将成为国王的世子也要在老师面前低头接受教育。

国王入学典礼的六个场景

纪实画也记录了世子的入学仪式，《翼宗大王入学图》就是为纪念 1817 年（纯祖十七年）三月十一日举行的孝明世子入学典礼而创作的。纯祖执政末期，孝明世子试图通过代理听政[3]来恢复王权。从1827 年开始，孝明世子通过 4 年的代理听政，致力于恢复王权和牵制安东金氏的势力。纯祖即位 30 周年时，孝明世子强化王权，评议肃宗和英祖时期的王室仪典，主管纯祖的御膳，甚至还亲自参与撰写宫中舞蹈的唱词，是一个对文化也非常感兴趣的人。可是，试图打破势道政治的阴影，并努力在政治和文化方面强化王权的孝明世子最终去世了。孝明世子的 8 岁儿子宪宗（1834—1849 年在位）即位后，王室的权势衰微到了极点。

19 世纪前期，朝鲜王朝国运接连遭遇不幸。为纪念孝明世子入学仪式而作的《翼宗大王入学图》只留下了孝明世子入学仪式时的情景，之后孝明世子便消失在历史之中。[4]《翼宗大王入学图》描绘了从世子出宫到接受文武百官贺礼的六个场景，即《出宫图》《爵献图》《往复图》《受币图》《入学图》和《受贺图》。其中，整幅画的核心部分是世子向老师学习学问的《入学图》，背景是朝鲜王朝时期历代世子举行入学典礼的成均馆明伦堂。明伦堂右侧坐着讲学博士（相当于左右宾客），对面站着的两个人的中间位置是世子的位置。在描绘王室仪式的《翼宗大王入学图》中，既没有国王，也没有世子。

《纯祖实录》记载了当时世子与他的先生南宫辙对话的情景。

> 王世子坐明伦堂，讲《小学》题辞，至惟圣性者之语，问于博士南公辙曰："何以则为圣人？"博士作而对曰："邸下此问，诚宗社臣民之福也，世子冲年入学，已有圣人自期之志，苟能推是心而扩充之，则为尧为舜自今伊始矣。"世子又问曰："此言入孝出恭，欲为孝则何者当为先？"博士对曰："为孝之道，若

▶

《王世子入学图帖》中的《入学仪图》，成于 1817 年，大小为 36.5cm×25.3cm，藏于庆南大学博物馆。图中正面的建筑物为成均馆明伦堂，右侧的人物是博士，博士对面的空地是世子的位置。

论其许多节目，则仓卒不能尽对。而当以修德为善为本。悦父母之心，岂有大于此者乎？且修身为齐家治国平天下之本，孝之大本，无过于此矣。"世子嘉纳之。

当时，孝明世子年方九岁。据《纯祖实录》载，孝明世子的入学典礼"俨若成德之表，从官暨多士之环桥而观听者数千人，莫不延颈攒颂焉"，佐证了当时人们庆祝世子入学典礼时的情景。

从册封到嘉礼

作为朝鲜王朝的王位继承人，世子为提高其身份和地位，要例行各种人生仪礼。其中，代表性的人生仪礼（"通过仪礼"）有册封礼、入学礼、冠礼和嘉礼。册封礼，即册封仪式，是世子成为王位继承人最重要的官方仪式。国王授予世子册封任命书，世子叩谢王恩，该仪式即册封。为给世子册封，朝廷组建册礼都监，按册封之需准备物品，布置会场。仪式结束后，编撰册礼都监仪轨。在以嫡长子继承制为原则的朝鲜王朝时期，王妃所生之长子理应被封为世子。但实际上，继承王位的嫡长子只有 7 人（文宗、端宗、燕山君、仁宗、显宗、肃宗、纯宗），被封为世子而最终未能登上王位的嫡长子也多达 7 人。如前文所述，世子被册封后，要在成均馆举行入学礼。

册封礼和入学礼之后，世子要例行的人生仪礼便是冠礼。冠礼即今日之成年礼。古之冠礼，即绾髻加冠。普通士大夫之子婚前，于 15 岁至 20 岁行冠礼，世子则于册封礼举行后 8 岁至 12 岁行冠礼。行冠礼后，已然成人的世子继而行婚礼，婚礼多在冠礼之后立即进行。冠礼行于 8 岁至 12 岁，婚礼在 10 岁至 13 岁之间进行，国

《懿昭世孙册封教命》，成于 1751 年，大小为 34.8cm×305cm，藏于韩国学中央研究院藏书阁。英祖二十七年五月，懿昭世孙李琔被册封为王世孙时下的教命。懿昭世孙是庄献世子的长子、正祖的哥哥，两岁时被册封为世孙，于被册封的第二年三月卒。

王婚礼或世子婚礼的整个过程被记录成嘉礼都监仪轨。行过册封礼、入学礼、冠礼和婚礼后，已然成人的世子作为下一任国王的继承人，其例行典礼业已完毕，但其即位时间还不确定，因为这主要取决于先王的寿命。肃宗被封为世子后14岁即位，尚且年幼；而文宗37岁即位，已时值壮年。

朝鲜王朝的国王在10多岁时通过例行典礼，牢牢地巩固了国王的地位。例行典礼既是庆祝世子成人的仪式，又是公认世子身份和地位的过程。因此，例行典礼的主要场面被整理成了记录国家仪式的权威史料（即仪轨），成了传于后世的永远的典范。

---

1 元子为尚未册封为世子的国王长子。——译注
2 庆科别试是朝鲜王朝时期逢丙子年或国家有喜事时举行的科举考试的一种。——译注
3 代理听政不同于垂帘听政。所谓代理听政是指，当国王因上年纪或病患而不能正常主政时，由世子或王兄代替国王处理朝政。——译注
4 作者想在原句中突出两件事，最重要的是《翼宗大王入学图》中没有孝明世子，之后孝明世子消失在历史中；其次是孝明世子短命。——译注

우케為未舂稻。콩為大豆。○如

러울為獺。서에為流澌。ㄷ。如

담為墻。ㅌ。如고티為繭。두텁

ㄴ。如노로為獐。납為猿。ㅂ。如

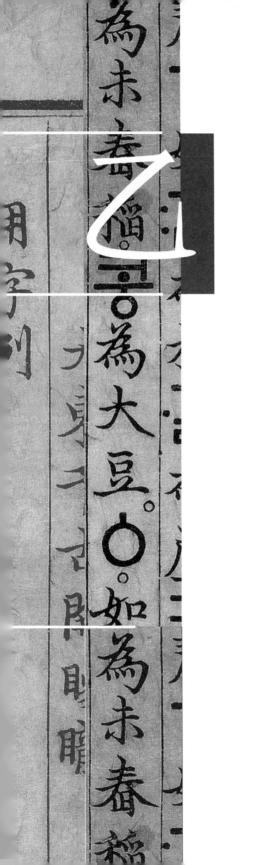

乙

塑造朝鲜王朝的伟大风景

照耀世宗大王时期的遗产

2009 年 10 月 9 日，首尔光化门广场立起了世宗大王铜像。想到在正对着世宗路的勤政殿即位，然后长时间地望着光化门广场施行国政的世宗大王，我觉得世宗大王过了很久才回到了自己所在的位置。创制训民正音、设立集贤殿、发明自击漏[1]和测雨器等科学器具、实施 17 万国民投票等，世宗大王的业绩数不胜数。无论是从能力看，还是从品德和识别人才的见识看，世宗大王都是最英明的国王。

因为担心刺激中国而差点儿被拒绝的谚文

世宗大王的政治文化可以概括为自主、民本、实用，其最具代表性的业绩是训民正音的创制。经过很长一段时间的研究过后，意为"教民以正确字音"的《训民正音》于 1446 年九月颁布。到当时为止，朝鲜半岛的历史虽然已有数千年，却还没有自己的文字。其

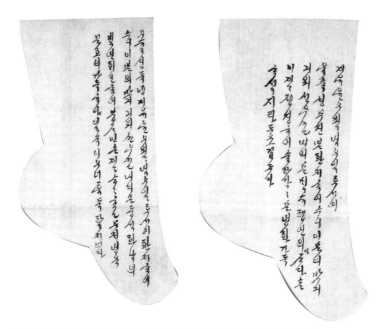

布袜状的谚文书信，作者不详，成于朝鲜王朝后期，洪胤杓所藏。由于谚文广泛普及，女性不仅可以通过写作来表达自己的想法，还能向别人传达自己心里的故事。这封袜状书信的内容是，作者希望自己的父母万寿无疆、荣华富贵。

间，朝鲜半岛的百姓们嘴上说自己的话，文字上却借汉字使用，其中的不便之处无法言表。

为了让难以学会汉字的百姓们也能轻松地读书写字，世宗大王创制了元音和辅音共 28 个字母的训民正音。训民正音于 1443 年开始创立，经过宫中诸多学者和大臣们 3 年期间的试用后，被认为是各种人士都乐于使用的文字。最终，朝廷决定将其教给全体百姓。特别大放光彩的是，《训民正音》的序文还阐明了创制 28 个新字母的意义，因为这其中很好地融合了世宗大王的自主意识和爱民精神。大家读到过字母文字或汉字造字的明确原因吗？

由元音和辅音共 28 个字母构成的训民正音的文字模样像发音器

官和三才（天、地、人），文字结构运用了《周易》的哲学原理。训民正音是能够最自然地表达出已有话语的科学性、实用性的文字。听到声音就能写出文字，比必须掌握每个字的意思的汉字容易很多，使很多百姓都能享受到文字带来的实惠。朝廷将《龙飞御天歌》等诗歌和各种经书翻译成谚文后广泛地传播到了民间，民间对谚文的呼应程度令人惊叹，反响非常好。

但是，关于训民正音的反对言论也不少。崔万理和金汶等人最反对的是，训民正音会给朝鲜王朝和中国的关系带来问题。1444 年二月，崔万理向世宗大王上疏，反对颁布训民正音，理由是：朝鲜王朝一直引进中国的制度和文化，如果突然使用属于朝鲜半岛自己的独立语言，可能会刺激中国；而且在已经有吏读文的情况下，谚文不过是一种没用的技艺而已。

世宗大王对这种反对意见从逻辑上进行反驳，主持颁布了训民正音。因为世宗大王认为，为了实用和为民施政，以及实现民族的自主性，一定要创制一套从此独立于中国，哪怕是迂腐的百姓也便于学习的文字。训民正音创立以后，虽然士大夫们仍然偏爱汉字，但对学字困难的普通民众和宫中女性来说，谚文可谓一场及时雨。后来，谚文不仅促进了庶民的谚文小说和宫中文学的发展，也起到了为朝鲜王朝的文化奠基的作用。

世宗大王亲自耕种一结土地

世宗时期，农业、科学、文化、音乐等各领域都实现了自主式的发展，世宗对有别于中国的传统农业、医学、科学，以及文化非常关心，因此这些领域也出现了很多成果。1429 年（世宗十一年），朝鲜王朝刊行了符合朝鲜半岛农业发展规律的《农事直说》。朝鲜王朝建立 600 年以前，朝鲜半岛上的大部分百姓是农民，"农业是天下的根本"，是最重要的产业。庄稼的丰歉决定着一年的生活，所以农业非常重要。丰收的关键是更有效地播种、施肥和除草。以前，朝鲜王朝的百姓们主要参照从中国引进的《农桑辑要》从事农业生产，但由于气候和水土的差异，农业收成并不理想。

为提高农业收成，在《农事直说》编撰之前，世宗命郑招、卞季良等人到农业发达的三南地区，即庆尚道、忠清道和全罗道去通告当地官吏仔细撰写当地的耕作方法，并将其呈给世宗。当地官吏们找到经验丰富的农夫，听他们讲述耕作方法，将其记录成《农事直说》。《农事直说》详细记录了气候与土壤、各种谷物种子的保管方法、播种法、插秧法、除草法、浇水法、施肥法等。这些方法符合朝鲜半岛的实际情况，大大提高了农业产量。《农事直说》编撰完成后，为普及这部书，世宗自告奋勇，亲自在景福宫后院耕种了一结（田亩面积单位）土地。

1433 年（世宗十五年），医学界也掀起了身土不二的热风，以山草药治疗不同症状的药方记录——《乡药集成方》编撰成书。发掘朝鲜本土的科技与文化价值并不局限在农业方面，在调理身体方面，朝鲜半岛本土出产的药材也非常了不起。当时的医生们都按照中国医书开药，但中国的药材不仅很贵，而且对朝鲜王朝的百姓药效不明显。1433 年，汇集全国乡药处方的《乡药集成方》问世了。

乡药指朝鲜半岛本土产的药材，治疗朝鲜土朝百姓所患疾病的疗效比中药明显。《乡药集成方》将疾病分为 57 种大病，959 种小病，详细记录了治疗每种病的处方，对治疗朝鲜王朝百姓的疾病帮助很

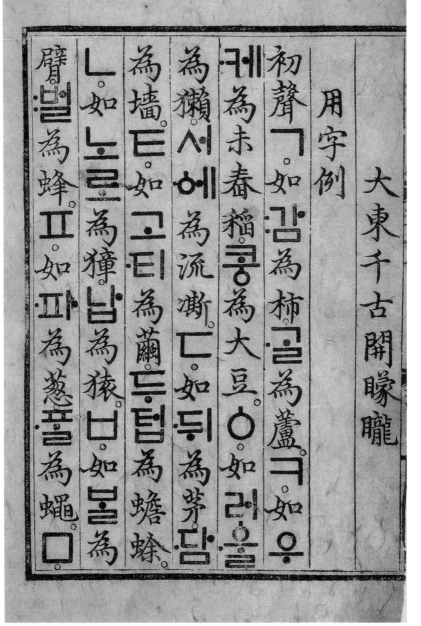

大東千古開曚曨

用字例

初聲ㄱ。如:감爲柿。ㆍ골爲蘆。ㅋ。如우
케爲未舂稻。콩爲大豆。ㆁ。如러울
爲獺。서에爲流澌。ㄷ。如·뒤爲茅。·담
爲墻。ㅌ。如고티爲繭。두텁爲蟾
蜍。ㄴ。如노로爲獐。납爲猿。ㅂ。如·불爲
臂。:벌爲蜂。ㅍ。如·파爲蔥。·풀爲蠅。ㅁ。

《训民正音解例本》，作者郑麟趾，木板本，大小为 22.6cm×17.2cm，国宝第
70 号，成于 1446 年，藏于涧松美术馆。

大。正如标题以"乡药"命名一样，这部书的特点是，以朝鲜王朝民间流行的传统医学为基础，融合从中国引进的中医处方，从而形成独特的医学传统。可见，解读世宗时期的另一个文化代码便是民族自豪感。

刮起革命之风的科学时代

　　世宗的自主和民本精神使科学技术领域也出现了很多革新性发明。特别需要指出的是，如果要想提高农业产量，就要求掌握准确的农时。因为即便种子再好，如果错过农时的话，也不能获得丰收。对掌握农时的要求促使天文观测器具和时钟得以发明问世。朝鲜王朝初期，观测天文的机构书云观曾经设立简仪台，但简仪台的观测能力非常有限。1432 年（世宗十四年），朝鲜王朝开始制作大规模的天文仪象。1434 年，天文仪象和景福宫庆会楼北侧高约 6.3 米、长约 9.1 米、宽约 6.6 米的石筑简仪台竣工。从世宗二十年三月开始，书云观的官吏们每晚都在简仪台上观测天文。

　　世宗时期还发明了仰釜日晷。当时，人们习惯用太阳的影子来计时，所以这种计时的工具叫作日晷。仰釜日晷的意思是日晷形托釜，样子像釜一样。为方便百姓，仰釜日晷被设立在惠政桥和宗庙南侧的街上，这可以被看作朝鲜半岛历史上最早的公共时钟。此外，悬珠日晷、天平日晷、定南日晷等便于携带式的时钟也发明于世宗时期。因此，将世宗时期的朝鲜王朝称作时钟王国也不为过。

　　1434 年（世宗十六年），出身卑微的科学家蒋英实发明了用水计时的自动报时器自击漏。日晷具有阴天或晚上不能计时的缺点，所

仰釜日晷，石制，大小为 6.9cm × 3.9cm × 1.7cm，朝鲜王朝后期造，藏于首尔历史博物馆。此图是时钟仰釜日晷及其保管箱。为便于携带，仰釜日晷被做得很小，且同时兼备指南针和凹陷下去的半球形时钟。亦被称作轮图的指南针用于观察方位。结合南北方位测量时间时，为提高准确性，一并设置了指南针。

以蒋英实发明了没有阳光时也能计时的自击漏。自击漏装有自动报时装置，由钟、鼓、锣分别报响时、更、点。另外，自击漏上还装有木偶，时辰一到，木偶就会跳出来报时。可以将其看作某种自鸣钟。自击漏被设置在景福宫南侧的报漏阁，这可以被看作朝鲜王朝时期的标准时钟。蒋英实出身贱民阶层，曾是东莱县的官奴，其父是元朝的杭州人（《世宗实录》），其母是妓生。他的才能后来被世宗发现，从此跃身成为宫中的科技工作者。从这件事来看，世宗不以身份地位的高低对待人才。

世宗时期，天文历法领域也发生了革命。此前，朝鲜半岛使用过元朝的授时历、明朝的大统历，以及阿拉伯的回回历，但这些历法并不完全适用于朝鲜半岛。世宗时期，朝廷综合整理了原来使用过的历法，并于 1444 年（世宗二十六年）做成了属于朝鲜王朝自己的历法体系，即"七政算内外篇"。这使天文观测变得更加准确，更

报漏阁和自击漏，国宝
第 299 号，1536 年建于
庆运宫（德寿宫）。

加符合朝鲜半岛实际情况的历法也由此产生。

经过在各个领域开展的文化革新，世宗将当时的时代课题完成得近于完美。自主、民本和实用是朝鲜王朝鼎革的精神基础，世宗认真地完成了自己所担负的历史使命。他尽可能地让臣民反映意见，让有能力者尽可能发挥自己的才能。世宗时期，农业、医学、科技领域的发明以星火燎原之势出现，为后世留下了最优秀的文化遗产。

1　自击漏是发明于世宗大王时期的计时器，中文也作自鸣漏壶，因其系韩国语专有名词，所以采用了直译的原则。——译注

申叔舟的日本行记:《海东诸国记》

　　独岛（日本称"竹岛"）问题始终牵动着我们紧张的神经，是我们一直关注的问题。这是日本的侵略主义属性所致，因为如果我们稍微掉以轻心，日本就不会放弃其为了实现自身利益而侵吞朝鲜半岛的野心。可能正是预见到了这一点，生活在 16 世纪的南冥曹植就曾一直警惕日本，要不然他怎么会在临时考试时对弟子们说，"如果日本人发威恐吓，我们就一定要歼灭他们"呢？

　　15 世纪，以通信使的身份前往日本的申叔舟也看透了日本的好战性。申叔舟撰写了《海东诸国记》，其中收录了当时日本的地图，记录了日本的风俗，以及朝鲜王朝朝廷应对日本的对策。下面就让我们了解一下朝鲜王朝时期对日外交的经典著作、遣日通信使的必读典籍——《海东诸国记》。

　　1443 年（世宗二十五年），申叔舟（1417—1475）奉世宗之命踏上了去往日本的船只。他当时刚从病患中恢复没多久，家人也担心他出远门，但他还是欣然地接受了世宗的命令。当时，他 27 岁，身份是书状官，大致类似于今天的文员，排行位于通信正使和副使之

《海东诸国记》，作者申叔舟，写于 1471 年，藏于奎章阁韩国学研究院。1443年，书状官申叔舟奉王命出使日本。从日本归来后，申叔舟开始编撰此书。此书详细记载了日本的政治、地理、外交沿革等内容。海东诸国指的是日本、对马岛、壹岐岛、琉球等。

后。书状官不仅要具备外交能力，还要有特别优秀的文字水平。世宗命集贤殿学者申叔舟任书状官，展现了他对申叔舟的信任。申叔舟一行在长达 7 个月的外交交涉后安全返回，并在此期间同对马岛岛主签订了《癸亥条约》，规定日本每年派 50 艘船只、献 200 石米豆，解决了外交上悬而未决的"岁遣船"问题和"岁赐米豆"问题。还有，到达日本时，他还当即为慕名而来的日本人作诗，令他们为之赞叹。后来，这流传成了一段逸事。

1471 年（成宗二年）冬，即申叔舟从日本使行归来 28 年后，《海东诸国记》才得以成书。可见，这本书历时长久，其内容不只是简单的个人旅行见闻。这本书以作者的日本使行经历为基础，记录了朝鲜王朝前期对日外交所积累的经验，系统地整理了当时的外交惯例等内容。

1471 年完成初稿后，该书还在不断完善，并补充了重要条约的签订等外交方面的内容。可见，这本书不只是旅行纪行，更明显起到了外交惯例参考书的作用。

七张地图看透日本

《海东诸国记》由申叔舟的序文、7 张地图、"日本国记"、"琉球国记"、"朝聘应接记"构成。"日本国记"由天皇世系、国俗、八道六十六州的郡县、对马岛等内容构成。"琉球国记"被细分为国王世系、国都、国俗、道路里数。

7 张地图分别是《海东诸国总图》《日本本国地图》《日本国西海道九州地图》《日本国一岐岛地图》《日本国对马岛地图》《琉球国地图》。[1] 该书题目之"海东诸国"是指包括日本本国在内的附属岛屿及琉球国。申叔舟在序文中写道："窃观国于东海之中者非一，而日本最久且大。其地始于黑龙江之北，至于我济州之南，与琉球相接，其势甚长。"《海东诸国记》中的日本地图是朝鲜半岛历史上现存最早的木刻版地图，用朝鲜式的波涛纹刻印大海是该书的特征。

那么，申叔舟想要通过本书告诉世人什么呢？下面的序文可以让我们明白本书的编撰意图。

……习性强悍，精于剑槊，惯于舟楫，与我隔海相望。抚

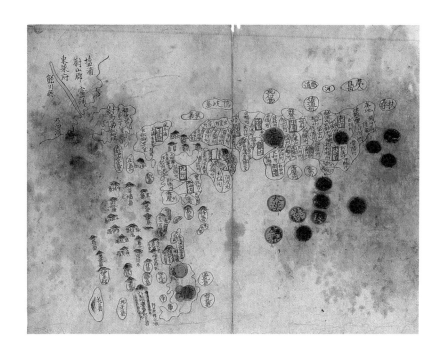

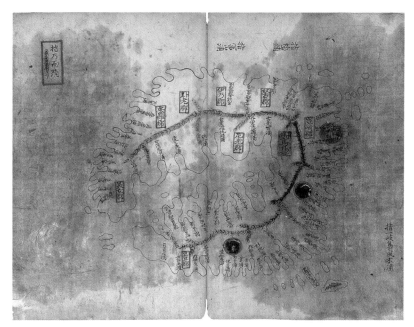

上图为《掌运图》中的《海东诸国总图》，大小为 44.4cm×34.6cm，成于 19 世纪，藏于韩国国立民俗博物馆。《掌运图》是一幅以朝鲜半岛为中心的世界海运路线图图册，申叔舟的《海东诸国总图》被原封不动地收录其中。

下图为《掌运图》中的对马岛。

之得其道，则朝聘以礼，失其道，则辄肆剽窃……臣尝闻待夷狄之道，不在乎外攘，而在乎内修，不在乎边御，而在乎朝廷，不在乎兵革，而在乎纪纲，其于是乎验矣。

申叔舟强调，最重要的是，朝鲜王朝应该警惕日本，重视交邻外交。同时，他还强调，为防止将来可能发生战乱，朝廷应该正纲纪。

申叔舟临终还对成宗说，"千万不要忘记与日本交好"。申叔舟可能早在壬辰倭乱发生 100 年前就看透了日本的好战性，强调与日本维持政治上的友好关系。

《海东诸国记》描写的日本风俗

《海东诸国记》的"日本国记"国俗篇中有关 15 世纪日本风俗的各种描写引起了人们的注意，下面就让我们看一下其中的主要内容。

天皇之子，娶于其族。国王之子，娶于诸大臣。……兵好用枪剑。……饮食用漆器，尊处用土器。有箸无匙。男子断发而束之，人佩短剑。妇人拔其眉而黛其额，背垂其发，而续之以髢，其长曳地。男女冶容者，皆黑染其齿。……人家以木板盖屋，惟天皇国王所居及寺院用瓦。人喜啜茶，路傍置茶店卖茶，行人投钱一文饮一椀。……无男女，皆习其国字，惟僧徒读经书知汉字。男女衣服，皆斑染，青质白文。男子上衣才及膝，裙长曳地。（《海东诸国记》国俗篇）

有趣的是，上述文字描写的 15 世纪日本风俗与今天极为相似。武士的传统、筷子文化、茶道均体现在这本书中，我们可以从中窥见日本传统文化的方方面面。此外，道路里数篇指出了自韩国庆尚道东莱县釜山浦，经对马岛、尾路关、兵库关，终至日本都城的水路距离为 323 里，陆路距离为 18 里（按韩国的里数算，水路 3230 里，陆路 180 里）。道路里数篇还记录了日本的 8 道 66 州，以及申叔舟

《王子按司图》，纸质彩色画，大小为 83.5cm×44.3cm，藏于东京国立博物馆。画中是琉球国王子和比他身份低一级的贵族按司。右侧是王子和按司的大礼服，头戴红丝帽，身穿绿色单袍，腰系中国式的黄色金丝带。左侧是王子和按司平常穿的衣服，灰底细纹的高级服饰。

在畿内 5 州亲身经历的见闻。在这段记述中，引人注意的是，申叔舟对日本特产硫黄和铜铁很感兴趣，这与硫黄和铜铁是制造武器的重要资源有关。

此外，同样惹人注意的是，《海东诸国记》还收录了很多可以呈现当时外交状况的内容。在"琉球国记"中，申叔舟首先提到，"琉球去我最远，不能究其详。姑记朝聘名号次第，以待后考"，主张参

《王子夫人图》，纸质彩色画，大小为 84.2cm×44.3cm，藏于东京国立博物馆。画中是琉球国地位最高的贵族女性。右侧是礼服，分上衣和下衣，上身穿着宽大的衣裳。左侧是平常穿的衣服，上身搭配格子纹状的冲绳红型 [2]。

照后世资料对琉球国加以考究，然后他在"琉球国记"中介绍了琉球国的特产硫黄，记录了琉球国发达的海上贸易，以及琉球国的男女服饰与日本国大同小异等内容。"朝聘应接记"是朝鲜王朝前期对日外交的依据，其内容主要是两国之间的使船定数、发放证明文件、三浦宴、给料、三浦禁约、钓鱼禁约等。下面就让我们看一下"朝聘应接记"中诸使迎送的相关内容：

> 国王使，遣三品朝官，率京通事，迎于三浦，还时护送。诸巨酋使，遣京通事，迎于三浦，还时朝官率京通事护送。对马岛主特送，九州节度使，使乡通事率上京，朝官护送。

从上述记录可以看出，在日本迎接朝鲜王朝使臣方面，朝鲜王朝使臣的地位很高。在居住和通行方面，朝鲜王朝对日本人则加以限制。

> 对马岛之人，初请来寓三浦（熊川之乃而浦、东莱之釜山浦、蔚山之盐浦，号为三浦），互市钓鱼。其居止及通行，皆有定处，不得违越，事毕则还。（"朝聘应接记"三浦禁约）

此外，"三浦宴"等相关记载中还详细规定，"船夫，人给真麦末一升，油一合，干鱼一首，生鱼肉随宜，白酒一钱"，这可以使我们从中了解到当时生活史的面貌。

▶

《那霸贵族妇人图》，纸质彩色画，大小为 83.8cm×44.2cm，成于 19 世纪，藏于东京国立博物馆。画中是琉球国贵族妇人和丫鬟。

是叛徒还是有能力的官僚学者？

　　成宗时期，《海东诸国记》编撰完成后，此书便成了对日外交的重要依据。外交时，人们经常根据此书进行协商，后世的学者也经常提到此书的价值。被称为实学先驱的李晬光，以及18世纪的实学家李瀷在各自的代表作《芝峰类说》和《星湖僿说》中都引用过《海东诸国记》，该书更是前往日本的通信使们的必读之书。朝鲜通信使们的日本见闻中曾多次提到，经常有日本学者问朝鲜通信使，是否有《海东诸国记》一书的存在。

　　这充分说明，朝鲜王朝前期，官僚学者申叔舟所作的《海东诸国记》确实是对日外交的参考书。但是，1453年，"癸酉靖难"发生时，申叔舟是集权的首阳大君（世祖）的主要参谋。因此，人们对他的负面评价也确实不少。特别是随着和他要好的"死六臣"之首成三问忠贞殉难后，申叔舟的地位更是每况愈下。要不然，人们怎么会把容易变质（变节）的豆芽叫作"绿豆芽"[3]呢？

　　其实，申叔舟在朝鲜王朝前期的政治文化整顿方面发挥了重要作用。自世祖至成宗时期编撰完成的《经国大典》和《东国通鉴》，都有申叔舟的主要参与。从15世纪士林派代表人物金宗直给他的文集《保闲斋集》作序来看，16世纪士林派的部分学者也与他很要好。就像我们评论申叔舟一样，在对某位历史人物做历史评价时，一定要均衡地看待该人物的正面和负面。

1　原文如此，此处虽提及7张地图，但原文只列出了6张地图的名字。据译者查实，还有另外一幅在卷首的地图，包括《熊川荠浦图》《东莱釜山浦图》《蔚山盐浦图》。《日本国一岐岛地图》中的一岐岛即壹岐岛。——译注
2　亦作冲绳印染，是冲绳地区一种绚丽多彩的染布。——译注
3　绿豆芽在韩国语口语中俗称숙주，与叔舟二字同音。——译注

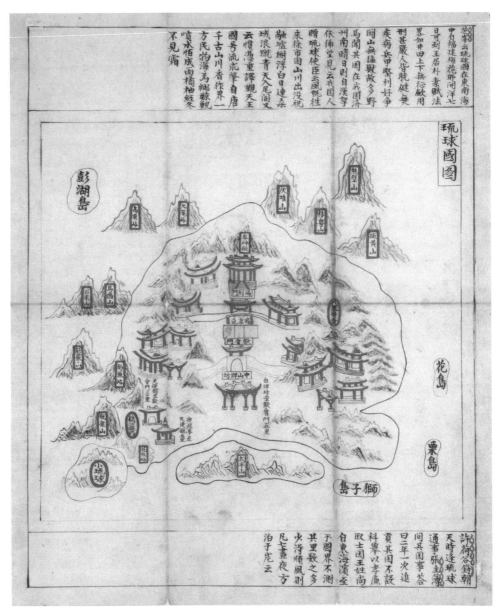

《舆地图》中所载《琉球国图》，大小为 36.5cm×30cm，彩色手抄本，成于 18
世纪，藏于岭南大学博物馆。此为朝鲜王朝后期流行于民间的琉球国地图。与
《海东诸国记》的系列地图不同，此图详细地描绘了首里城和各个寺庙的分布
与构造。地图的上下两端附上了李睟光和许篈所作的关于琉球的知识和见闻。

《琉球人行列图》，丝绸彩色画，大小为 19cm×132.5cm，成于 1832 年，藏于
琉球大学附属图书馆。每当经过大城市时，前往江户的使节团都要奏民乐，换
穿中国式的衣裳。与日本人不同，琉球的贵族们留着中国式的胡须。在其他地
区的人们看来，这是一道独特的风景。

受人景仰的外交：徐熙和光海君的外交

　　亲历了近几年来抨击当局的进口美国牛肉风波及烛光示威，我真切地感受到，任何人都要重视外交。就连政府当政者都没想到，匆忙和美国达成的进口牛肉协定会带来这么大的风波。正如外交通商部长官带着无奈的发言所说："这边按下去，那边卡住了；那边按下去，这边又卡住了。"此语直截了当地指出了在美国、中国、日本等大国中间，想要实行"既务实又有尊严的外交"的难处。因此，可以毫不夸张地说，受地缘政治的影响，朝鲜半岛的命运取决于外交的成败。

　　历史也可以证明，被大国包围的朝鲜半岛所做出的外交选择决定着国家的命运。其中，高丽时期徐熙的外交，以及朝鲜王朝中期光海君的外交，就被认为是典型的成功外交的案例。

徐熙因看透了契丹的心思而获得了土地

统一后三国之后，又过了 50 余年，即 10 世纪后期，高丽王朝的西北地区面临着新兴强者——契丹的威胁。以前就在历史上与朝鲜半岛结过仇的契丹连北宋王朝都不放在眼里，993 年又以萧逊宁为大将，率 80 万大军侵入高丽。惊慌之中的高丽朝廷建议将西京（今平壤）以北的土地让给契丹，甚至还主张让国王亲自率军投降。

情急之下，主张同契丹进行外交谈判，并作为谈判代表直接和契丹会谈的人物出现了，此人就是徐熙（942—998）。谈判不仅送走了契丹的 80 万大军，而且取得了意想不到的收获，即让契丹承认了鸭绿江流域的江东六州是高丽王朝的领土。怎么能达成这样的协商呢？下面就让我们回到当时徐熙和契丹谈判的现场去看一下吧！

契丹的萧逊宁大将质问徐熙，契丹与高丽国境相接，何以朝贡宋国，而不朝贡契丹？萧逊宁使用朝贡一词，要求高丽与契丹建交，以朝贡之礼相待。也就是说，契丹的立场是：在要求高丽向契丹无条件投降的态度下后退一步，主张契丹与高丽建立外交关系。但是，徐熙并没有马上接受这一提案，并将"还我旧地"，即归还高丽旧时的领土作为协商议题推给了契丹。要求契丹承认鸭绿江一带的江东六州是高丽领土，并以此为前提条件与契丹建交是徐熙谈判的要点。结果，萧逊宁把徐熙提出的条件呈报给契丹皇帝，皇帝答应了这一提案。

无论是从当时的角度看，还是从今天的角度看，契丹之所以接受这一对其不利，但对高丽极为有利的提案，是因为国际关系起到了很大的作用。当时，契丹占据着燕云十六州。契丹想要南下，进而占领整个中原王朝，而宋朝则希望恢复对北京地区的统治，阻断

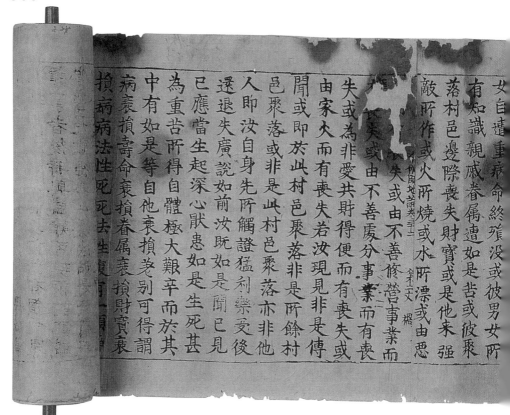

《初雕本瑜伽师地论》卷 32（为击退契丹军队而雕刻的大藏经印刷本），大小
为 28.8cm×448cm，国宝第 272 号，成于 11 世纪上半叶的高丽王朝，藏于韩国
国立中央博物馆。初雕本大藏经是韩国历史上最早的大藏经，其中的《瑜伽师
地论》卷 32 是用当时的经版印刷的。显宗二年（1011 年），契丹入侵开京，高
丽王朝为祈求菩萨保佑，击退契丹，开始雕刻初雕本大藏经。

契丹的进攻，二者命中注定势不两立。契丹的主要攻击对象是宋朝，
要把派到高丽的军事力量遣回，全力投入对宋作战当中。还有，鸭
绿江周边的高丽军队遍布各个城池，也不容易被契丹的军队击退。
另外，如果进入持久战，契丹军队会面临被完全包围的危机。这种
情况下，宋朝大军也可能攻击契丹。

　　最终，徐熙看透了契丹的心思——契丹不得不与高丽建立和平

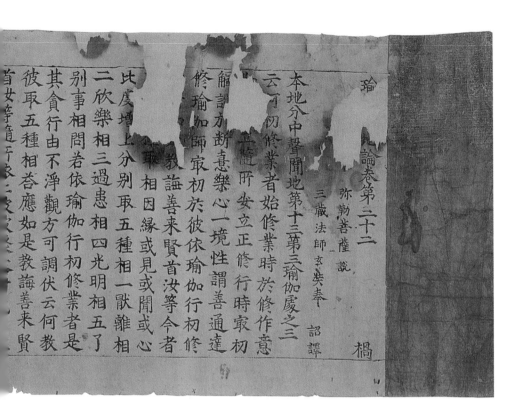

外交。实际上，契丹进攻高丽的很大原因是为阻止高丽与宋联合，而不是想要征服高丽。因此，契丹不仅接受了徐熙的建议，即高丽不与宋联合，而是与契丹建交，而且轻易地放弃了自己不便管理的江东六州。徐熙掌握了契丹想要和高丽建交的心理，理直气壮地索要江东六州，并最终获得了成功。

由于徐熙出色的外交交涉，鸭绿江东侧280里的江东六州成了高丽的领土。在契丹80万大军进攻高丽的国难面前，徐熙冷静地认清了形势，保卫了高丽。他是将危机变成机遇的优秀外交专家。

未获时人支持的外交：光海君的实利外交

修复战乱之殇和恢复民心，是壬辰倭乱之后即位的光海君所面临的最大课题。与以"废母杀弟"为代表的政治失败形成鲜明对比的是，光海君在位时期国内取得了很多成果，如通过统计土地台账整顿两班、实施大同法、依王命编撰《东医宝鉴》等。

在能力方面，人们更敬重的是光海君的外交政策。光海君在位期间，北方的政治形势变化征兆很浓。壬辰倭乱时，明朝派兵援助朝鲜，负担加大，国力亏空。鸭绿江北部的女真族抓住这一时机，努尔哈赤统一女真各部。1616 年，女真族建立后金，努尔哈赤称汗。

光海君认为，历代威胁过中原王朝的北方民族后来都发展成了现实中的强邻。他结合壬辰倭乱时朝鲜王朝边开展分朝[1]活动边参战的经验，冷静地分析了当时的国际政治形势。因此，他切实感受到，对应该马上进行战后重建的朝鲜王朝来说，应该采取既不亲近传统友邦明朝，又不交好新兴强邻后金的外交政策。

1619 年，光海君的外交路线开始付诸实施。迫于后金的压力，明朝请求朝鲜王朝向明派兵。朝鲜王朝在壬辰倭乱时欠明朝派兵援助之情，无法拒绝明朝的请求。因此，光海君在深思熟虑过后决定派兵。但是，光海君私下里叫来了深受其信任的翻译官姜弘立，封他为援兵总司令官——都元帅，并向他下达了一道视战争发展之态势，亦可投降后金的密旨。

领会了光海君心思的姜弘立以明朝援军的身份参加了一小段战斗后，马上投向了后金阵营，向后金传达了光海君不想与后金发生战争的意图。朝鲜王廷的大多数官员认为，姜弘立打了一场不像战争的战争，是个大逆不道的混账东西，应该予以处决。但是，光海

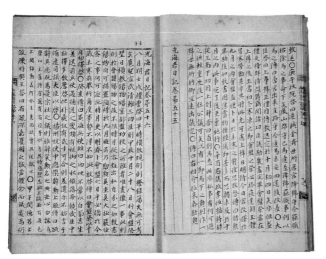

《光海君日记》，成于 1624 年，藏于韩国国立中央博物馆。该书的编纂体系同
实录一样，但因光海君是被赶下台的国王，所以以日记为名留存了下来。

君最终还是保护了姜弘立。后来，成功进行"仁祖反正"的西人们
蔑视姜弘立，把他叫作"姜蛮子"。但是，姜弘立作为忠实地执行光
海君外交政策的将军，是一位必须受到再评价的人物。

后金得知朝鲜王朝愿意与其交好，所以暂时没有攻击朝鲜王朝，
并将主力军队用于攻打明朝，光海君因此获得了一个稳定的外部环
境。在与后金的战争一触即发的危急情况下，朝鲜王朝之所以能够
维持和平，主要是因为光海君冷静地认识到了现实情况，这与光海
君的外交眼光密不可分。

1623 年，通过"仁祖反正"将光海君赶下台的仁祖和西人势力
用"亲明排金"取代"中立外交"，固守强硬的外交路线，与光海君
时代的外交政策相比发生了 180 度的大转折。这种"非现实主义"的
强硬外交带来了两场残酷的战争伤害，即 1627 年的丁卯胡乱和 1637
年的丙子胡乱。

　　光海君虽然在外交领域取得了赫赫之功，但对于推翻光海君以及推翻支持光海君的北人政权的西人来说，光海君只是一个废母杀弟、背信弃义的厚颜无耻之君。与其他国王不同，光海君和燕山君都未能称祖称宗，只留下了王世子时的称号。与其他国王华丽的坟墓"陵"不同，光海君的墓是荒凉的"光海君庙"，几乎无人前去拜访，处于被闲置的状态。燕山君被证明是暴君，所以也不算是受委屈，光海君却有所不同。

　　光海君实行的大力修复战乱之策，抑或实利的中立外交，使朝鲜王朝逃离了战争的火海。对于这一点，我们需要进行再评价。在诸多强国围绕朝鲜半岛展开激烈竞争的今天，光海君展示出的能动外交和实利外交之智慧依然有效。

1　分朝指 1592 年壬辰倭乱时，朝鲜王朝的很多大城市纷纷被攻陷，宣祖在匆忙逃命义州（今新义州）之际临时封光海君为世子，让光海君临时组建"小朝廷"处理国政。——译注

英祖和贞纯王后的婚礼

在距今250余年的1759年阴历六月，朝鲜王室不畏酷暑，举行了盛大的喜事：66岁的国王英祖迎娶了15岁的小新娘——贞纯王后。国王的婚礼并不多见，百姓们也跟着开心，在举行婚礼的昌庆宫一带，大街上人山人海。婚礼的整个过程被整理成了仪轨，长达50页的班次图（画的是行列的分布状况）像今天的影像资料一样，生动再现了当天的情景。下面就让我们到250余年前英祖的婚礼现场去看一下吧！

岁差五十有余的婚约

1759年，英祖以66岁的年纪，迎娶了15岁的继妃——贞纯王后。从现在的视角看，这有违道德，但从朝鲜王室的法度来看，这绝对没有任何问题。

正妃离世，办三年丧（实际为两年三个月）。然后，国王迎娶继妃。

　　国王在 15 岁前后的王世子时期成婚。王世子嫔的年龄和王世子相似，也是 15 岁左右。偶尔也有王世子嫔年长于王世子的情况，英祖的正妃贞圣王后和高宗的妃明成王后都比国王岁数大。不过，正妃死后，国王迎娶继妃与国王的年纪无关，依旧拣择 15 岁左右的新娘。由于有这样的惯例，所以出现了宣祖和仁穆王后的年龄差超过了 30 岁，以及英祖和贞纯王后的年龄差超过 50 岁的情况。[1]

　　英祖的正妃是贞圣王后，出身达城徐氏。贞圣王后在 1704 年，即 13 岁时与 11 岁的王子英祖成婚。1721 年，英祖被封为王世弟，她也被封为了世弟嫔。1724 年，英祖即位后，她登上了王妃之位，成了贞圣王后。但不幸的是，她和英祖没有留下子嗣，并于 1757 年离世。英祖办完丧事后，于 1759 年迎娶了庆州金氏金汉耉的女儿为继妃。

　　对 66 岁的英祖来说，他迎来了一个像花一样的 15 岁新娘为继妃。虽然 51 岁的年龄差显得非常大，但后来的历史证明，小小年纪的继妃，其野心也不亚于英祖。又有谁能想到，在主导朝鲜王朝后期政治文化复兴的英祖和正祖死后，朝廷展开的有关势道政治的争论，实际就是那天像花一样的新娘种下的种子呢？

　　1759 年迎娶贞纯王后的英祖，晚年和贞纯王后生活了 17 年后，于 1776 年三月五日在庆熙宫薨逝，享年 83 岁。同年七月二十七日，英祖的坟墓在埋葬朝鲜王朝建国始祖——太祖的健元陵西侧的第二个山腰上建成。29 年后的 1805 年，贞纯王后回到了英祖的身边。

细密画勾勒的仪轨

　　《英祖贞纯王后嘉礼都监仪轨》生动地展现了 1759 年七月，朝鲜王室举行的英祖和贞纯王后的婚礼。这部仪轨记录了拣择新娘等王室婚姻六礼的过程、婚礼所需物品、参加人员名单，以及国王迎娶王妃的场景。

拣择是从新娘候选人中选新娘，其过程大体分为三次。第一次选出六人，第二次选出三人，第三次选出一人。英祖最后一次选妃的日子是六月九日。

若有王室举行婚礼，首先要下禁婚令，并将朝鲜八道所有适婚少女的名单呈给国王。按照规定，宗室之女、李氏之女、寡妇之女、庶出之女等不在名单之列，实际上在呈给国王的少女名单上，入选的只有25—30人。选妃只不过是一种形式上的程序，大多数情况下都已内定，参加选妃的开销很大。成为选妃对象的闺秀不但要花很多钱准备服饰和轿子等物品，而且一旦被选为王妃，还要承担政治压力，所以有很多人不愿意参加选妃。

被选中的王妃要在别宫接受王妃训练课，预先学习身为王妃要遵守的礼仪规范，这是为免去国王亲自去女方家的不便而采取的一种制度性措施。贞纯王后学习课程的别宫是于义宫，其位置是今天的基督教会馆。选妃结束后，婚礼依六礼进行。六礼是指纳采、纳征（亦作纳币）、告期、册妃、亲迎和同牢。纳采于六月十三日进行，内容是向被选中的王妃下象征婚约的教命文。纳征于六月十七日进行，内容和最近的送彩礼差不多，向王妃送象征婚姻成立的财物。六月十九日决定迎亲日，此为告期。六月二十日册封王妃，此为册妃。这些仪式都在昌庆宫的明政殿举行。

婚礼在亲迎环节达到高潮。此时，国王将亲自把接受过王妃训练课的王妃迎到宫中。六月二十二日举行的亲迎仪式在仪轨末尾被整理成了班次图，并像细密画一样勾勒了当时的婚礼场景。亲迎结拣择单子[2]，手抄本，大小为 2.57cm×306.1cm，成于 1882 年，藏于韩国学中央研究院藏书阁。高宗十九年，世子坧（李坧，即后来的纯宗）的嘉礼上制作了拣择单子。我们可以从中看出朝鲜王室拣择单子的范例。世子嫔候选人的年龄、生日、籍贯、住所，以及祖父、外祖父、曾祖父的品阶和官职都被记录在拣择单子中。

束后，国王与王妃互相行礼，喝交杯酒，此为六礼之最后一礼——同牢。同牢在昌庆宫的通明殿举行。

《英祖贞纯王后嘉礼都监仪轨》记录了为六礼准备所需各种服饰和物品（如仪仗旗、轿子等）明细的匠人名单，所需物资的具体内容，绘制班次图的画员名字等，这使我们可以完美地恢复当时的婚礼现场。

班次图中的婚礼行列

仪轨中的嘉礼都监仪轨最集中地展现了王室庆典的现场。特别是在描绘庆典时人和器物排列的班次图中，庆典现场被刻画得淋漓尽致。班次图画的是庆典的主要场面，类似于今天的婚礼录像或纪念照片。所有嘉礼都监仪轨中的班次图都描绘了国王迎娶王妃的亲迎场景，因为亲迎被看作嘉礼中最精彩的环节。所谓班次是指按照所任职责的次序行进，班次图则是用图画展现庆典的程序。

　　不过，班次图不是在婚礼当天画成的。庆典举行之前，事先画好参加人员和所需物品，这样在庆典真正进行时就能尽量减少失误。班次图和今天的国家庆典或部队作战时，事先进行的图上练习性质相同。《英祖贞纯王后嘉礼都监仪轨》中的亲迎日是六月二十二日，但据史料所载，刻画亲迎现场的班次图于六月十四日完成后献给国王。

　　班次图的核心内容当然是国王和王妃的轿子，但也包括在前方护卫的先厢和前射队，以及在后方护卫的后厢和后射队。国王的轿子是大敞四开的，王妃的轿子则是四门紧闭的。此外，参加庆典的高级官僚、护卫、尚宫、内侍、奏乐以壮大声势的乐队、掌控行列秩序的禁卫军等各种人物，也按照各自的职能在相应位置上行进。这些人物行进的场景也被画在了班次图中。特别有趣的是，以骑马

《英祖贞纯王后嘉礼都监仪轨》中国王的行列，藏于奎章阁韩国学研究院。

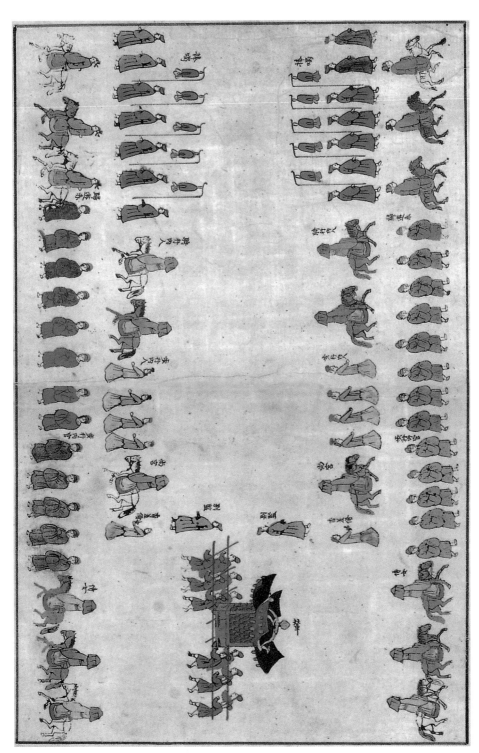

王妃的行列。

的尚宫为首的针线婢等宫中底层女性们同样出现在了班次图中。

班次图上所描绘的行列也多种多样，有露着背影的，有只体现侧面的，还有从高处描绘的，等等。这蕴含了画员们的用意，即从各个角度描绘人物，使稍有不慎就会显得生硬死板的行列排列得有动感。

班次图中的人物按照自己的身份穿着互不相同的服装。五颜六色的服饰自不必说，无论是披着盖头的女人的服装，还是穿着各种军服的骑兵和步兵的服装，都是研究当时服饰的宝贵资料。

努力塑造威严氛围的仪仗旗也很有趣。行列前头拿着的蛟龙旗、纛旗等各种旗子及阳伞、扇子象征着当时王室的权威。

《英祖贞纯王后嘉礼都监仪轨》的班次图共 50 页，每页长 45.8 厘米、宽 33 厘米，总长度 1650 厘米。婚礼是朝鲜王朝时期王室最重要的庆典之一，王世子的婚礼较为常见，但国王迎娶继妃的婚礼只有几次。这些王室婚礼在重视传统和礼法的朝鲜王朝时期结合了理念与文化，留给世人的是名为仪轨的历史记录。最近，国人对传统文化日益关切，再现诸如王室婚礼等宫中仪式的活动也经常被推出。作为珍贵的记录遗产，仪轨正在重现这些仪式方面显现着其价值。

1　宣祖 51 岁时迎娶了 19 岁的仁穆王后，英祖 66 岁时迎娶了 15 岁的贞纯王后。
2　拣择单子可以理解为选妃名单。——译注

涧松美术馆里的谦斋艺术魂

有个美术馆只在 5 月和 10 月开放，一年就开放两次，这个美术馆就是位于首尔市城北区的涧松美术馆。涧松美术馆的规模不大，参观起来也很不方便，但只要是开放日，人们就排队前往。这其中最重要的原因是，这里藏有郑敾、金弘道、申润福、金正喜等朝鲜王朝时期最优秀的艺术家们的真品。

从《训民正音》到《蕙园传神帖》

在朝鲜半岛这块土地上的文化遗产被日本帝国主义蹂躏时，即日本帝国主义殖民统治时期，有个人曾经用生命保护这些文化遗产，这个人就是全鎣弼，号涧松。涧松全鎣弼（1906—1962）收集了 14 件国宝及包括 12 种宝物在内的 5000 多件文化遗产，挽回了韩国人差点儿永远失去的自尊心。

出生于汉城钟路四街、家有 99 间房屋的名门望族后代全鎣弼为

涧松全鎣弼的老师吴世昌是朝鲜近代史上最杰出、最伟大的书画收藏家，留有
《槿域书画征》《槿墨》《槿域画汇》《槿域书汇》等。此处登载的图版中的内容
是，吴世昌从自己使用过的印章中挑选出形态和刻风互不相同的 44 个，并将
这些印章印在了写有"融厪"二字的图版空白处。我们可以由此看出吴世昌对
印章的兴趣，以及他收集图画的经历。

殖民地时代朝鲜半岛的命运担忧。从青少年时期就热衷于收藏图书
的全鎣弼师从独立运动斗士、书画家吴世昌，这给他的人生带来了
转机。看到自己的老师执笔创作朝鲜半岛历代书画家的丛书《槿域
书画征》，他很是感动。遇到吴世昌，全鎣弼本能地认识到了自己要
做的事情：即便变卖所有财产，也要守住日本帝国主义者想要从朝
鲜半岛上夺走的文化遗产。

　　1932 年，27 岁的全鎣弼接管翰南书林，正式收集韩国古籍，将《东国正韵》（国宝第 71 号）和《东莱先生校正北史详节》（国宝第 149 号）收集到了翰南书林。《训民正音》的收集更具戏剧性：1943 年 6 月，听到《训民正音》被发现的全鎣弼花了相当于当时 10 套房屋价格的 1 万韩元，购买了《训民正音》。当时他担心，如果此事让限制使用朝鲜文字的日本帝国主义者知道就会引发问题，于是他秘密地保管了此书。1945 年光复以后，全鎣弼将此事公开。作为韩国历史上最伟大的发明，清楚地阐述了朝鲜文字创制动机的《训民正音》之所以能够存世，主要在于全鎣弼默默的努力。

涧松收集的《东国正韵》，藏于涧松美术馆。

全莹弼还曾去日本寻找韩国的文化遗产。现在也称得上是朝鲜王朝时期风俗画的代表作，即申润福的《蕙园传神帖》（国宝第 135 号）就是全莹弼从日本找回来的。此外，高丽青瓷、朝鲜白瓷、金弘道和郑敾的画等最优秀的文化遗产，也是经全莹弼之手藏到涧松美术馆的。

全莹弼从 1929 年开始收集典籍、书画、佛像、瓷器等文物。1936 年，全莹弼修建了现在美术馆所在的建筑——保华阁。全莹弼去世后，他的儿子全晟雨和全暎雨继承了父业。1966 年，为整理和研究全莹弼的收藏品，涧松美术馆和韩国民俗美术研究所得以设立。现在，涧松美术馆一年只于春季和秋季开放两次，定期进行特别展示，向人们介绍韩国历史上最杰出的作品。

与“蕙园”和“坛园”齐名的画家

2009 年，涧松美术馆特别展的核心人物是谦斋郑敾（1676—1759）。郑敾通常被认为是朝鲜王朝时期开创“真景山水画”[1]画派的人物。该画派照实描画朝鲜半岛的山川，这也提高了韩国传统文化的自信心。

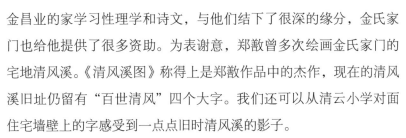

所谓真景时代，是指克服两乱[2]的后遗症，成就朝鲜
固有的真景文化的时期，时间上大体上为肃宗时期至英
祖时期。郑敾所在的英祖时期是真景时代的鼎盛时期。

郑敾的父亲号时翊，母亲是密阳朴氏。他出生
于今钟路区清云洞89番地，即现在景福高中所在的
北岳山西南角。在他的画中，如《仁王雨色图》等，
多数都以仁王山为背景，因为那一带是他的根据地。
郑敾经常出入其邻里安东金氏名门金昌协、金昌翕、
金昌业的家学习性理学和诗文，与他们结下了很深的缘分，金氏家
门也给他提供了很多资助。为表谢意，郑敾曾多次绘画金氏家门的
宅地清风溪。《清风溪图》称得上是郑敾作品中的杰作，现在的清风
溪旧址仍留有"百世清风"四个大字。我们还可以从清云小学对面
住宅墙壁上的字感受到一点点旧时清风溪的影子。

郑敾不仅得到安东金氏家族的资助，还受到国王英祖的宠爱。
艺术造诣极深的英祖不呼郑敾的大名，只叫其号，非常爱惜和尊重
郑敾的才华。1733年，英祖命郑敾到庆尚道风景最秀丽的清河任县
监。当年，郑敾58岁。65岁时，郑敾又到今归首尔管辖的京畿道阳
川任县令。这样一来，首尔近郊和汉江边的风景也进入了他的画卷。
1747年，游览金刚山后，郑敾创作了《海岳传神帖》。

郑敾长寿，活过了80岁，晚年依然笔耕不辍。在他的笔下，朝
鲜半岛的山河就像拍照一样得以复原。在他80多岁的时候，房间里
藏的几乎都是他自己的画，其地位也越来越高。无论是《仁王雨色
图》或《金刚山全图》等雄伟壮丽的山水画，还是线条细腻的《草
蟲图》等细密画，都显示了他在所有绘画领域的卓越才能。这就是
他和金弘道、申润福一起被称为朝鲜王朝后期三大画家的原因。

《布袋和尚》，作者全鍪弼，纸板水墨画，大小为 15.8cm×22cm，藏于涧松美术馆。涧松自己也留下了很多字画。布袋和尚是中国浙江明州奉化人，法号契此，姓氏不详。我们可以从中看出涧松一挥而就的绘画手法。图中左下角印有全鍪弼的印章。

郑歚所画的首尔三百年前的风景

在郑歚所有的画中，最受人瞩目的是描绘了 18 世纪的汉阳及汉阳周边风景的画作。例如，《白岳山》《大隐岩》《听松堂》《紫霞洞》《彰仪门》《白云洞》《弼云台》《景福宫》《东小门》《洗剑亭门》、以仁王山郑歚家为背景的《仁谷幽居》，以及描绘自己在此地休息的《读书余暇》等，这些都是描绘首尔三百年前风景的风景画。《听松堂》中的石头现在原封不动地保存在京畿商业高中里，真实地证明了郑歚的画是真景山水画。

正如《京郊名胜帖》的标题所示，此帖包含了以汉江为中心的汉阳及汉阳周边的情景，并像全景画一样展现了两水里到幸州山城的汉江周边 30 余处名胜。此画的创作背景也很有趣。1740 年，65 岁的郑歚被任命为阳川县令后，他向友人李秉渊（1671—1751）建议："你送我诗集，我赠你画册。"于是，在此建议之下，郑歚于 1741 年完成了两卷本的《京郊名胜帖》。最后，郑歚对该画册抱着极大的爱惜之情，在画册上留下了"千金勿传"的印章。

《京郊名胜帖》最先收录的是描绘汉江上游美景的《绿云滩》和《独柏滩》，此二滩直指现在的首尔市中心。滩乃水中沙洲之意，可以据此推断，此二滩是今两水里附近。这部画集中的《狎鸥亭》描绘的是朝鲜王朝初期权势者韩明浍的别墅，中间笔直耸立的石头上面是别墅，白色沙滩绵延至远方，远处还有帆船停泊。与今日大厦林立之景象完全不同，画中是一片祥和之景。

画集中的《广津》《松坡津》《铜雀津》反映出，18 世纪这些地区作为小港口起着非常重要的作用。《铜雀津》里出现了 18 艘船，其中还有往来于大海和江河之间的双桅帆船。我们可以由此想象到

《清风溪图》，作者郑敾，丝绸彩色画，大小为153.6cm×59cm，成于1739年，藏于涧松美术馆。清风溪以郑敾的老师金昌业之高祖父金尚容居住过的庄园而闻名。这部作品中充分体现了他的真景山水创作特色。整幅画卷不见天空，大胆地反复体现斧劈皴，用其独特的皴刻画了岩石和树木。画中的长松也为我们生动展现了清风溪的风景。

物资交易繁荣的汉江。

还有一处也非常有趣，即《杏湖观渔》中出现了渔船。这幅画告诉我们，杏湖（即今天幸州山城前面的汉江地区）的鱼很多。当时，汉江特产刀鲚生活在海水和江水合流之地，因其味道鲜美，多用于进献国王。我们可以从《杏湖观渔》中看到刀鲚跃起的美景。

《木觅朝暾》所描绘的南山风景是结合李秉渊的诗句"曙色浮江汉，舣稜隐钓参。朝朝转危坐，初日上终南"而创作的画，描绘了太阳从南山升起的壮丽风景。这是一幅可以体现郑敾与李秉渊约定的"诗画相看"之精髓的作品。

在描画三百年前朝鲜王朝美景的谦斋郑敾的作品中，画卷所体现的优美笔致和写实画法，可以使我们真真切切地看到当时的风景。郑敾生活过的仁王山及北岳山周边的汉江之景，乘舟所绘的汉江秀丽风光，以及首尔郊外的景象都通过其画作鲜活地复原出来。

1　真景山水画指实景山水画，属专有名词。为使译文前后衔接顺畅，对此进行了直译。——译注
2　两乱指壬丙两乱，即壬辰倭乱和丙子胡乱。——译注

朝鲜王朝卓越的记录遗产

  2009 年是不遗余力地弘扬先祖们杰出的记录精神的一年。2009 年 7 月，韩国人听到了令人高兴的消息：联合国教科文组织将《东医宝鉴》收录为世界记录遗产。继一个月前 40 座朝鲜王陵被收录为世界文化遗产之后，韩国社会又迎来了一件喜事。现在，包括《东医宝鉴》在内，韩国共有 7 个世界记录遗产，其余 6 个分别是《朝鲜王朝实录》《训民正音》《承政院日记》《直指心体要节》、朝鲜王朝仪轨和海印寺大藏经版。[1] 这些记录遗产使朝鲜王朝 500 年的历史依旧散发光芒，并深深地渗透到我们当下的生活。

因身份受限而从医

  代表朝鲜王朝时期的医书就是许浚编撰的《东医宝鉴》。可能任何人都知道这本书的名字和编撰者，因为小说或电视剧通过介绍许浚，使《东医宝鉴》也得以广为人知。可是，除了那些虚构的人生，我们对真实的许浚和《东医宝鉴》又了解多少呢？

　　虽然许浚是《东医宝鉴》的编撰者，而且是朝鲜王朝时期最厉害的医员[2]，但实际上，对于他的人生经历，人们的确了解不多。由于朝鲜王朝时期医员属于中人阶层的官职，所以有关他的记录很粗略。不过，庆幸的是，详细记录他的行为与业绩的《里乡见闻录》流传了下来。在 19 世纪刘在建所著的中人层以下的传记，即《里乡见闻录》中，介绍了有关许浚的如下内容：

　　　　许浚字清源，自幼好学，通诗经，尤通医学，号龟岩，著《东医宝鉴》廿五卷，《痘疮集要》二卷，《谚解痘疮集要》二卷，《胎山集》一卷，《辟瘟新方》一卷，《救急方》一卷。

　　许浚做过御医，所以《朝鲜王朝实录》等史书中也有关于他的记载。但是，关于他的生平，现在还传有多种见解。据最近的研究成果所示，许浚乃阳川许氏于 1539 年所生之子，有兄弟许沃和许澄；其父许碖乃武科及第出身，曾任龙川、钟城、扶安等北方地区和全罗道的地方官。据收录了中人层族谱的《姓源录》载，许浚之母非正室，系灵光金氏。许浚虽身出两班之家，但因母亲是妾，所以必须接受自己是庶子的身份限制。受到庶子的身份制约，许浚未参加科考，走上了医官之路。

　　年少时，许浚主要生活在全罗道潭阳等地。25 岁以后，许浚去了汉阳。宣祖时期柳希春所著的《眉岩日记》中，有柳希春和许浚见面的记录。我们从中可以得知，当时许浚的医术已经相当高明。柳希春不仅请求许浚为他及其妻子治病，还介绍住在汉阳周边的朋友们找许浚治病。1569 年（宣祖二年），柳希春向吏曹判书洪昙举荐许浚到内医院（现在的国立医院）就职。最后，许浚在所有医员都羡慕的内医院中，同杨礼寿等水平极高的医员们一道，提高了自己的医术。1581年，得到宣祖信任的许浚接受王命，出版朝鲜医学的基础论著《脉经》。1590年，因治好光海君（当时是王子）的痘疮之功被肯定，许浚被封为堂上官。

日后，当光海君当上国王时，许浚和光海君之间的缘分更深，光海君更加信任许浚。1592年发生壬辰倭乱，宣祖去义州避难之际，在侍奉宣祖的同时，许浚得以成为顶尖的医员。1596年，宣祖让许浚编撰综合性医书《东医宝鉴》，将该书作为从战争和饥荒中救助

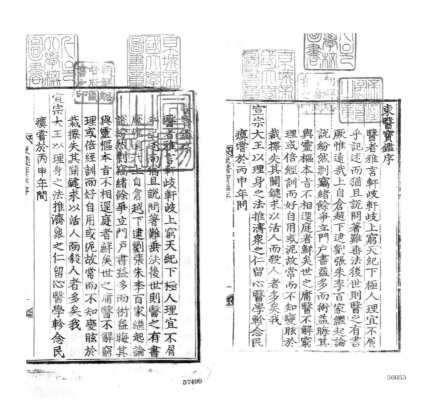

《东医宝鉴》，许浚编撰，成于1610年，藏于奎章阁韩国学研究院。

百姓的方案，并将编撰《东医宝鉴》定为国家事业。宣祖后期，许浚在编撰医书上倾注了所有心血。不过，1597 年发生"丁酉再乱"，《东医宝鉴》的编撰一时被中止。战争一结束，许浚就开始快马加鞭地编撰《东医宝鉴》。但是，危机却再一次找到了他：宣祖突然去世了。宣祖升遐时，担任首席御医的许浚也免不了责任。

　　结果，许浚被司宪府弹劾。官职被罢免后，许浚被赶出都城。在从 1608 年到 1609 年十一月为止的两年期间，许浚每天重复地过着流放的生活，《东医宝鉴》也处于几近消失的危机中。不过，新即位的国王光海君完全信任许浚。即便在许浚被流放期间，光海君也

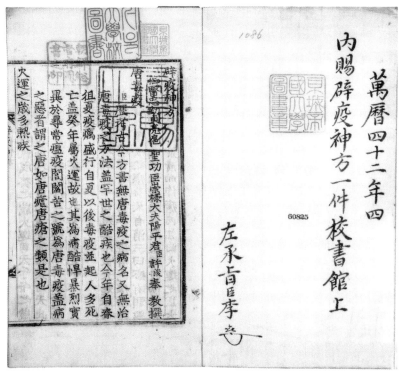

《辟疫神方》，许浚，成于 1613 年，藏于奎章阁韩国学研究院。

支援许浚，帮其编撰完成《东医宝鉴》，这使许浚终于在 1610 年完成了 25 卷本的《东医宝鉴》。那时，许浚已 71 岁。随着当时传染病在朝鲜王朝肆虐，1610 年完成编撰《东医宝鉴》的许浚又受王命刊行治疗传染病的新医学书籍《新纂辟瘟方》（1613）和《辟疫神方》（1613）等。可以说，许浚的一生都在为朝鲜王朝的百姓治病。1615 年，许浚的一生结束了，享年 76 岁。

71 岁时完成《东医宝鉴》25 卷

《东医宝鉴》原本是许浚奉宣祖之命，同郑碏、杨礼寿、金应铎等人共同编撰的。但由于"丁酉再乱"，《东医宝鉴》的编撰被中断。由于光海君的鼓励，《东医宝鉴》于 1610 年得以完稿，并于 1613 年在内医院用活字刊行。《东医宝鉴》共 25 卷，大体上由 5 个纲目构成。该书的主要构成有开头的序文和集例，以及后面的 4 卷内景篇、4 卷外形篇、11 卷杂病篇、3 卷汤液篇、1 卷针灸篇等。

在卷一之集例中，许浚将包括中国和朝鲜在内的东亚医学圈分为北医和南医，还把自己的医学作为东医加以区分，这是许浚对自己认为当时朝鲜王朝医学不逊于中国医学所表现出的自负。

正文中的内景篇记录了身形、气、血、言语、五脏六腑等主要与现在的内科学相关的内容，外形篇记录了脸、鼻、口、耳、牙齿、胸、四肢、皮肤等与外科疾病相关的内容。杂病篇从天地运气、诊脉、用药等诊断方法开始阐述，记录了中风、消渴（糖尿病）、黄疸等内科疾病和创伤等外科疾病，以及妇科、儿科等相关内容。汤液篇是介绍药物的部分，记录了药的成分、药效、采摘药物的时期等方面的知识。针灸篇是关于现在的针灸方面的内容，详细地记录了炼针法、火针法等针灸术的方法，以及十二经脉的部位。

《东医宝鉴》广泛参考了《乡约集成方》《医方类聚》等朝鲜王朝时代的医书，以及《本草纲目》《脉经》《丹溪心法》等中国的医书。除治疗疾病的方法外，《东医宝鉴》还记录了关于精神修养和养生方面的内容，提出了治疗病根的方案。《东医宝鉴》被传到亚洲其他地方，使东方世界了解到了朝鲜王朝医学的技术。

世界公认的朝鲜王朝记录遗产

先于《东医宝鉴》被收录为世界记录遗产的有《朝鲜王朝实录》、《承政院日记》和朝鲜王朝仪轨等，这些记录资料均保藏在首尔大学奎章阁韩国学研究院。

以记录历代国王的行迹为主要内容，并对朝鲜王朝历史进行整理的《朝鲜王朝实录》，记载了从太祖到第二十五代王哲宗的 472 年（1392—1863）的历史，是一部以编年体方式叙述的朝鲜王朝正史。1977 年，《朝鲜王朝实录》被收录为世界记录遗产。就鼎足山版本的《朝鲜王朝实录》而言，此套实录囊括了朝鲜王朝时期政治、外交、经济、军事、法律、思想、生活等方面的内容，如同朝鲜王朝时代版的时代资料存储器一样。《朝鲜王朝实录》采取的编纂方式是国王死后才能编纂前一代国王的实录。国王死后，朝廷临时设置实录厅，领议政以下的政府主要官吏担任领事、监事、修撰官、编修官、记事官等，负责公正地执行实录的编纂。然后，实录被保管在国家管理的史库中。特别是朝鲜王朝后期，朝廷设立了最为安全的山间史

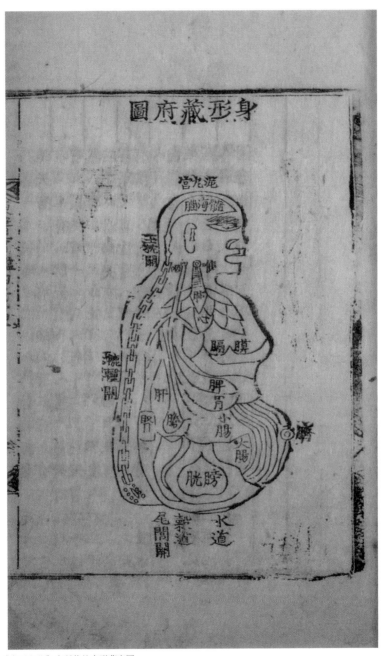

《东医宝鉴》中所载的身形藏府图。

库，以期实录的保管万无一失。这样做的结果是我们直到今天还可以接触到实录的原本。

《承政院日记》是一部将传达朝鲜王朝时期国王命令、行使秘书室之职能的承政院所经办的文书和事件，按日期进行记录的书籍。原来人们认为，朝鲜王朝建立之初就开始记录《承政院日记》，但现在只有1623年（仁祖元年）至1910年（隆熙四年）的288年间的3243册记录留存。

用草书记成的原本藏于首尔大学奎章阁韩国学研究院，国史编撰委员会刊行了"脱草"版的影印本。原本的大小虽不规则，但其宽度和长度大体上分别为28厘米和40厘米。每册《承政院日记》的标题有70—200个编次，平均下来每册的分量也有125个左右。

从历经288年，共有3243册，总文字量达2.4亿来看，可以说《承政院日记》是一部世界上体量最大的历史记录。2001年9月，《承政院日记》被收录为世界记录遗产，其上述资料价值和重要价值得以确认。

2007年，朝鲜王朝仪轨和海印寺大藏经版被指定为世界记录遗产。仪轨是一部以文字和图片的方式，对朝鲜王朝王室主要活动进行整理的书籍，可以使我们鲜活地体验王室文化的现场。最近，以仪轨的记录为基础、重现王室文化的活动经常开展，这使我们可以直接体验传统文化的精髓。海印寺大藏经版和《直指心体要节》让我们体验到先祖们杰出的印刷术。现在，继承先祖们骄傲的记录遗产之传统，是留给我们的课题。

1　有中国学者对《东医宝鉴》申遗持反对意见。——编注
2　此语属历史专有名词，意指医生。——译注

忠贊衛

《园幸乙卯整理仪轨》中的《华城陵幸图》的一部分（后侧），纸质彩色画，大小为 46.7cm×4600cm，成于朝鲜王朝后期，藏于韩国国立中央博物馆。2007年，朝鲜王朝仪轨被指定为世界记录遗产。

龍大旗

宣傳官

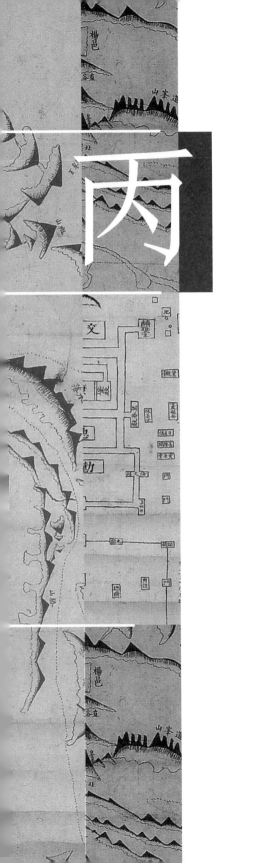

丙

朝鲜王朝的农村、都市及底层人的生活

身为最佳财产的奴隶及其逃亡的原因

最近，人们又开始重新关注朝鲜王朝时期遭受严重差别对待的最底层民众——奴婢了。对奴婢的关心程度有所增加，其头等功臣就是电视剧《推奴》。那么，奴婢到底是从什么时候开始存在，朝鲜王朝时期的奴婢又是怎样生活的呢？还有，他们为什么选择逃亡之路呢？

成为奴婢的开始：战争俘虏、罪犯、债务人

在韩国历史上，奴婢制度可以追溯到公元前20年之前的青铜器时代，奴婢的历史至少超过了2000年。证明奴婢制度从古朝鲜时期就开始存在的资料是古朝鲜的《犯禁八条》。其中，"相盗者没为奴婢"之规定，证明了私有制和奴婢制度的成立。在国家之间展开激烈竞争的古代社会，战争俘虏大多成了奴婢。古代社会战争频繁的原因之一便是扩充奴婢数量，因为战争是一次性获得众多奴婢的大

好机会。除战争奴婢外，债务人和罪犯也成了奴婢。

新罗统一三国以后，随着征服战争的消失，战争奴婢也不复存在了。由于奴婢的数量无法得到扩充，王室和贵族等统治阶层便另行考虑扩充奴婢的方案，制定世世代代世袭奴婢身份的制度，即奴婢世传法。这样一来，奴婢们能够摆脱身份的道路就被堵死了。

高丽王朝时期延续了奴婢制度。当时的身份从法制上分为自由的公民——良人，以及可以像财产一样进行买卖、继承和赠予的贱人。贱人多为奴婢，奴婢只能和奴婢通婚，父母中有一方为奴婢，其子女也是奴婢。男奴削发，女奴着短裙。奴婢们在服装上也有别于良人。不过，古代社会在一定程度上保护人权，禁止主人杀害奴婢，也有奴婢偶尔被选拔为军人，从而大有作为的情况发生。

国家在政策上采取措施，规定将奴婢还给本来的主人。1366 年，恭愍王坚决实行改革，设置田民辨正都监，将权门势族非法夺取的土地和奴婢还给本来的主人。

高丽王朝时期的奴婢有国家机关所属的公奴婢，以及个人所属的私奴婢。奴婢为主人务农、砍柴、制作手工业制品、做家务等。奴婢和主人一同居住的情形称为率居，奴婢和主人分开居住的情形称为外居，外居奴婢有独立的房屋和若干财产。

奴婢：高附加值的最佳财产

15 世纪，朝鲜王朝社会的基本身份结构是良贱制，具有权利和义务的良人与没有权利的贱人被区分开来。到了 16 世纪以后，朝鲜王朝社会形成了处在良人之中身份最高的两班、中人和常民的身份区别，他们和贱民一起构成四大身份阶级，并被固定化。如果说两班是权利最多的身份，那么与之处在相反地位的则是义务最多的贱民。朝鲜王朝时期，除奴婢外，贱民还有屠夫、戏子[1]、寺党[2]、巫觋、妓女、乐工等。起初，这些人都是良人。不过，随着从事被社会蔑视的职业，他们也逐渐被看作贱民。但这些人与奴婢不同的是，贱民之中唯有奴婢从一开始就是贱民。所以，奴婢一直受着最底层的待遇。

奴婢如同其主人所拥有的财产一样，是买卖、转让和继承的对象。阅读朝鲜王朝时期关于财产继承的文献就会发现，传给儿子和女儿的奴婢数量被记录在其中。《经国大典》中也有关于奴婢的规定，这些规定被记录在刑典里。这是因为奴婢被看作处罚的对象。奴婢越年轻，越健康，其价格越贵。相反，年岁大的奴婢还不如一匹马值钱。两班们高度认可万能奴婢的附加值，通过制定父母中有一方为奴婢，其子女也是奴婢的制度，增加了奴婢的数量。

奴婢处于比朝鲜王朝社会其他任何身份都低的人权死角地带，但其主人不能随意杀害奴婢。《经国大典》中规定，产前和产后，要分别给奴婢 30 天产前假和 50 天产后假，还要在产后给其丈夫 15 天产假。外居奴婢耕作主人的一部分土地，献上收获物后，其余留作自己的财产。公奴婢的机会较少，从事被称为流外杂职的低级技术工种，从事制造物品、印书、烹饪、缝纫、养马等杂事。

奴婢当中也有过出人头地的情况。中宗时期，宰相家的奴婢潘硕枰接受主人的援助，成功科举及第，官升刑曹判书。朝鲜王朝中期，徐起虽身出奴婢，但精通诸子百家之学，死后被配享在公州忠贤书院。

朝鲜王朝时期的奴婢据其主人被分为公奴婢和私奴婢。主子是

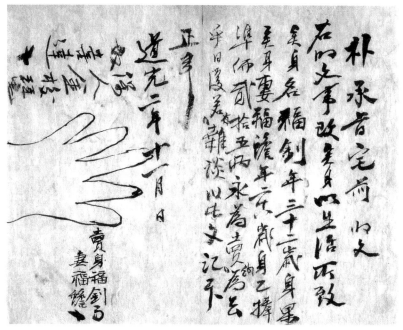

《奴婢自卖文书》，大小为 31.3cm×39.2cm，成于 1822 年，藏于韩国国立中央博物馆。这是一份穷人为了生存而将自己卖为奴婢的文书，内容是名为福钊的32 岁男子将自己和妻子以 25 两卖出。

王室及国家机关，该奴婢就是公奴婢。主子是个人，该奴婢就是私奴婢。公奴婢是中央官厅、地方官厅、内需寺、宫房等所属的奴婢，他们在上述地点服身役（奴役）或献身贡（物品）。《成宗实录》（成宗十五年八月）中，据推刷都监（临时设置的部门，负责追回未履行义务而逃跑的奴婢）禀报："推刷京外奴婢，总二十六万一千九百八十四口；诸邑诸驿奴婢，总九万五百八十一口。"朝鲜王朝初期，公奴婢的数量达到了 35 万余名，占当时人口的 10% 左右。可以看出，如果算上私奴婢的数量，奴婢所占的人口比重相当大。

有经济实力的逃亡奴婢

话说回来，奴婢没有权利，只有必须干活的义务。朝鲜王朝时期，与其说奴婢是人，还不如说奴婢是像物件或家畜一样的财物。特别需要指出的是，与公奴婢不同，私奴婢受直接性的限制和管控，所以人身依附关系更严重。私奴婢作为主人的所有物，完全接受主人的支配，即便是国家权力也不想保护奴婢的人权。奴婢殴打主人时，必须受斩刑。殴打主人的亲族或外祖父母的奴婢会被处以绞刑。奴婢因过失给主人带来伤害时，会被处以杖刑一百、流放三千里的重刑。

恶劣对待奴婢的不只是其主人。当奴婢和平民之间发生纠纷时，法律会单方面地残酷对待奴婢。这样一来，奴婢处境恶劣，当主人对其搜刮严重时，也发生过奴婢逃亡，甚至杀害主人的事情。可是，无论是国家还是两班，都不会对"财产"逃亡置之不顾。法典中规定，"申告四口逃亡奴婢者，赏奴婢一口"。就像电视剧里演的一样，当时出现了追赶逃亡奴婢的"推奴"。

《朝鲜王朝实录》中记载了数十件奴婢杀害主人的事件。1556 年（明宗十一年）四月，原州奴婢福守杀死了主人元永思及其五名家人，甚至还把肚子里的孩子掏出来杀死了。奴婢福守当然被处以极刑，连原州的官吏也受到了处罚。肃宗时期，奴婢们组织过杀主契，发生了有组织地杀害主人的事件。

国家对杀害主人的奴婢态度非常坚决，因为主人与奴婢的关系被看作君臣关系或父子关系。因此，这被认为是杀害尊属，奴婢会因重罪被处极刑。不仅如此，国家还会罢免事件发生地区的首领，降低该地区的邑格。

朝鲜王朝后期之所以出现很多逃亡奴婢，是因为当时的社会经济土壤正在发生变化：逃亡奴婢们出卖自己的劳动力，可以充分维持生计。在朝鲜王朝前期，如果脱离原来所在的地域，就会没有去处。但是，到了朝鲜王朝后期，逃亡奴婢藏到了岛屿、矿山、牧场、商业发达的都市，以及西北边境等地。他们在新的定居地点从事雇佣劳动，奔波于集市等商业场所，以此维持生计。逃亡奴婢们隐藏自己的身份，像良人一样处世，甚至还有经济实力骤增的奴婢冒称自己是两班的后裔。

因为倭乱而摆脱身份的枷锁

奴婢经常出逃是国家之忧，因为这意味着国家劳动力的丧失。1655 年（孝宗六年）一月，朝廷设置奴婢推刷都监，正式调查逃亡奴婢。准备北伐的孝宗因登记在册的 19 万名公奴婢中只有 2.7 万名献身贡而感到震惊。对此，孝宗向各道派遣御史，追寻逃亡奴婢，并免去自首奴婢逃亡之前的身贡。推行到孝宗八年为止的推刷事业使朝廷确保拥有 42.7 万名奴婢。孝宗完成了奴婢推刷事业，并将其结果制作成了《推刷都监仪轨》。留下仪轨是因为推刷奴婢被认为是国家重大事件。

朝鲜王朝后期，给奴婢施加的身份制约得到了相当程度的缓解，奴婢们有了合法摆脱身份限制的机会。壬辰倭乱成了奴婢身份解放的重大契机。壬辰倭乱之后，国家为补充财政，广泛实行了向国家缴纳一定数量的钱财就可以免去奴婢身份的纳粟策。这意味着有财力的奴婢向国家交钱后，就可以摆脱身份的枷锁。另外，英祖时期，也有在李麟佐之乱等谋逆事件时，立下功勋的奴婢摆脱其身份的事例。

虽然有因为战乱或反乱时立下功勋，或者因为经济实力的提高而摆脱奴婢身份的事例，但在国家或主人的压迫严重时，奴婢还是试图通过逃亡的方式来摆脱身份。奴婢们从主人居住的地方远远地逃亡，隐藏自己的身份后，谎称自己是良人。朝鲜王朝后期，逃亡奴婢激增，这成了朝鲜王朝奴婢制度瓦解的主要原因。1894 年，奴婢制度因甲午改革终于被废止。这并不单纯意味着奴婢的解放，还意味着身份制度本身的废止，身份制度的废止是韩国社会走向近代国家之路。

▶

《风俗图》中的《津头过客》（后侧），李教翼作，纸质淡彩画，大小为 28.9cm×19.7cm，藏于韩国国立中央博物馆。摘掉斗笠、努力前行的儒生前面有一位侍从背着行囊与其同行。

1　这里的戏子指跳假面舞、耍杂技、唱盘索里的艺人。——译注
2　寺党指以表演歌舞为生的流动艺人。——译注

古人们的运动和游戏

运动并不仅仅是体育比赛，还有将全世界的人凝聚起来的作用。所以，以 4 年为周期而举行的世界杯或奥运会备受瞩目，大部分人通过本国选手的表现宣泄情绪，并因比赛结果悲喜交加。自有人类就有运动和游戏的说法一点都不为过。可见，运动和游戏已经深入我们的生活当中。韩国历史上留有一部分关于运动的记录，体育运动从古代社会就已开始。下面就让我们了解一下韩国历史中的运动和游戏。

金庾信和金春秋的缘分：通过足球而结识

使领导新罗实现三国统一的金庾信和金春秋二人结下牢固关系的就是足球。《三国遗事》太宗春秋公中有如下记载：

金庾信与春秋公正月午忌日蹴鞠于庾信宅前，故踏春秋之裙裂其襟纽，请日入吾家缝之，公从之。

上述记录的内容是，金庾信为介绍其妹（金文姬，后来成为金春秋的夫人）与金春秋见面，故意在踢足球时踩了金春秋的衣服，并以此为由，让他的妹妹为金春秋缝补。我们可以从上述记录联想到，从三国时代开始，在家附近的球场上踢足球的景象就很活跃。

《世宗实录》载："汉之蹴鞠，唐之击丸……创自黄帝……予之设此，非为戏谑，欲令军士习武艺尔。"文中记录了蹴鞠是战斗中的一环，其历史始于中国上古时期。朝鲜王朝时期，奉正祖之命编纂的《武艺图谱通志》对鞠做出了解释："鞠同球，蹴鞠乃球戏；古时以毛捆制而成，今以皮革制成，其内以气充之。"

从记录 19 世纪百姓风俗的《东国岁时记》中，也可看出足球在朝鲜王朝后期非常流行："丁壮年少者以蹴鞠为戏，如大弹丸上插雉羽。两人对立，脚势相交，以连蹴不堕为善技。"

王子和下人一起玩耍的游戏："打木球"

运动和游戏是一组相通的概念，因为它们都能使人缓解长时间形成的压力，让人心里兴奋。运动或游戏的最核心要素是兴趣。朝鲜王朝时期，从王子到庶民，乃至下人都感兴趣的游戏就是"打木球"。

打木球又称"打毬"[1]，类似于今天的高尔夫，是一种在路上四处挖洞，然后用长棍将圆圆的小球打进洞的游戏。尽可能在凹凸不平的地方挖不易进球的洞，将洞挖在稍不注意就会使球滚到歪歪斜斜的桥头等地，以便体验胆战心惊的胜负。玩打木球游戏时，为区分各自的球，还会在球上粘贴自己喜欢的有趣名字。

1413 年，《太宗实录》清晰地记载了孩子们打木球的情形："惠正桥街上，有儿童郭金、莫金、莫升、德中等打球为戏。每球称号，一为主上，一为孝宁君，一为忠宁君，一为伴人，相击之。一球投入桥水，其儿对曰：'孝宁君沉水矣。'"

木球为鸡蛋般大小，以木头或小石头子制作而成。打木球用的杆子形同长匙，类似于今天的高尔夫球杆或曲棍球棒。身为王子时，世宗也和下人一起打过木球。特别是从天气寒冷、不宜出门的冬天开始，直到第二年年初为止，世宗非常喜欢该游戏。世宗当上国王以后也非常喜欢打木球，据《世宗实录》记载，国王主办的打木球游戏经常在宫中的院子里举行。

意为击球的打毬亦作击毬。到世祖时期，打毬又被称作"击棒"，以及由意指击球之棍的汉字"棒"和"戏"组合而成的"棒戏"。除打毬外，王室里的主要游戏还有马球、射箭、投壶等。

两班和平民各自玩耍

到朝鲜王朝中期，随着性理学深深地渗透到社会，两班、平民、贱民的身份之别越发严格，国王不能和庶民接触的想法也越发分明。这种严格的身份之差也照样体现在游戏文化上，王室贵族及一部分统治阶层主要喜欢升卿图（掷骰子）、双六（掷柶）、围棋、马球，以及往投壶瓶里扔棍子等物的投壶等。

马球即骑在马上击球，是高丽王朝至朝鲜王朝时期人气最高的

《风俗四季图》之《秋》，大小为 38.6cm×60.3cm，成于朝鲜王朝时期，藏于庆
熙大学博物馆。其内容是玩升卿图游戏的场景。升卿图主要受到两班等社会上
层人士的喜爱。

运动。这需要马和宽阔的球场，所以普通百姓很难打马球，主要是王室享受的运动。马球对训练武艺也非常有效，到朝鲜王朝初期一直盛行。壬辰倭乱以后，鸟铳（火绳枪）等新式武器得到普及，马球因此匿迹潜形。

围棋、升卿图、双六等是可以在室内玩耍的游戏，受到厌于室外身体活动的两班阶层的喜爱。升卿图是在宽大的纸上，画好正一品至正九品的朝鲜王朝官职，然后掷骰子决出谁先官职高升的游戏。升卿图是反映两班们希望官职高升之心愿的游戏，在念私塾的孩子们当中也非常流行。

朝鲜王朝时期，普通民众喜欢具有"大同游戏"[2]性质的风物[3]、假面舞、祭祀地神、别神巫事等，用活泼的动作和欢快的节奏来缓解疲劳和压力。两班们基本不参与这些游戏，因为他们觉得自己要维系与身份相符的体面与品位。结果导致朝鲜王朝时期的游戏文化成了两班和农民们各自玩耍。这与强调身份差别之性理学思想的普及关系很大。

"男女有别，怎能一起玩呢？"

朝鲜王朝时期游戏文化的另一个特征是男子游戏和女子游戏被区分开来，从小孩的游戏开始就已有男女区分。男子游戏有打木球、踢键子、踢罐子、打画片、抽陀螺、骑马等，女子游戏有扔沙包、荡秋千、踏跷跷板、抓石子儿等。有趣的是，这些游戏可以使人习得生活中所需要的技术。为了玩扔沙包游戏，女孩子们利用针线活的手艺缝制沙包。削磨打木球或抽陀螺所需要的棍子也是男孩子们

《风俗四季图》之《冬》，大小为 38.6cm×60.3cm，成于朝鲜王朝时期，藏于庆
熙大学博物馆。其内容是男人们聚在一起赌钱的情形。

踏桥是正月十五时踩桥的风俗。人们相信，踩桥之后除厄运，当年不得腿病。
主要是女人们聚在一起玩这个游戏。

生活中所需要的技术。通过游戏学习生活的智慧，是祖先传下来的传统。

成人游戏的男女区分更为严重。男人们喜欢玩的游戏有环扣战、农旗战、掷石战、火炬战[4]等，大多数是通过打仗来决出胜负的游戏。以古代社会防御外敌为目的的这些游戏增强了人们的体质，培养了人们的协同精神和责任感。特别需要指出的是，这些游戏需要大规模的装备和旗帜，村里的人们在共同制作这些物品的同时，不但培养了协同精神，还造出了用于村庄庆典的院子。

女人们的游戏有圆圈舞、踏人桥、共同纺织、捶洗衣服[5]等。圆圈舞是村中的女性们聚在一起，手拉手围成圆形，在一起跳舞的游戏。壬辰倭乱时，李舜臣将军为了让倭寇看到朝鲜王朝雄厚的军事力量而让人们跳舞，该游戏因此闻名。共同纺织和捶洗衣服是与女人们相关的游戏，目的是让她们对吃力且疲惫的活儿提起兴趣，并通过游戏提高工作效率。此外，女人们的游戏一定伴随着歌舞，她们通过这些游戏摆脱了长期以来被束缚的生活，寻找乐趣与闲暇。

在韩国历史上，运动与游戏发挥的作用如同从疲倦的生活当中寻找活力的清凉剂一样，这和以高端设备准备而成的当代奥运会有很多相通之处。

1　毽同球，但为行文方便，译者未使用通假字。——译注
2　大同游戏意指集体游戏。——译注
3　这里的风物意指农乐。——译注
4　环扣战类似于拔河，也有人译作斗鼓绳套，环扣源于传统韩服上衣脖子部位上的结，用稻草编长绳，并在中间部位做成传统韩服的结；然后人们分成两组，拔上述草绳。两组农民抢农旗为农旗战。两组人站在河的对岸或相隔百米左右的空地上互扔石头的游戏为掷石战。正月十五时，以村为单位的男人们手持火把上山，在望月的同时通过叫骂和惊吓对方等方式来抢占山头的游戏为火炬战。——译注
5　踏人桥是正月十五女人们玩的游戏，女人们选出相貌端庄的女子为"公主"，并让"公主"在她们的背上踩着走，游戏区域被称为禁男区域。共同纺织是女人们在中秋节前后坐在一起共同纺织布匹的游戏。捶洗衣服是女人们用捶衣石捶洗衣服，看谁的衣服洗得干净的游戏。——译注

百济和朝鲜王朝的都城 —— 首尔的历史

　　首尔，即 2000 年前作为百济第一个都城的汉城，见证了朝鲜王朝的 500 年。直到现在，首尔也是大韩民国的心脏部位。事实上，朝鲜王朝时期也提出过几次有关迁都的讨论。光海君时期有过交河迁都论，正祖时期有过华城（今水原）迁都说。进入当代，首都也差点被替换。不过，2004 年 10 月 21 日，宪法裁判所判决迁都违宪，首尔因此克服了危机，继续保持着首都的地位。

汉阳被定为都城的原因

　　1392 年，在建立新王朝 —— 朝鲜王朝的太祖和大臣们所做的事情当中，最重要的事情是什么呢？那就是确定适合新王朝的国号，以及建设新都城。当时，仍然有很多人留恋旧王朝的都城开城，并

▶

《东国舆图》中的《京城图》，纸质彩色画，大小为 65.2cm×30.5cm，成于 19 世纪前期，藏于高丽大学博物馆。

居住在那里。因此，朝鲜王朝建国的核心势力人物决定在位于朝鲜半岛中央的汉阳，即今天的首尔定都。那是距今 615 年，即 1394 年十月二十八日的事情。通过定国号和定都，朝鲜王朝才抹去了高丽王朝的色彩，具备了一个新国家的样子。

高丽王朝末期，在击退外敌的入侵后，以英雄的身份后居而上的李成桂因身出边疆咸兴，从而遭到了以开城为中心的高丽贵族的冷待。为此，李成桂坚持要在新的区域建设朝鲜王朝。高丽王朝后期流行的开城地气衰退说也促成了李成桂的上述想法。

此种情形之下，郑道传等核心人物于 1394 年（太祖三年）十月，主导都城从开城迁往汉阳。位于朝鲜半岛中央的汉阳曾是百济 500 年间的都城。高丽时期，汉阳被称为南京，是一个行使着仅次于都城职能的地方。特别需要指出的是，汉阳南边有一条贯通朝鲜半岛南北的汉江，不仅交通方便，而且周边高山环绕，是得天独厚的国防要地。

不过，除汉阳外，朝廷当时还设想过，将鸡龙山一带定为朝鲜王朝的都城。太祖二年二月，按政堂文学[1]权仲和的鸡龙山吉地说踏查鸡龙山后，朝廷还进行过建设新都城的计划。不过，在郑道传和河崙看来，此地过于偏南，属风俗学中的不祥之地。翌年，白岳[2]之南，即以今首尔城郭之内为中心的区域被定为新都。鸡龙山附近差点就成了都城！从现在的鸡龙山，即公州一带被选定为新行政中心都市可以看出，鸡龙山一带也有作为朝鲜半岛都城的条件。

水路交通便利，易于收缴租税，是汉阳作为都城优于鸡龙山的因素。在决定汉阳为都城的最后阶段，太祖的话也证明了这一点。太祖听说此地没有任何风水地理上的缺点后，说道："观此地形势，可为王都。况漕运通道里均，于人事亦有所便。"上述记录高度概括

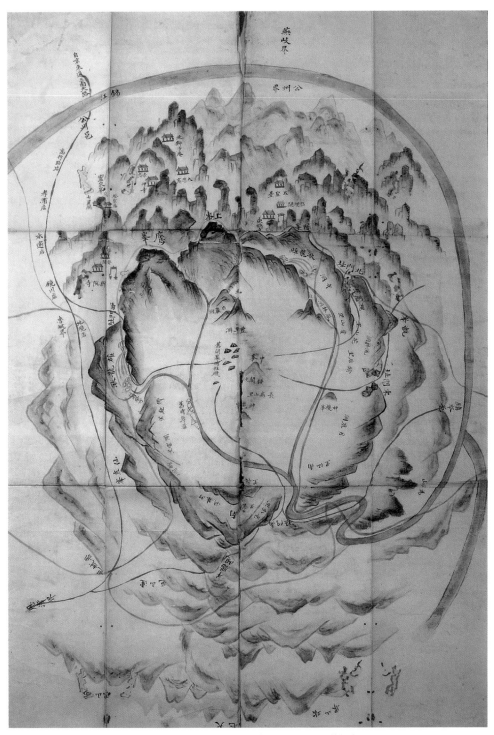

《鸡龙山全图》，大小为86.8cm×60.5cm，成于朝鲜王朝后期，藏于韩国国立中央博物馆。
朝鲜王朝建国之际，发生过将鸡龙山一带作为都城的激烈讨论。

了都城汉阳的价值，即利用汉江和西海进行税谷运输。这是汉阳成为都城的最佳条件。

虽将都城定在了汉阳，但身为王师的无学大师和郑道传却围绕朝向何方修建产生了严重对立的意见。无学主张以仁王山为主山，郑道传以国王要坐面朝南为由，主张以北岳山为主山。结果，新都市建设按郑道传的主张被推进。也就是说，现在成长为国际都市的首尔的基本框架开始形成。

建宫阙造宗庙社稷

定都汉阳后，王室居住的宫阙建造工作被积极推进。1395年（太祖四年）九月二十九日，有390余间屋子的新宫在高高耸立的北岳山南部平整宽阔的土地上被建成。同日，太祖将四代祖的神位从开城迁至新落成的宗庙，并亲自参观新宫。然后，太祖为大臣们设宴。随后，醉意正浓的太祖命其最高参谋郑道传为新宫及宫中各殿命名。

郑道传道，"臣已醉酒，受君之恩德，酒足饭饱，愿君享万年景福"，取《诗经》中的"景福"二字，将宫殿命名为景福宫。对此，太祖欣然接受。正殿之勤政殿、从事政务的思政殿，以及寝宫之康宁殿等都是当时起的名字。所以，景福宫里浓厚地浸染着郑道传的气息。

将新宫命名为景福宫约三个月后，太祖通过占卦选择吉日，终于在十二月二十八日住在了此地。那就是择吉日而建，充满"愿君享万年景福"之称颂的景福宫。不过，就在太祖入住景福宫还不到三年之时，宫中却发生了太祖之子之间血淋淋的骨肉相争，即震动

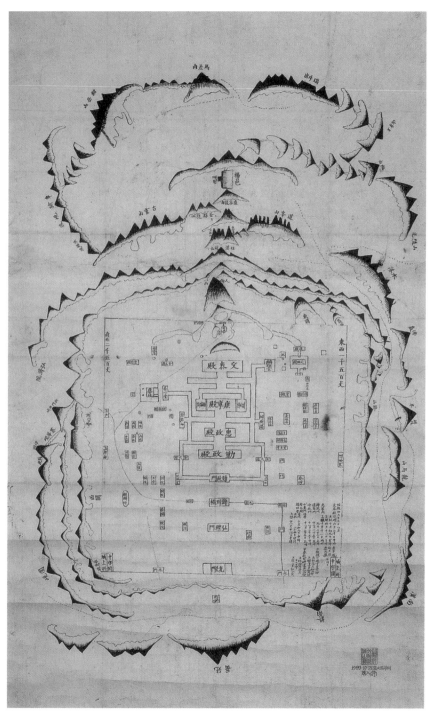

《景福宫图》，纸质淡彩画，大小为 99.3cm×60.3cm，成于 1865 年，藏于首尔历史博
物馆。图中画的是景福宫的所在位置及全景分布。

宫中的"王子之乱"。景福宫成了悲剧上演的空间，这不能不说是历史的讽刺。

朝鲜王朝将儒学理念标榜为国是，所以在宫阙建筑的基本朝向问题上也参考了记述古代中国理想社会夏商周三朝政治的《周礼》。在《周礼·考工记》所记录的国都构成原理中，有左祖右社（以法宫为中心，左右分别设有宗庙和社稷坛）和前朝后市（以法宫为中心，前后分别设有官厅和市场）之说。朝鲜王朝采用此说，设置了宗庙、社稷坛、官衙和市廛。

现在，当我们朝南看时，宗庙位于景福宫左侧，社稷坛位于景福宫右侧，其原因就在于此。景福宫前面设有包括议政府和六曹在内的司宪府等官衙，其前面的道路被称为六曹大街。最近，在修整光化门广场的过程中，政府还对被推定为六曹大街的区域进行过考古发掘。

新王朝以四个大门为中心，在汉阳建造了周长为 18 千米的城郭。在城郭里面，朝廷建设了以景福宫为首的宫阙，以及宗庙、社稷坛、官衙、市场和学校。进出都城的四大城门按东西南北之方位，分别叫作兴仁门、敦义门、崇礼门、昭智门。这四大城门象征性地反映了儒学思想中的仁义礼智的德目。

建设都城之时，汉阳的人口约为 10 万。充分突出山水、宫阙、官厅相互协调的特征，并以这种特征进行建设的地方便是汉阳。汉阳的东南西北分别被骆驼山（骆山）、木觅山（南山）、仁王山、北岳山围绕，受到了风水地理上的最高评价。这些山被称作内山，处于外围东西南北之方位的峨嵯山、德阳山、冠岳山、北汉山是守护汉阳的外山。

景福宫：以更像宫殿的形象而诞生

按郑道传的构想所建造完成的法宫（正宫）景福宫虽然具备正殿勤政殿、处理政事的思政殿，以及寝殿等宫殿，但其规模多少有些小。这可能是主张强化臣权的郑道传的政治理念用在建造宫阙上的表现。1395 年九月完工之时，景福宫的整体规模只有 390 间屋子。国王和王妃等王室家族的专有空间只有康宁殿、延生殿、庆成殿这三间寝殿，寝殿里面的设施也极其贫乏。

中枢府、三军府等大臣们的议事机构被设置在宫中，尚衣院、承旨房、内侍茶房等辅佐国王的机构被设置得最小，这证明了宫阙不是象征王权的强大空间。不过，在追求强化王权的太宗时期以后，景福宫具备了更像宫殿的形象。1405 年，太宗将都城从开城迁至汉阳。1406 年正月，太宗动员了江原道和忠清道的 3000 名壮丁修缮景福宫。1411 年，太宗在景福宫宫内的西侧挖荷塘。1412 年四月，太宗还模仿《周易》的 36 宫，建造完成了在 36 间立起 46 根石柱的庆会楼，使景福宫具备了群臣进宴的场所。太宗还曾最先开凿贯通都城中心的人工河流——清溪川，弥补了都城抗洪能力差的弱点。

世宗时期，通过完备东宫、后宫、魂殿、集贤殿及后花园，景福宫成了完整的法宫。世宗还曾命令集贤殿给景福宫的各个门和桥起名，并将勤政殿前面的第二个门、第三个门、东门及西门分别命名为弘礼门、光化门、建春门和迎秋门。至世宗时期，光化门被命名为景福宫的正门，景福宫就更具法宫的威容了。到 1592 年因为壬辰倭乱被火烧毁时为止，景福宫一直是汉阳的象征，并全面发挥着朝鲜王朝前期法宫的功能。

1　政堂文学，正二品官职名。——译注
2　白岳，即今北岳山。——译注

儒生的爱孙之情：李文楗的《养儿录》

5 月常被称作家庭之月。一到这个月份，人们就会想起历史上以日记的形式记录养儿过程的书。而且，这本书还是爷爷写的关于孙子的养育日记。这部养育日记的名字是《养儿录》，作者是 16 世纪的学者李文楗。那么，他为什么要写孙子的养育日记呢？

李文楗是何许人也？

《养儿录》的作者李文楗（1494—1567），号默斋，籍贯星州，是 16 世纪中宗和明宗时期的官僚和学者。他的八代祖父是高丽末期名相李兆年，五代祖父是曾任世宗时期领议政的李稷。李文楗的曾祖父李咸宁也是科举及第，其父李允濯和伯父李允湜同时科举及第，这使李文楗一家能够立于名门之位。李文楗及其兄李忠楗同在赵光祖门下学习学问，并树立了担任官僚的目标。但是，1519 年朝廷发生了"己卯士祸"，他们的老师赵光祖被赐药而死，这也让李文楗的

李文楗所著《养儿录》和《默斋日记》。《养儿录》可谓朝鲜王朝最早的育儿日记。可以从《养儿录》中看到朝鲜王朝两班养育孙子的情形。

人生迎来了严重危机。

李文楗被带头逐出赵光祖的实权者南衮和沈贞厌恶，并与哥哥一起受牵连入狱。1521 年，李文楗之兄李忠楗在流放途中死亡，李文楗受到了不得参加科考的刑罚。1527 年，李文楗有幸被赦免，并于翌年科举及第。仁宗即位后，李文楗的人生似乎有些好转。

不过，仁宗很快就去世了。明宗即位后，文定王后和尹元衡开始主导外戚政治，站在仁宗一边的李文楗也避不开政治打压。特别是李文楗的长兄李弘楗之子李辉因散布反对明宗即位之语，被处以枭示八道[1]的惨刑，李文楗也被发配到星州。在上述政治旋涡当中，继承了名门家族之传统的李文楗家开始走向没落。

李文楗家里的不幸也接二连三。23 岁时，李文楗与安东金氏金彦默之女成婚，他的儿子们多因天花而残疾或死亡。李文楗唯一长大的儿子只有二儿子李熡。李文楗对这唯一的儿子给予了很多关爱和期望。但是，李熡也因为小时候患热病留下的后遗症而不能正常生活。李文楗为教育有缺陷的儿子费劲了苦心，却没有取得任何效果。李文楗还鞭打不认真向他学习的子女。李文楗的文集《默斋日记》里出现了他和儿子李熡每日较劲时忍不住愤怒的样子。

> 朝怒熡不解诗，以长板打之，板折。（十一月二十三日）
> 昏怒熡，以竹打之，气颇伤。（十一月二十四日）
> 早朝踏熡腮，且抽发一握。（十二月八日）

李文楗对儿子生气并动手的场景，让人想起了今天的爸爸们的样子。是不是因为失去了很多子女，对唯一存活下来的儿子期望很高呢？其训斥程度比今人更加厉害，这一点惹人关注。

写育儿日记的原因

政治上被流配，丝毫享受不到子女之福的李文楗迎来了希望的曙光。1551 年一月五日，儿子李熡生下了李文楗期盼已久的孙子。58 岁时看到的二代独孙，那真可谓掌上明珠啊！孙子出生之日，李文楗如下记录了当天的兴奋之情：

> 天理生生果未穷，痴儿得胤继家风。先灵地下应多助，后事人间庶少丰。今日喜看渠赤子，暮年思见尔成童。谪居萧索

翻舒泰，自酌春醪庆老翁。

孩子取名淑吉（后来，淑吉又被改为守封），意为吉祥。这时，李文楗将所有的注意力都转向了孙子。他对孩子渐渐站立、生齿、走路等所有事情都很新奇。李文楗想把孙子的一切都用记录留存下来。爷爷写的关于孙子的育儿日记《养儿录》就这样诞生了。李文楗对写育儿日记的动机做了如下阐述：

> 养儿不必有录，录之者，以吾无事也。老年居谪，俦侣既无。谋生计拙，不营产业，妻复还乡，块然独处，唯见孙儿戏嬉以度日。……兼记习坐、生齿、匍匐等短句于后，以寓眷恋之意。马儿若长成有见乎此，庶得祖先之心于文字上矣。

在流放生活及家运接连不幸的情况下，孙子的出生对消除李文楗可能持续下去的挫折感来说，可谓十分宝贵。李文楗在流放生活闲暇之时，能以最近的距离观察孙子的成长情形。他对记录育儿日记的热切愿望使这些情形被一一地整理出来。

朝鲜王朝前期，儒生写育儿日记没有太大问题，这种社会氛围

在婴儿死亡率非常高的朝鲜王朝时期，抓周是一件非常隆重的喜事。桌子上放着钱币、线、毛笔、《千字文》、弓箭、剪刀等，然后根据孩子所抓到的东西占卜未来。

也是可以创作《养儿录》的背景。若在养儿问题彻底被限定为女性领域之事的朝鲜王朝后期，《养儿录》就不会轻易地出现了。

日记中表达的爷爷的愤怒和爱

依据《养儿录》，朝鲜王朝时期孩子从出生到成长的情形被完美地复原。六月习坐，七月下齿生双个，咬乳。九月初，上齿双个始生。关于十一个月时孩子站立的情形，文中记录道："两手提他物，蹲踞任两足。如斯一朔余，稍自股身立。"

这般大时，孩子见爷爷读字便照学。李文楗见状道，"喜见儿孙长，仍忘己老衰"，并完全投入养育孙子的乐趣中。不过，养孙过程中也有危机。五岁时，孙子玩磨刀石弄劈了拇指指甲，吓坏了爷爷。

六岁时袭来的天花让李文楗特别紧张。这也使有过因为天花丧失儿女之经验的李文楗费劲了心血。"热炽疮盛，脓周身。总如一卧痛，抱亦伤。号诉救无术。……实难忍二夜两日，俟隙灌糜水，抚循慰。"上述记录充分表达了李文楗不知所措的心情。

朝鲜王朝时期，天花把许多人推向了恐怖的深渊。艰难地战胜天花之人的脸上留下的痘疹印迹，证明了他们和天花进行过殊死斗争。翻阅汇聚了朝鲜王朝后期官吏们肖像画的《真身画像帖》和《先贤影帧帖》就能确认，留下痘疹痕迹的人有很多。万幸的是，孙子战胜了病魔，重新站了起来。可是，孙子七岁时，儿子李煴离开了人世，照看和教育孙子淑吉就完全成了李文楗的分内之事。

在孩子长大和教孩子学习的同时，祖孙间的矛盾越来越大。孩子不如李文楗所期望的那样明慧，因为孩子懒于学习。七岁那年的

朝鲜王朝时期文人金尚迪和南泰斋的肖像画。肖像画里鲜明地展现出脸上的痘疹痕迹。我们可以从中看出，天花在朝鲜王朝时期传播得很广。

晚春，孙子不听爷爷让其学习的训斥和忠告，摆出一副充耳不闻的样子，然后离家出走了。对此事生气的爷爷亲自出门把孙子带回家，并分别在他的后脑勺和屁股上打了五下和四下。十岁那年，孙子因沉迷于荡秋千游戏而小腿遭打。十三岁时，孙子开始饮酒。醉酒回家之日，李文楗让全家人打他的孙子。淑吉的姐姐和奶奶各打十下，李文楗自己打了超过二十下。

"命薄，恨何堪？"

不过，孙子的饮酒习惯并不易改。孙子 14 岁那年的元月元日，李文楗在养育日记中记道："老翁无子，伏孙幼儿，性偏贪曲。蘖酣莫恨，频频。长醉吐，数奇。命薄，恨何堪？"并对孙子的酒癖伤心至极。

其后，因为功课和孙子的态度问题，祖孙间的矛盾越来越大。

李文楗在《养儿录》的结尾"老翁躁怒叹"中，既对经常鞭打孙子的自己进行反省，"老之躁怒，实必警也"，又表达了自己的悲伤和对孙子的冷漠："祖孙俱失无有已时，必至翁毙而后止也。呜呼，垂泣而吟曰。""老翁躁怒叹"是结尾，李文楗未将《养儿录》继续写下去。因为他认为孙子已经长大，再也不能抱在自己的怀抱里了。

　　孙子六岁那年记述的如下记录，说明这个时期是李文楗和孙子对彼此都最为重要的幸福时期。

> 至夏之季，染疫方痛时，哺粥与遗便，事事要翁为。欣然不自惮，扶护还怡怡。翁如有外出，日暮即生寝。悲夜睡不熟，待恐恨归迟。还家喜迎门，踊跃说心期，是诚互为生理一根兴。

《平生八曲图屏》，作者未详，大小为 64.7cm×33.9cm，纸质彩色画，成于 19 世纪初，藏于高丽大学博物馆。此图主要以仪礼和官职生活为重点，描绘了两班的一生。图中画有从抓周开始，历经婚礼、三日游街[2]，终到回婚礼[3]的八个场景。第一幅图画着前院的鸡和鸡雏，这用于辟邪，抑或象征子孙众多和立身成名。第二幅图画着意为状元及第，且与"甲"同音的两只鸭子。两只鸭子（二鸭）即二甲，意思是两次科举考试，即乡试和殿试都及第。

此为没有玩具的时节，孩子们用来玩耍的童车和双轮推车，藏于温阳民俗博物馆。

难道，李文楗最终希望的不是这种关系吗？

500 年前，生活在朝鲜半岛这片土地上的朝鲜儒生李文楗所著的《养儿录》，几乎可以说是唯一的一部养育日记。从这一点来看，其意义非常重大。另外，书中描写的爷爷对孙子的爱和严格的教育方式、女仆给孩子喂奶、任何人都无法回避的天花、端午节时的荡秋千游戏，以及孩子们饮酒等，为朝鲜王朝时期生活史中的各个场面提供了鲜活的证言。《养儿录》并不仅仅是一部育儿日记，而且是朝鲜王朝时期历史资料中具有重要意义的名著。

1　八道，即八个道，是朝鲜王朝各地方行政区域的统称。——译注
2　三日游街指，朝鲜王朝时期科举及第者用三天的时间拜访亲戚、考官及科举及第者前辈。——译注
3　回婚礼指夫妇结婚六十周年的庆宴。——译注

朝鲜王朝时期人们的过夏方式

　　想到在炎热的正午时分还全副武装保卫尊严的王室之人，抑或戴着斗笠身穿长袍的朝鲜时期儒生们，首先就会切身感受到一种烦闷。出于体面，他们既不能脱下衣服走来走去，又不能轻易地像农民或奴婢一样扑通一下跳进溪水之中。即便想要边扇扇子读书边避暑，这也并不容易。那么，这些人到底是怎样熬过夏天的呢？

国家出面管理的仲夏之冰

　　朝鲜王朝时期虽然没有空调和电风扇，但儒生们的过夏方式基本和我们相似，如穿简便的服装、扇扇子、洗半身浴、在凉快的树下休息等，一部分两班红人还可以尝到珍贵的汉江之冰。从庆州留有新罗时期的石冰库可以看出，韩国人的祖先从很久以前就开始利用冰块了。

　　朝鲜王朝时期，朝廷在冬季起下汉江的冰块，并将其保管在东冰库和西冰库。东冰库位于汉江边上的豆毛浦，即今城东区玉水洞。西冰库位于今西冰库洞屯智山山麓。19世纪，记述汉阳官厅和宫阙风俗的《汉京识略》的"阙外各司"条目详细记载了冰库的相关内容。

> 东冰库在豆毛浦，产冰用于祭祀。西冰库在屯智山，供冰以宫中和百姓享之。此二冰库置于建国初，用于存冰以供之。东冰库有玉壶楼，景致美。

东冰库的冰主要用于祭祀。仲夏阴历五月十五至七月十五，西冰库的冰分给宗亲、高官、退职官吏、活人署的病者，以及义禁府的罪犯使用。冰冻四尺才能开始起冰。此前，要用芦苇将兰芝岛等地的冰库四周围起来并盖好，以便强化冷藏功能。起冰时，将缠在葛根上的草绳铺在冰上，防止人们摔倒。起冰和存冰不容易，《世宗实录》里出现过赐藏冰军830瓶酒、1650尾鱼的记录。由此可以看出，朝廷对存冰之士关爱有加。从冰库里取冰的阴历二月春分，朝廷举行开冰祭。从三月初开始供冰，到十月霜降为止，当年的冰块供给结束。若冬季天暖不结冰，朝廷还要在司寒坛举行祈求寒冷的祈寒祭。英祖时期，祈寒祭结束后冰就结得硬邦邦的，祭官也受到了赏赐。

虽然国家设置了冰库，但随着普通人利用冰块且其需求量逐渐

▶

《松都纪行帖》之《太宗台》（后侧），姜世晃，纸质淡彩画，大小为32.8cm×54cm，成于18世纪，藏于韩国国立中央博物馆。此画描绘了仲夏之际，儒生们风雅地濯足的纪行场景，给人一种清凉之感。濯足儒生们的对面，有位拿着笔墨纸张作诗的人物。这些人物和场景充分体现了风俗的雅致和格调。

太宗臺

上升，冰块的供给开始不足。因此，18世纪出现了私自供冰之人，仅汉江附近的私人冰库就有30余个。现在，从汉江采冰已经成为陌生的风景，但直到20世纪70年代为止，采冰还一直在继续。

通过在山中行走来散心的古代儒生们

冰块供给是国家层面的重要避暑措施，但对儒生们来说，他们的日常避暑活动则是在山中行走。夏天，儒生们长期在山中行走，既能避暑又能师生相聚。在师生相聚的同时，他们还讨论学问和现实。另外，他们还将在山中行走时感受到的乐趣，以及头脑中产生的想法记录下来，形成"纪行"。儒生们喜欢前往的山有长白山、汉拿山、金刚山、智异山、五台山、妙香山、俗离山、伽倻山等从古至今都有很大名气的山。

1558年夏，曹植同弟子们一同去智异山旅游。为了避暑，曹植的弟子们聚在老师曾经学习的智异山附近，开启了集体山中行走。曹植和退溪李滉同年出生，并在当时和李滉一起被称为岭南学派的两大"山脉"（掌门人）。在开启智异山山行之前，曹植一行准备了刀切面、醪糟、生鱼片、糯米打糕、油煎打糕等食物，以及苏合元、清凉油等急救药。

曹植并不满足于登山本身。看到智异山各处的遗迹，他就联想到历史中的人物。路过神凝寺时，他还将税金沉重的百姓们的辛苦现实记录下来。经过在"甲子士祸"中牺牲的士林派前辈学者郑汝昌的住处时，他还为前辈的死叹息。在纪行末尾处，曹植说曾去智异山山行多达十一次。还有，他将纪行的感想记录成了《游头

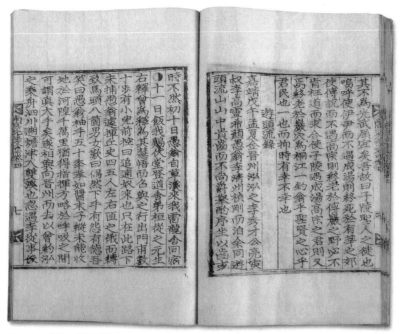

《南冥先生文集》所载《游头流录》，大小为 21cm×30.5cm，成于 1671 年，藏于韩国国立晋州博物馆。

流录》。

曹植的《游头流录》、南孝温的《游金刚山记》、金昌翕的《五台山纪行》、蔡济恭的《冠岳山游览记》等关于山行乐趣的记录，都被儒生们留存在自己的文集中，有很多书还被翻译了。

八德：扇子的美学

扇子在朝鲜王朝时期的部分风俗画中出现过，直到现在它还是驱暑的头等功臣。扇子不仅便于携带，而且用于维持儒生们的体面，还是妇人们的装饰品。在 19 世纪学者李裕元所著的《林下笔记》中，出现了关于八德扇（产于黄海道载宁等地，用草叶编制而成的扇子）的阐述。八德指起清风之德、除湿气之德、垫着睡觉之德、价廉之德、易做之德、挡雨之德、遮光之德和盖缸之德。此八德诙谐地集中概括了扇子的实用性。

　　朝鲜半岛历史文献中关于扇子的最早记录见于《三国史记》甄萱条。高丽太祖一即位，甄萱便向使臣送去了竹箭和用雀翎做成的孔雀扇。可见，扇子是送给贵人的象征物。实际上，在朝鲜王朝时期王室的活动中，扇子一定会出场。

　　朝鲜半岛的扇子在国外也受欢迎。据传，高丽王朝和朝鲜王朝时期，扇子被看作上述两个王朝与中国、日本、蒙古等进行外交时所用的物品。明朝的使臣对朝鲜王朝的扇子特别感兴趣。有记录显示，1622 年（光海君十四年），朝廷曾给明使 224 柄白扇和 1830 柄油扇。德川幕府时期的日本人还曾模仿朝鲜王朝的扇子，制作朝鲜

《百扇图八曲屏》，朴基骏，丝绸彩色画，每幅屏风的大小为 94.5cm×41cm，
成于 19 世纪，藏于三星美术馆 Leeum。

骨扇。

韩国有句俗语："端午送扇子，冬至送台历。"这具有端午即夏天的开始，为应对暑热，应该准备扇子之意。到朝鲜王朝末期为止，工曹每年都制作端午扇呈给国王，国王再将扇子赏赐给臣下。各个地方也将本地的扇子作为特产进献宫中，或送给官吏和亲朋好友当礼物。

在地方的扇子当中，全州和南平的扇子被认为是"上品"。扇子中还有一个不可漏掉的事物，那就是扇子上的画。朝鲜王朝后期，记录汉阳风俗的《京都杂志》载："端午赐京官宫扇，竹骨纸面俱画翎毛，五色线缠绕艾虎者，是也。"可见，在扇子上作画的风俗流传已久。朝鲜王朝时期有扇子上留有著名画家的画或书法名家的字的习俗。正因为如此，现在留存下来的扇子中，有金弘道的《西园雅集》、郑敾的《正阳寺》、崔北的《雪景山水图》等许多名画。

扇子主要在夏天使用，进行烧炭及熨烫等日常生活活动时，扇

子也经常派上用场。扇子还经常被用于代表两班的体面，以及为妇人挡脸。扇子既是最便于携带的驱暑之物，又是可以用于各个方面的实用物品。即便是在最先进的电器流行的今天，扇子也没失去其生命力，原因可能就在于它的这些效用吧。劝君今夏拿着尽显古代儒生风流之气的扇子，浏览一下名山大川。若是承袭了古代儒生的气质，我们是不是也能轻松地战胜酷暑呢？

◄

《风俗四季图》之《夏》，大小为 38.6cm×60.3cm，成于朝鲜王朝时期，藏于庆熙大学博物馆。此为人们在河边下棋避暑的场景。

《土亭秘诀》中隐藏的意义

　　一到新年，所有人都对《土亭秘诀》抱有关心。不知何时起，无论是否相信，都要占卜一下自己一年的运势，并对新的一年进行计划。这已经成为韩国人的一种风俗习惯。大部分人都知道这是韩国人由来已久的传统，但《土亭秘诀》没有真正被列到朝鲜王朝时期的新年风俗目录之中。知道《土亭秘诀》的作者是朝鲜王朝时期学者李之菡的人可能会感到惊讶，既然这是李之菡的著作，不是应该从 16 世纪开始就流行了吗？结果，倾向于《土亭秘诀》是假托李之菡之名而作的看法占了上风。那么，为什么非要借李之菡之名呢？下面就让我们走进李之菡的生活，解答这些疑问。

目的是激发民众的生活活力而非测运势

　　提到《土亭秘诀》，即便是不熟悉李之菡的行为与业绩的人，也会联想到李之菡。《土亭秘诀》是利用《周易》的原理，简单推算一

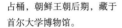
占桶，朝鲜王朝后期，藏于
首尔大学博物馆。

年运数的书籍。不过，《土亭秘诀》虽以《周易》为基础，却采取了
与《周易》不同的占卜方式。《周易》的基本卦象是 64 个，而《土
亭秘诀》只用了 48 个卦象。占卦的方法也不同，即去掉四柱中的时，
只用年月日。朝鲜王朝时期，民间没有时钟，不能正确掌握时间。
所以，人们认为这样做是为民众谋方便。

就这样，《土亭秘诀》在利用《周易》的同时，还为百姓着想，
充分考虑了朝鲜王朝的特殊情况。这样一来，卦象的总数也和《周
易》不一样。《周易》中一共有 424 卦，但《土亭秘诀》中只有 144
卦。可以说，《土亭秘诀》更为简便。《土亭秘诀》写下了 12 个月运
数的诗句，共 6480 句。撰写方式如"东方木姓，偶来助我""官运
之灾，小心舌根"。这些语句简单明了，却是留有很多想象余地的卦
象。每条语句中的吉凶都搭配着恰当的比喻，让人既不易乐观，又
不易失望。从这一点来看，我们可以这样解释：相较于着重判别运
势，《土亭秘诀》更是为激发民众生活活力而著述的。

关于《土亭秘诀》，有两种主张一同被提出，一是此为李之菡之
作，二是李之菡之名是后人假托的。肃宗时期，李之菡的玄孙李桢
翊在刊行汇集了李之菡遗稿的文集《土亭遗稿》时，《土亭秘诀》未
被包含其中，这降低了现在正流行的《土亭秘诀》是李之菡之作的
可能性。特别需要指出的是，《土亭秘诀》并非流行于李之菡死后，

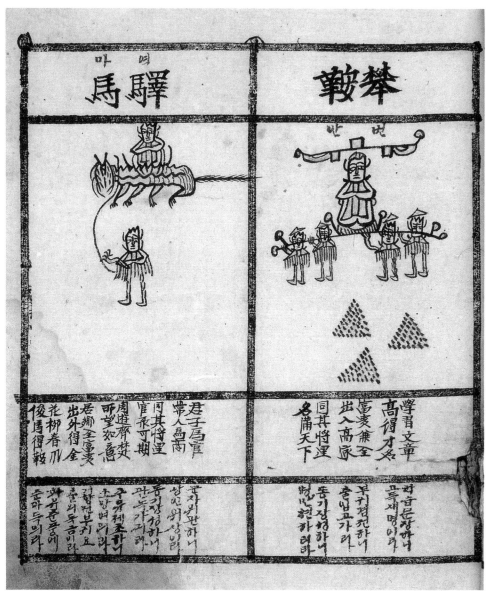

《本四柱格》，大小为 36.7cm × 31.3cm，成于朝鲜王朝后期，藏于韩国国立中央博物馆。此为手抄本，是用四柱算命的书，以图片、汉文、谚文作成。我们可以从此看出朝鲜王朝后期民间信仰的一个侧面。

而是在李之菡死后300年的19世纪后期广为传开的。从这一点考虑，《土亭秘诀》假托李之菡之名的主张更有说服力。

举例来说，正祖时期，洪锡谟所著《东国岁时记》记录了朝鲜王朝后期所有风俗的相关内容。就正月的习俗而言，该书记录了岁拜、岁馔、吃年糕汤等新年风俗，而且提到了占卜新年运势的五行占。另外，正祖时期，实学者柳得恭所著的关于都城岁时风俗之《京都杂志》中有"掷柶占吉凶"的记录，却完全没有提及《土亭秘诀》。如果《土亭秘诀》流行于朝鲜王朝中期，《东国岁时记》或《京都杂志》肯定会对其有所介绍。但事实上并没有介绍，这成了《土亭秘诀》最早是在19世纪以后开始流行之说的依据。因此，认

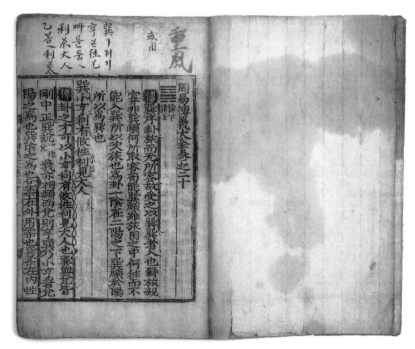

《周易》。《土亭秘诀》虽以《周易》为基础，但从《土亭秘诀》只用48个卦象来看，二者又有所不同。但不管怎么说，从占卜一个人一年的运势方面来看，二者又是以相同的目的著述的。

为《土亭秘诀》不是生活在 16 世纪的李之菡之作，而是后世某人借用李之菡的名声所作之书的看法，更为妥当。

不过，从著作和作者之间的关系看，《土亭秘诀》蕴含的意义与李之菡的思想没有任何矛盾，二者多有相通之处。《土亭秘诀》中蕴含以《周易》为基础的象数学思维，据说李之菡向其师徐敬德习象数学，有很深的造诣。16 世纪，徐敬德等对《周易》或象数学感兴趣的当时很多学者大多关注"气"，认为比起安定当时的社会，此时更是需要变化的时期。李之菡向徐敬德学习《周易》，自然说明他拥有《周易》思想中所蕴含的新的变革意图。从这一点来看，《土亭秘诀》中所包含的对变化的渴望，可以与李之菡的思想联系在一起。李德馨评价李之菡道："世上崇信风水，始于李氏之家。"这也源于上述氛围和脉络。

流浪全国致力末业

李之菡字馨伯，号土亭，籍贯韩山，乃培养出高丽末期性理学学者李谷和李穑之名门的后代，李穑是其七代祖。李谷和李穑历经高丽末期和朝鲜王朝初期，二者文名显著，李穑之子李种善官至左赞成。此后，李之菡家门的荣誉衰微，祖父李长润和父亲李稚分别停留在县监和县令之职。这样一来，李之菡虽是培养出牧隐李穑的韩山李氏名门之后代，但他在大部分生涯中过着隐士的生活，辗转全国各地。通过这种流浪生活，他接触到很多饱受生活之苦的百姓。其社会经济思想之核心内容，即解决民生问题，也是在这种经历的基础上形成的。

李之菡也是非常开放的人物，他将有能力的人（即便身份卑微）纳入门下，不分身份地与人同格相处。李之菡流浪全国，教当地百姓经商之法和生产之技，强调培养自给自足的能力。他将自己拥有的财物均分给贫困居民，还曾进入无人岛种葫芦，将收获的数万个葫芦做成瓢后换得数千石谷物，并用谷物救济贫民。《土亭遗稿》《燃藜室记述》《於于野谈》等记录中，出现了关于站在百姓一边的李之菡的逸事，逸事体现了李之菡计划缜密和积极实践的形象。为了百姓的利益，名门出身的儒生从事被视作"末业"[1]的手工业、商业、水产业。对此，我们可以高度评价。《於于野谈》的如下记录鲜明地展现了李之菡的性格：

> 积土污涂中，高百尺，筑土室，名土亭。夜宿室下，昼升于室上而居之。又恶负鼎而行，为铁冠。脱而炊返，洗而冠之。周流八道，不假乘而行。自谓贱者之事无不穷通，不被人殴打，请尝试之。

即便是在后世，擅长占术和观像秘记的李之菡的思想倾向，以及他和百姓一起为解决问题东奔西走的形象也会被铭记。李之菡被留传为《土亭秘诀》的作者，其名到现在还广为人知。无论是否愿意，《土亭秘诀》中投射出的李之菡这三个字，使站在百姓一方的有知识人士广为人们所记忆，直到后世。李之菡是民间耳熟能详之人，这一点也在野史类书籍中有关李之菡的丰富记录被发现。《大东奇闻》介绍了李之菡从事商业活动的故事，以及他脱衣服给小乞丐的逸事。《东稗洛诵》中记录了他做古怪动作被老人取笑的故事，拒绝女仆诱惑的逸事，为癫痫患者治病的趣事，以及遇见深谙音律的异

人张道令（音）并与之高谈阔论的雅事等。这些逸事大部分是李之
菡在民间遇到社会各阶层之人，当别人需要自己的帮助时给予帮助
的内容。李之菡对自己要求极其严格，对他人却非常温和，这种品
性成为他能很容易地和民众打交道的基础。

　　重新思考后会发现，《土亭秘诀》及李之菡的名字至今仍脍炙人
口，是因为在艰难的时代，李之菡直接深入痛苦百姓的生活，倾听
百姓们的苦楚，为他们解决问题，这种行为给很多人带来感动。《土
亭秘诀》借用了不仅在 16 世纪，甚至在后世也是百姓们心中的超级
明星的李之菡之名，这使该书直到现在仍是新年时韩国人生活当中
不可或缺的畅销书。

---

1 "末业"即士农工商阶层中的最底层职业。——译注

星湖先生僿說 十一

丁

震撼朝鲜王朝的危机瞬间

改变朝鲜王朝历史潮流的"癸酉靖难"

　　560 余年前的 1453 年十月十日，发生了改变朝鲜王朝历史进程的大事件，那就是首阳大君主导的政变"癸酉靖难"。"癸酉靖难"可以解释为癸酉年发生的"平息危难的事件"。那么，1453 年十月十日这一天，到底发生了什么？

端宗的即位与臣权的抬头

　　世宗病逝后，其王位由嫡长子李珦即文宗继承。不过文宗先天体质孱弱，世宗在世时，就已经为这位世子的健康状况深感忧虑。世宗晚年时病情恶化，虽然以代理听政的形式将政权交给世子，但其忧虑也很难消除。就在这种忧思未消的情况下，1450 年二月即位的文宗大部分时间在病榻上度过，并于 1452 年五月病亡。文宗临终时，非常担心年仅 12 岁的世子，召集诰命大臣（接受国王遗诏的大臣）金宗瑞、皇甫仁等，将世子托付给他们后，最终逝世。不过，文宗的临终托付却种下了新的悲剧的种子。

世子端宗继承王位后，金宗瑞成为左议政，皇甫仁成为右议政，正式开启了所谓议政府署事制，国王只是做形式上的裁决，所有政事都由议政府管辖。太宗时期担心臣权过度集中而废止的以议政府为中心的政治体制，因端宗的即位而再次抬头。

太宗时期通过同室操戈而确保的强有力的王权，到了世宗时期朝着王权和臣权相协调的方向发展；而孱弱的文宗、端宗的相继即位打破了权力平衡，以大臣为主导的政治体制占据了上风。这既是向郑道传所期盼的宰相中心体制的回归，又是太宗在血光中勉强巩固王权的努力化为泡影的表征。

议政府的大臣们以辅佐年少的端宗为由，实行了一种被称为"黄标政事"的制度。黄标政事是一种大臣们专权擅势的政治制度，具有权力被滥用的危险，其实施方式是，在朝廷中受人事提名权委任的大臣们以黄点标记自己中意的人选对象。金宗瑞、皇甫仁等为强化自身的权力基础，与世宗的三子安平大君（李瑢）携起手来。这是因为，与极具权欲和野心的首阳大君相比，具有学者风范的安平大君与朝廷的大臣们交情密切，对于他们来说负担和顾虑较少。

首阳大君的反击与"大虎"金宗瑞之死

首阳大君目睹大臣们的权力强化，也在摩拳擦掌，其首要目标就是金宗瑞。金宗瑞被杀的当天凌晨，首阳大君（即未来的世祖）召集心腹权擥、韩明浍、洪达孙等，明确且具体地表达了除掉金宗瑞的意志和计划：

今日当扫妖贼，以安宗社，诸君宜如约。我熟思之，奸党之最奸黠者，莫如金宗瑞。彼若先知，则事不集矣。我率一二力士，径诣其家，立斩之，驰启，余贼不足平也……今奸臣金宗瑞等弄权专政，不恤军民，怨咨滔天。不有君上，日以长奸，密附于瑢，将图不轨。党援既盛，祸机正迫，此乃忠臣烈士奋义效死之日也。吾欲剪除之，以安宗社，何如？

事实上，从政变前开始，首阳大君就已经将韩明浍、权擥、申叔舟等才士，以及杨汀、洪达孙、洪允成等武士作为心腹拉拢过来，有条不紊地准备举事。而且，在举事前一年即1452年九月，首阳大君自愿做认定端宗即位的明朝皇帝的谢恩使，表明自己无权力欲望，从而使大臣们对他的牵制有所减少。当时与谢恩使首阳大君一起前往明朝的申叔舟，以此为契机站在了首阳大君一边。申叔舟彻底成为首阳大君的人，这种个人因缘起到了很大作用。

归国后的首阳大君在其麾下聚集了一批才士和武士，并坚信只有除掉金宗瑞才是恢复旁落的王权的唯一出路。被称为"首阳大君的张良"的谋臣韩明浍在金宗瑞和皇甫仁家中安插探子，获取有关他们动向的情报。

最终，1453年十月十日被确定为举事之日。举事当日，首阳大君直接造访金宗瑞的府宅。因只带一部分心腹士兵前往，金宗瑞并没有太警惕，最终连同儿子一起被首阳大君的手下杀害。当时，首阳大君递给金宗瑞一份请帖，就在金宗瑞接过来低头细看的瞬间，首阳大君的手下林於乙云迅速挥起铁锤砸在金宗瑞头上。遭到突然袭击的金宗瑞闷声倒地，其子金承珪见状扑向父亲，也被首阳大君的手下杨汀一刀砍翻在地。作为世宗时期开拓北方六镇的功臣以及

首阳大君的目标金宗瑞及其二子被铁锤击杀而丧命。

确立今世国土的主要人物，金宗瑞虽然号称"大虎"，而且是女真族畏惧的对手，但在首阳大君有计划的突袭面前却束手无策。

　　作为曾引领世宗至端宗时代国家发展的朝中重臣，金宗瑞父子被首阳大君及手下袭杀后，权力重心瞬间就倾向了首阳大君。"癸酉靖难"以后，端宗虽然占据着国王之位，实际的掌权者却是其叔父首阳大君，如今端宗作为傀儡国王，沦落到寻机将王位让给首阳大君的境地。事实也是如此，1455 年，首阳大君挟制端宗而即位，成为朝鲜王朝第七代国王——世祖。

成功的政变无法处罚？

　　杀害金宗瑞后，首阳大君假借王命，召集以皇甫仁为首的朝中大臣，以"金宗瑞与皇甫仁、郑苯等密谋，欲拥立安平大君"为名，并依据韩明浍等拟定的杀生簿，除掉了政府的核心人物。依据韩明浍制成的杀生簿，皇甫仁、赵克宽、李穰等在杀簿内的大臣均遭处刑，郑麟趾、申叔舟等在生簿内的人士则保全了性命，成为世祖的代表性谋臣。那一日，韩明浍俨然就是尽享权势的阎罗大王。在大君当中，最大的竞争者——首阳之弟安平大君，被流放到江华后遭赐死。

"癸酉靖难"当天，端宗将全部军国要务交给首阳大君定夺，首阳大君完全掌握了军政大权。虽然以端宗的名义册封了43名靖难功臣，但所有事情都按照首阳大君的旨意来进行。首阳大君册封了包括自己在内的参与举事的韩明浍、郑麟趾、权擥等12人为一等功臣，并册封包括这12人在内的43人为靖难功臣。当时，成三问被封为三等功臣。这既是因为首阳大君要笼络像成三问这样的人才，又是因为当时成三问对金宗瑞等老成的大臣们的越权行为采取了批判立场。

世祖在政变成功后最终登上了王位，为克服掌权在名分和道德上的缺陷，他大力推行民本政治和强力的富国强兵之策。作为世祖谋臣而稳固自身地位的申叔舟、郑麟趾、梁诚之等人，辅佐世祖主导了朝鲜王朝前期的学术和文化事业。按照世祖的意志，这一时期恢复了太宗时期曾实行的六曹直启制[1]，从而强化了王权。《经国大典》《国朝宝鉴》《东国通鉴》等编纂物，不仅强化了王权，也使大臣们能位匹配，成为世祖时期的重要成果。

世祖时期奠定的这些基础，成为成宗时朝鲜王朝前期政治、文化发展的原动力，从这一点来看，还不能对世祖的掌权执政单纯进行否定性评价。"成功的政变无法处罚"这一论断，果真也可以适用于世祖吗？

从儒教政治的理念看，世祖的掌权确实存在名分、正统性和道德性方面的瑕疵和缺陷。当时，包括"死六臣"等知识分子在内的很多学者因直接对抗首阳大君而被处死，或者抛官弃职、归隐林泉

《资治通鉴纲目》，宋朝朱熹根据司马光的《资治通鉴》，立足于自己的史观，将其分为纲和目后，最后编纂而成。该书编纂于世祖时期。世祖时期，学术和文化等发展活跃，王权得到强化。

并展开批判活动，这些人最终成为朝鲜王朝前期士林派的根基。

不过，根据国家的正式记录《鲁山君日记》记载，被世祖势力排挤的端宗被称为"鲁山君"，首阳大君则被称为"世祖"。之后的历代国王对世祖的掌权都未提出任何质疑；而对于端宗的庙号恢复、"死六臣"的复权平反，也是在200多年后的肃宗时期才慎重完成的。1691年（肃宗十七年），肃宗下令恢复"死六臣"名誉（复爵）时称，"此事实为继承世祖遗愿，光耀世祖宏德"，从而尽量避免提及世祖的致命伤痛。但是，肃宗时期恢复端宗和"死六臣"名誉的同时，首阳大君政变的免罪符却也消失了。

即使在政变中成功掌权，非法的政变者也不能获得赦免，这在当代政治史上也有再现。1979 年 12 月 12 日的政变一度被宣传为"成功政变",其主角全斗焕和卢泰愚虽然登上了总统之位,却最终站在了历史的审判台上,分别被处以死刑和无期徒刑。

"成功政变"的鼻祖世祖如果地下有知,了解了全斗焕和卢泰愚的晚年状况,又会采取什么样的立场呢?

▶

端宗被发配到江原道宁越,对其庙号恢复的讨论直到肃宗时期才被谨慎地提出。画册中描绘了端宗的发配地宁越的各个方面,其中有忠仆们的殉节地——落花岩。《越中图》(后部),第 1536 号宝物,成于 19 世纪 20 年代,藏于韩国学中央研究院藏书阁。

1　六曹的判书将国事直接报告给国王的制度。——译注

嚴上
愍忠
八南三
為侍
江亭
三間

村浦德

錦江亭　　　錦江

朝鲜王朝消失的二号人物

朝鲜王朝的 27 位国王当中，只有 7 位以嫡长子身份登上王位，这一事实印证了父王想要长期掌权的欲望和性格差异。这说明王位继承过程中产生了诸多变数，其背景中是什么占据了主要位置呢？让宁大君、昭显世子、思悼世子的事例如实地反映了朝鲜王朝时期二号人物的境况有多么艰险。

让宁大君的悲剧

朝鲜王朝的王位继承原则是嫡长子世袭，但是直到太宗时期，该制度一次都未能执行。处于刀光剑影的王位继承旋涡中的太宗，比谁都希望嫡长子登上王位，并掌握国家机器中枢。幸运的是太宗生了儿子，并于 1404 年八月册封长子让宁大君（1394—1462）为王世子，但是 1418 年废黜了让宁大君的世子之位，将其放逐到京畿道光州。11 岁被封为世子的让宁大君，14 年后又被废黜世子身份，这究竟是为什么呢?

　　首先是让宁大君与父王太宗的性情不合。与细致严谨的太宗相比,让宁大君个性放荡不羁,为人风流成性,不喜攻读学问,尤好行猎游玩。因其学习不上心,周边人也颇感为难。1405 年十月,太宗因世子学业荒疏,让宦官们顶替世子遭受笞刑,负责教育世子的侍讲院先生们也饱受其苦。祸不单行,世子招引恶少和妓生入宫的传闻被证实后,太宗的愤怒达到了顶点。世子深夜翻越宫墙与无赖之徒弹奏琵琶,唤妓生入宫整夜酗酒歌乐,沉迷杂戏,还与定宗过去的爱妾偷情,种种不轨行为接连不断。最终,太宗接受了大臣们的进谏,于1418 年废黜了让宁大君的世子之位。

　　太宗不顾黄喜等部分大臣们的反对,决定废黜世子,不仅是因为让宁大君的所作所为成了大问题,对三子忠宁大君(李祹)的信任也起了很大作用。忠宁大君好学不倦,品学兼优,确信其为人的太宗很早就将其作为继承人放在心上。让宁大君深陷放荡风流的生活,二子孝宁大君痴迷于佛教,相比之下,三子忠宁大君成了太宗坚实的顶梁柱。太宗认识到,继承王位与其说长子世袭,不如看重能力,如同太宗本人即位时那样。他还确信,王朝江山的稳固必须有像忠宁大君那样有能力的国王。让宁大君作为太宗选择继任者的牺牲品,只能退出二号人物位置,成为一介草民度过余生。

昭显世子: 蹊跷之死与没落

　　1645 年,昭显世子终于结束了 9 年的人质生活,从清朝返回朝鲜。不过,身为二号人物,又是国王继承人的昭显世子,几乎没有人欢迎他的回国。以仁祖为首的朝廷君臣并不满意清朝政府对昭显世子的信赖与友好态度，因为如果昭显世子继承王位，仁祖与西人政权推进的"崇明反清"理念就会褪色。

对曾给予朝鲜王朝南汉山城之耻的清朝，多数朝鲜大臣并没有将其看作实际的军事大国和文化大国，而仍然视其为"夷狄"。因此积极吸收清朝科技成果的世子只能被视为戒备对象，而仁祖对清朝要推戴昭显世子为王尤为戒备。仁祖并不是以正统方式继承王位，而是通过政变掌权的国王，因而本能地执着于维持王位，不会把儿子也当成了竞争对象吧？

昭显世子回国后离奇死亡，以至于《朝鲜王朝实录》中记载了毒杀说这一令人疑惑的内容。特别是昭显世子有三个儿子，仁祖却让世子的弟弟凤林大君继位（即孝宗）。很显然，孝宗的即位掺杂着仁祖强烈的个人意图。据野史记载："昭显世子带回清朝皇帝的龙砚献给仁祖，仁祖却将龙砚砸向世子导致其死亡。"这种说法基本不可信，但可以反映出仁祖与昭显世子的父子情分已断绝。

昭显世子含冤死去，其子嗣也没能当上国王。世子之妃姜氏并没有善罢甘休，尽管对方是公公仁祖，但她仍然进行强烈抵抗。当然这带给她的同样是死亡，她最终以涉嫌毒杀仁祖之罪而被仁祖赐死。昭显世子的三个幼子也被流放到济州岛，前两个儿子因地方病死亡，第三子也夭折了。二号人物昭显世子及其家庭就这样凄惨地没落了。

继仁祖之后，凤林大君继承王位，即孝宗。即位后，孝宗将意在推翻清朝的"北伐"作为国之要务。昭显世子在沈阳作为人质生活期间，其所接受的新科技文明和追求的"北学之梦"，与他的死亡一同被湮没了。站在时代前沿的二号人物最终却迎来了不幸的命运和结局。

困死在米柜中的悲情世子

对于英祖来说，失去长子孝章世子后，42 岁时晚来得子的思悼世子成为他格外珍贵的儿子。英祖对思悼世子寄予很高的期望，然而不幸的是，世子首先从性格上就不能让英祖满意。世子性格内向，行动缓慢，经常让细心敏捷的英祖着急发火。随着年龄不断增长，世子对学习不感兴趣，只热衷于军事或骑马游戏，辜负了英祖希望他专心致志做学问的期待。

父子之间的矛盾在 1749 年（英祖二十五年），即世子 15 岁代理听政时，发展到了不可挽回的地步。英祖为了摆脱毒杀兄长景宗后登上王位之嫌疑，很早就做出让位于世子或让其辅佐政务等政治姿态，并最终令世子代理听政。年少的世子不谙国政在情理之中，可是英祖对世子百般罶诟，就是不满意。1752 年，英祖因为世子擅自处理事情而大为震怒，世子在出疹子的情况下，还要在雪地里跪三天三夜以求得宽恕。英祖一提出让位并搬迁到彰义宫，世子就要磕头谢罪直至头破血流。

随着英祖的斥责不断加剧，世子对父王产生了很强的恐惧心理，通过沉溺于酒色等方式公开反抗。就好像嘲笑英祖下达的禁酒令一样，世子不仅酗酒，而且有过领回女子过夜的事情。对世子的信任即将彻底崩塌之际，发生了罗景彦告发事件。当时，以世子策划谋反为主，罗景彦罗列了十余条举报世子不轨行为的内容。此事发生在世子让内官顶替自己留在房中，自己私自出游平壤 20 天返回之事败露后不久。世子认为罗景彦的举报是诬陷并与其对峙。最终，虽然罗景彦被当成逆贼处死，该事件却成为英祖与世子分道扬镳的契机。

被囚禁在米柜中 8 天而死的思悼世子是朝鲜王朝
代表性的二号悲剧人物。

1762 年（英祖三十八年）闰五月十二日下午，英祖宣世子进昌
庆宫徽宁殿（今文政殿），并命令其挥刀自刎。世子撕掉衣袖做出割
颈动作，但被侍讲院官吏和大臣们制止。结果，思悼世子被囚禁在
英祖亲自上锁的米柜中，8 天后，世子 28 岁的生命就此终结。

英祖是朝鲜王朝时期最长寿（83 岁）的国王，也是执政时间最
长（52 年）的国王。思悼世子悲惨死去后，英祖又活了 14 年。在王
位世袭的年代，长寿是长期执政的最大秘诀。英祖的罕见长寿，是
不是思悼世子最终不能继承王位之悲剧的根本原因呢？与昭显世子
的情况不同，英祖将王位传承给其孙子正祖，这点也使上述推论成
为可能。

在韩国现代史中，二号人物登上最高权位的道路也并不平坦顺
利。继全斗焕之后当上总统的卢泰愚是二号人物中较顺利成为一号
人物的，而其他人都是通过激烈竞争才登上了最高权位。从朴正熙

总统时期开始，作为二号人物的金钟泌，历经金泳三、金大中总统时期，一直没有失掉二号人物的位置，不过在持续的牵制当中，他也始终无法超越二号人物的位置。

根深蒂固的政争之始：东西分党

关注韩国现代政治史的国民常因各政党的反复分合聚散而咋舌，这种反复聚散的政党分裂史与各政党的成立及其历史是相伴相随的。不过追根溯源，时常引起争论的朝鲜王朝时期的朋党政治占有重要位置。

士林派，进入权力中心

在朝鲜王朝时期的政治史上，16 世纪被总结为"士祸"时期。其间发生过四次士祸，勋旧派与士林派在政治上、思想上相互对立，而且在这一过程中，士林派遭到了不小的损害。但是，士林派以地方社会为中心持续扩大立足之地，到 1565 年文定王后去世及外戚政治结束后，正式迎来了士林政治时代。

特别是从宣祖执政时期开始，士林派成为名副其实的政治主导势力。作为王室的旁系登上王位的宣祖，非常重用忠实于性理学理念的士林派，排斥有功之臣和王室的外戚。"己卯士祸"后势力萎缩的士林派大部分进入政界，"乙巳士祸"时蒙冤获罪的卢守慎、柳希春等人被重授官职。这一时期，勋旧派彻底消失，一部分勋旧派转向了士林派。士林派在宣祖即位后才摆脱在野党派地位，站上执政位置后却又产生内部分裂。他们在批判外戚政治方面虽声音一致，但获得权势后，根据学派倾向和地域特征，却开始表现出各自的本色。用现代史来比喻的话，在朴正熙的维新政治及全斗焕的军事独裁统治时期，金泳三与金大中非常抱团。而军事独裁宣告终结后，二人为争夺总统位置或占据政治主导权，各自成立了政党，政治上形成对立就是如此。

朋党政治的序幕：分为东西学脉

学派间的分裂征兆，首先出现在继承李滉、曺植学术体系的岭南学派与继承李珥、成浑学术体系的畿湖学派之间。1572 年，资深政客李浚庆在去世前曾警告称，朝廷内将要出现朋党。他的预言不幸言中。1575 年（宣祖八年），金孝元与沈义谦之间围绕吏曹铨郎一职出现摩擦，以此为契机，完全分裂党派的分党开始形成。事件的始末概述如下。

1572 年，师从李滉和曺植的岭南学派学者吴健推荐金孝元为自己的继任者。金孝元也是出自李滉和曺植门下的学者，是 1565 年文科状元及第的人才。但是当时仁顺王后之弟、外戚沈义谦拒绝了吴健的举荐，原因是沈义谦记得金孝元在尹元衡权势遮天时拜访过尹府，认为他是出入权臣府宅的小人之辈。但此事后来查明，当时沈

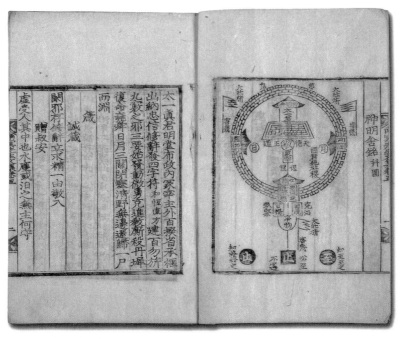

南冥学派的掌门人曹植的文集。

义谦只是偶然目睹金孝元临时出入尹府，金孝元并不是尹元衡家的食客。虽然遭到沈义谦的反对，但在1574年金孝元最终被任命为吏曹铨郎。吏曹铨郎在朝鲜王朝时期负责官吏的人事权，是吏曹的正郎和佐郎之统称，职位虽低，却是决定官吏人事的要职，在清要职[1]中也占据首位。特别是正郎一职具有自荐权等相当大的权限，可以直接推荐自己的继任者。

时间流逝，到了开始商议金孝元的后任的时候了，其候选人为沈义谦的弟弟沈忠谦。这时情况逆转，金孝元开始反击。金孝元认为沈义谦是明宗之妃仁顺王后的弟弟，他立场鲜明地反对将吏曹正郎这样的清要职委任给外戚。这件事成为分党的开端，党论分为支持金孝元和支持沈义谦的两股势力。支持沈义谦的势力主要是以都城和京畿地区为基础的畿湖学派学者，支持金孝元的势力则是继承李滉和曹植学术体系的岭南学派学者。支持金孝元的岭南学派称，"戚臣沈义谦不适合士林政治"，因而表示强烈反对。当时金孝元的居所在汉阳东部的乾川洞（今东大门市场附近），沈义谦的居所在汉阳西部的贞陵（今贞洞），所以分别称他们为"东人"和"西人"。这如同现代根据政界人士居住的洞名，称追随金大中前总统的政治势力为"东桥洞系"，称追随金泳三前总统的政治势力为"上道洞系"一样。

东人分裂为南人和北人

1575 年，由于东西分党，朋党政治的序幕拉开了；其后，东人又分裂为"南人"和"北人"。1589 年，发生了郑汝立谋逆事件，南冥曹植学派和花潭徐敬德学派的学者们被事件牵连，很多人因之丧命。在这一过程中，李滉学派成为南人的中心，曹植学派形成北人的中心。

宣祖执政后半期，北人掌握了权力，随后北人内部又发生了分裂。当时围绕王位继承，北人分为拥立永昌大君的"小北派"与拥立光海君的"大北派"。光海君即位后，郑仁弘、李尔瞻等大北势力掌握政权，但大北势力在独揽政权的情况下又发生内部分裂，分为肉北、骨北、中北三派。光海君执政后半期，大北势力在学问理念、政策树立方面并不出色，却强硬地一味肃清反对派，结果为西人、南人等反对派势力提供了集结的契机，最终于 1623 年发生"仁祖反正"，北人从此在历史当中完全消失。北人的悲剧从历史角度证明了

《南人族谱》，19 世纪手抄本，作者为光州李氏。朝鲜王朝时期朋党政治达到极点时，南人在中央的实力相对弱化，他们制作了只属于自己的家谱留存至今。

一个道理，即维护政权比夺取政权更难。

1623 年掌握政权的西人，虽然在形式上与南人组成了联合政权，但除仁祖时期后的短暂时期以外，一直享受着执政阶层的既得权力，并主导着朝鲜王朝的政治、思想领域。特别是孝宗即位后将北伐论作为国策，热衷于性理学的义理论和原则论的西人势力更加强大。但是，在这一过程中，朝鲜王朝只强调对灭亡的明朝的义理，对新兴强国清朝却一贯采取不予承认的封闭外交战略。南人作为牵制势力虽然起到了一定作用，但在西人的过度专权下，朝鲜王朝向着更加固守性理学理念的保守国家发展。

能全盘否定朋党政治吗?

把朝鲜王朝时期的朋党政治作为党争而大加批判的,是日本帝国主义的官方学者,他们从殖民史观的立场和观点对朋党政治进行全盘否定性的评价。如日本官方学者币原坦在《韩国政争志》一书中主张:"要想理解朝鲜人现今的作态,应从过去的历史中寻找原因,其根源就是根深蒂固的党派之争。"他毫不掩饰地直言韩国人的分裂属性起因于党争。

但是,在朝鲜王朝时期的朋党政治中也能发现肯定性的要素,那就是像现代的政党政治一样对于特定势力专权的制衡。各个朋党为巩固其政治基础,致力于获得百姓的支持,所以朋党政治活跃时期很少发生民乱。这就说明朋党政治在安民方面有其积极的一面,并不只是像殖民史观理论所说的"浪费国力、民不聊生"的那种政治形态。

在当今的政党政治中,反对势力的牵制更能健全政治体制。但是各个政党若只是为赢得当前选举而暂时联手,随后又分裂,或者没有政策和理念规划,而只想凭借地域特色胜出,这样的势力就不能被称为真正的反对势力。朝鲜王朝中期以后影响政治史的朋党政治的积极一面,应当作为当今韩国政党和政治家的"反面教材"。

1　清要职是司宪府掌令、弘文馆堂下官、翰林学士、吏曹铨郎的统称,这些官员品阶虽然不太高,但是具有牵制其他官吏的作用。——译注

古文献记载的朝鲜半岛地震

    2011 年 3 月，席卷日本东北部地区的大地震、海啸，以及余震所引发的核电站的核泄漏，充分说明了人类在自然灾害面前是无能为力的。最近在世界各国周期性地发生了地震引发的大灾难，如 2011 年新西兰地震、2010 年印度尼西亚苏门答腊地震、2008 年中国汶川大地震等，在这些大地震面前，人类显得是那么束手无策。历史书籍中也着重记录了这种地震现象，现存的最早史书《三国史记》自不必说，仅《朝鲜王朝实录》中就有 1967 起关于地震的记录。这些记录警示着人们，朝鲜半岛同样无法摆脱地震所带来的威胁。

    在文献记录当中，系统记录地震内容的最早书籍是《三国史记》，不过该书对地震的记录非常简单，记录的地震次数也较少，总共记载了 107 起，年平均发生 0.1 起。

    即便如此，也不能看作此时期发生的地震频次少于后世。《三国史记》中只记录了新罗的庆州，百济的慰礼城，以及高句丽的国内城、平壤等都城发生的地震，所以频次较低。当时的地震观测只局限于都城圈，并不能监测全国的地震情况，因此可以推断，这一时期在整个国土范围内发生的地震次数要远远超过所记载的次数。《三国史记》中关于地震的记录令我们意识到，从这一时期开始，国家层面就已经非常关心地震的发生。

高丽王朝时期关于地震的记录，主要出现在朝鲜王朝前期编纂的史书《高丽史》和《高丽史节要》中。475 年间报告了 194 起地震，年平均 0.4 起，其频率高于三国时期，这说明高丽时期比三国时期更加系统地观测了地震。与记录天文现象的《五行志》比较，我们注意到，《高丽史》中记录王室政治的世家部分收录了地震现象。相当于正文的世家部分载有地震内容，这说明《高丽史》已经把地震与政治联系在一起了。

　　酉时，地大震凡三度，其声殷殷如怒雷，人马辟易，墙屋压颓，城堞坠落，都中之人皆惊惶失色，罔知攸为，终夜露宿，不敢入处其家。故老皆以为古所无也。八道皆同。……未几，地又大震如初，殿宇掀振，上之所御龙床，如人以手或引或推而掀撼。自初至此，凡三震，而其余气未绝，俄而复定。……领议政郑光弼曰："地震前亦有之，然未有如今日之甚者。此臣辈在职，未知所为而若是也。"

上述内容记录的是 1518 年（中宗十三年）五月十五日，以汉阳为中心在全国发生的大地震。不仅在《朝鲜王朝实录》中有记录，赵光祖的文集《静庵集》中也记录过地震的情况："1513 年五月十六日，国王正在亲临朝政，发生了三次地震，殿阁屋顶猛烈摇晃。"赵光祖在个人文集中记录这一情况，说明了当时地震的严重程度。

1392 年（太祖元年）至 1863 年（哲宗十五年），《朝鲜王朝实录》中记录了 472 年间发生的多达 1967 次地震，年平均约 4 次，远远高于三国时期或高丽王朝时期的频率。这并不是说朝鲜王朝时期的地震次数陡增，而是当时对地震的监测更加精确，地震报告体系扩大至全国范围的缘故。朝鲜王朝时期，在中央设置了观测天文现象和地理变动的官厅——观象监，观象监整理有关自然灾害的事项后，载入《观象监日记》并留存下来。编纂《朝鲜王朝实录》时参考了史官们撰写的史稿和各官厅的业务日志时政记，而《朝鲜王朝实录》中包含了时政记《观象监日记》里记录的有关地震的内容，并流传至今。

关于地震的报告，在震级极小的情况下，只提及发生地震的区域；而在震级较大的情况下，要详细记录地震的区域和时间、声音大小、损失程度等。那么国家对地震的应对又是如何呢？在此以《朝鲜王朝实录》的记载为中心，考察一下中宗时期的情况。

（中宗）传曰："今兹地震，实莫大之变。予欲迎访，大臣、侍从其召之。"政院请并召礼官之长，于是礼曹判书南衮等先入侍。上曰："近者旱灾已甚，今又地震，甚可惊焉。灾不虚生，必有所召。予之暗昧，罔知厥由。"南衮曰："臣初闻之，心神飞越，久之乃定。况上意惊惧，固不可言。近见庆尚、忠清二道书状，皆报以地震，不意京师地震，若此之甚。窃观古史，汉时陇西地震，万余人压死，常以为大变。今日之地震，无奈亦有倾毁家舍乎？夫地，静物，不能守静而震动，为变莫大焉。自上即位之后，无游佃、土木、声色之失，在下之承奉圣意，亦皆尽心国事，虽不可谓太平，亦可谓少康，而灾变之来，日深一日。臣非博通，

未知致灾之根本也。"(《中宗实录》，中宗十三年五月十五日）

在上述记载中，不仅提及中国的历代大地震，还应注意一点，即国王中宗试图从政治上查找地震发生的原因。中宗听了南衮的报告后称："今日之变，尤为惕惧。常恐用人失当，而亲政才毕，仍致大变。且今日之亲政，又非如寻常之亲政，而致变如此，尤为惕惧者此也。"（《中宗实录》，中宗十三年五月十五日）从中可以看出国王认为施政错误导致地震发生的惊惧之状。

壬辰倭乱期间的 1594 年，汉阳发生地震后，宣祖甚至表露出想把王位让给王世子光海君的想法。宣祖认为地震的原因是自己无德，他想接受上天给予的惩罚。不是采用科学标准，而是以道德标准来评判地震，这就是朝鲜王朝时期对于地震的一般性认识。

李瀷对地震的科学认识

李瀷是朝鲜王朝后期代表性的实学者，他在自己写作的《星湖僿说》中较为科学地阐述了关于地震的见解。他在《天地门》的"地震风籁"条目中首先指出，日本国因平地多、山地少，所以地震多发，并强调地震与上天毫无关系。他还指出，地下的空间产生震动并发出声响，谓之地震，地表深陷则称为地陷。李瀷认为，宇宙自然界中存在着很大的力量，没有物体的空地也存在这样的力量。

李瀷以石窟为例，以证明地下存在空间，还把河川中途断流处作为例证。李瀷虽然未能完全从科学角度理解地壳变动，但他把地震解释为源自地下空间，已经比较接近科学原理。

《星湖僿说》，李瀷，大小为 16.2cm×26cm，藏于韩国国立中央图书馆。朝鲜王朝后期实学家李瀷的《星湖僿说》涵盖天文、地理、历史、政治、经济等内容，该书还阐述了关于地震的科学见解。

在《朝鲜王朝实录》中，多少还保留了能推断地震强度与规模的记录内容，如地震发生的地区，以及"房屋晃动""野生动物受惊躲藏""山石滑坡"等现象。耐震是人类生存的关键，在核电站建设等现代建设现场，也应积极借鉴史书中非常详尽的地震相关记录。

横扫朝鲜王朝的传染病所带来的恐怖

  传染病，即疫病或疫疾的有关记录，最早出现在公元前 15 年，即百济温祚王四年。在《三国史记》关于温祚王时期的记载"春夏，旱、饥、疫"中，我们能够看出当时传染病流行的时代面貌。若查找《朝鲜王朝实录》就会发现，其中关于疫病或疫疾的记录有 250 条以上，关于传染病的记录有 600 条以上。《朝鲜王朝实录》中最早的疫情记录是 1393 年三月在杨州桧岩寺流行的疫病。桧岩寺是太祖倾注心血建立的，疫情持续了数月后，王师自超急忙将居所迁往广明寺。

英祖二十六年十万余人因疫病丧生

  王师自超至，使居广明寺。初自超在桧岩寺，至今年春，桧岩始疫。自超来赴演福文殊会，会罢不归桧岩，而往居谷州佛国庄。夏，桧岩大疫，僧徒多死。（《太祖实录》，太祖二年七月十九日）

在《朝鲜王朝实录》中，还能够看到此后关于疫情的记录。据太宗十一年五月记载："自春徂夏，京外疾疫，民多夭死。"世宗四年三月记载："是月，中外大疫，死者甚多。"诸如此类的疫情记载接连不断。显宗十二年一月三日记载："庆尚道饥民五千一百余人疠疫，又从而熏染，死者二百余人，牛疫亦一向炽蔓。"这一年八月就有 779 头牛因感染疫病而死。

传染病比战争还要可怕，这在《显宗实录》中得到生动印证。

> 八道人民饥饿疠疫及痘疫死者，不可胜纪，而三南尤甚。至于溺水、烧死、虎咬死者亦多。古老言，此等景象，有生以后所未尝见闻，死亡之惨，有加于壬辰兵祸云。（《显宗实录》，显宗十二年二月二十九日）

1733 年（英祖九年），全罗道流行疫疾，2081 人死亡；1741 年（英祖十七年）七月，关西地方疫病肆虐，3700 人死亡。与当时平安道地区人口数量相比，百姓的死亡数字可谓惊人。1750 年（英祖二十六年），在全国范围又暴发了流行瘟疫。《英祖实录》中如是记载："时八路疠疫渐炽，死者枕藉。"这反映了当时大疫后的惨状。面对疫情，英祖立即下诏以应对。

> 掩骸，王政之大者。况京外疠气炽盛，死亡相续。噫！岁已新矣，万品俱有春意，而吁嗟！吾民亲戚、兄弟、孤儿、寡妻号呼而痛，思之及此，不觉恻怛。分付京外，已死者着意收瘗，生者另加救活。（《英祖实录》，英祖二十六年一月五日）

虽然朝廷及时组织掩埋尸体，并对生存者实施救恤政策，但死亡人数仍急剧增加——京畿地方3487人、江都一带349人、岭南地区1933人、海西地区464人。一时间，瘟疫灾难席卷了整个朝鲜王朝。

朝鲜王朝后期的传染病主要有霍乱、痘疮（天花）、猩红热、伤寒、痢疾、麻疹等，其中百姓最恐惧的传染病是霍乱和天花。根据疾病史研究，18—19世纪，传染病的流行是世界性现象，朝鲜半岛自然无法摆脱疫病的侵袭。

被称为"神"的天花

对现代人来说，最可怕的疾病是什么呢？也许是令人联想到死刑宣判的癌症。在对癌症的存在几乎一无所知的朝鲜王朝时期，百姓最害怕的疾病是天然痘（天花），对其恐惧程度不亚于虎患，并俗称其为"麻麻神"，常跪拜祈求其尽快离去。人工提取的人痘、牛痘出现后，自然生成的痘疮就被称为天然痘。天花又称痘疮、痘疹，是因为人体皮肤出现豆粒大的疱疹，又转为脓疱疹。天花之所以可怕，不仅是因为致死率高，而且即使活下来，其后遗症也会使患者脸部出现麻子，俗称"麻斑"。

现今，奎章阁韩国学研究院收藏了古代儒生们的肖像画册《真身画像帖》。在22幅人物肖像画中，吴载绍等5名儒生的面部有明显的麻斑。如果达官贵人的脸部都多有麻斑，难以接受医治的平民面有麻斑的概率会更高。秋史体书法名家金正喜的肖像画上就有天花痕迹，独立运动家金九先生的照片中也不难看出麻斑。恐怖的天

角膜炎是朝鲜王朝后期主要传染病之一。角膜炎是角膜表面出现眼疮、结膜充血呈鲜红色的眼病。当时不是通过医药来治疗，而是依赖于符咒。在纸上或墙面画上人的面部，用针头或钉子扎眼睛部位，通过威胁或哄劝方式以期祛除眼疾。

花也曾侵入王室内部。世宗宠爱的末子诚宁大君因罹患天花而在14岁时丧命；宣祖同样因天花失去了儿子和孙子；肃宗在位时因感染天花大为遭罪，其第一个王妃仁敬王后也因天花离世。

1711年（肃宗三十七年），英祖在当世弟（延礽君）期间感染了天花。他一感染天花，与其共同居住的中宫殿（肃宗继妃仁元王后的尊称）就因此迁居。结果仁元王后虽然也被传染天花，但很快康复，当时还曾举行别试以庆祝此事。可见天花已成为令人畏惧的疫病。

通常指丑女人的"薄色"一词，原本来源于麻脸之意的"缚色"[1]的说法。对天花患者来说，染病在身就已经非常委屈郁闷，麻脸斑痕还要遭受社会冷眼，因而他们往往经历着双重病痛。

从祭祀疫神到医学治疗

　　朝鲜王朝时期，如果流行疫病，基本上就采取隔离措施。汉阳发生疫情时，首先将患者或尸体移送至城外，在城外有专门接收传染病患者的地方，即活人署。当时，东小门外设置东活人署，西小门外设置西活人署，并配备了医护人员和医巫。平时，活人署负责照顾无依无靠的病人，疫病流行时加设庐幕来看护患者。活人署很少有药物治疗，主要供应米粥等食物，并竭力挽救患者生命。活人署还采用恫吓方式来驱赶鬼神，这种方式由巫婆出面施巫术，通过扇扇子、摇铃铛、敲锣鼓等形式驱赶恶鬼，使其不能附体。在《巫党来历》一书中，配图记载了巫党为摆脱"麻麻神"诅咒而努力施行巫术。

　　这一时期，朝廷还时常举行祭祀疫神的"厉祭"。在汉阳的北汉山设置厉祭坛，每逢清明、七月十五日、十一月一日都举行祭祀，旨在预防疫病。疫病流行时，国王也参与其中。1750年（英祖二十六年），疫病在全国范围流行，死亡人数达10万人，英祖命令近臣在八道范围大行祭祀。1708年（肃宗四十四年）三月，因"疫疾炽蔓"，肃宗派重臣到京都的山川地带和城隍庙举行祭祀。

　　施巫术和祭祀不可能从根本上解决疫病 巫婆施巫术时使用过的神刀。的流行问题，必然需要医学的治疗方式。许浚治愈了光海君的天花，进入名医行列；肃宗时期的御医柳瑺因治愈

日月扇，用竹子与韩纸做成，20 世纪，藏于温阳民俗博物馆。朝鲜王朝后期，
在照顾疫病患者的活人署，如果患者病情没有好转，就通过扇扇子、摇铃铛等
形式驱赶鬼神。

了肃宗的天花，官位升至从二品；丁若镛将有关麻疹的理论汇编成
《麻科会通》一书，并留存至今。丁若镛在儿时患过天花，其子女也
曾被传染并经历过很大痛苦，所以他为战胜天花倾注了大量心血。
丁若镛在奎章阁供职期间，有机会阅览很多最新医学书籍，为执笔
《麻科会通》打下了基础。进入近代，在战胜天花方面走在前列的是
池锡永，他首先实施了牛痘接种法。1885 年池锡永撰写《牛痘新说》，
为治疗天花做出了贡献。医学家们的努力最终攻克了貌似坚不可摧
的天花的堡垒。

　　曾经将无数人赶向死亡边缘的传染病噩梦，在进入现代社会后，
依靠医学的发展、卫生观念的强化、免疫力的增强等相互衔接，正
在逐渐消失。但是早期的传染病刚要被遗忘，新的病毒又攻击着我

们的身体，而新病毒又具有强大的耐药性。传染病和人类的战争终究不会停止吗？

太祖陵寝建在东侧的原因

朝鲜王朝时期，建造王陵最多的地方是哪里？那就是位于今京畿道九里市的东九陵区域，这里还有朝鲜王朝第一代国王太祖的陵寝——健元陵。不过，稍加关注就会产生疑问，只有太祖的王陵耸立在那里，却没有王妃陵。太祖并不是没有王妃，他不仅有神懿王后，还有继妃神德王后。这样看来，太祖被孤寂地安葬在那里的原因是什么呢？

神德王后的陵墓：围绕贞陵的纷争

以儒家思想作为国家理念的朝鲜王朝时期，对于已故先王的丧礼和祭礼，现任国王都会尽心竭力而为。这是因为，作为祭祀先王的地方，王陵的建造理应聚合整个国家之力，这同样是为了尽礼法。但从结果来看，第一代国王太祖的王陵建造却未能倾力而为，因为太祖在没有王妃的陪伴下不幸被单独下葬。而且在此不幸背景下，朝鲜王朝初期，太宗和继母神德王后康氏之间的矛盾始终盘根错节。

太祖执政末期，在王位继承者的人选上，太祖将正室神懿王后的嫡子撇置一旁，而指定继妃神德王后之子李芳硕为继承人。对此，最具政治野心的神懿王后第五子李芳远激愤至极，最终于 1398 年发动"王子之乱"，除去李芳硕，并拥戴其兄李芳果为国王（定宗）。太祖一气之下，不再把杀死幺儿的李芳远当儿子看，也不愿与其同居一地，而是回到咸兴故里。"咸兴差使"[1]旧谚的流传，浓缩了太祖与太宗（李芳远）的对立矛盾。太祖临终，虽然父子之间和解，但太祖去世后，在建造王陵的过程中，太宗的苦恼又接踵而至。朝鲜王朝建国前去世的生母神懿王后的陵墓（齐陵）在开城，继母神德王后的陵墓（贞陵）虽在汉阳，但太宗毫无将先父王陵建于继母陵旁之意。

继母康氏还在世时，李芳远和康氏的矛盾之深达到超乎想象的程度。康氏拢住太祖的心思，并借助郑道传等人之力，将其子李芳硕立为世子。对此，李芳远对继母康氏的愤怒达到极致，康氏去世后，其愤怒仍在延续。继妃康氏在太祖之前去世，太祖封其尊号为"神德王后"，王妃陵也建在王宫附近眼界开阔之地，称为"贞陵"。据传太祖对继妃感情深厚，以至于每天早晨在宫内听到贞陵的晨斋钟声后才去用膳。

然而，太祖建造的贞陵却被后来登上王位的李芳远视为眼中钉，最终他指示将贞陵毁坏并移墓。1409 年（太宗九年），贞陵被迁移至都城外的杨州地方，即现今的贞陵所在地（首尔城北区）。随后，太宗下令拆除原来贞陵的丁字阁，彻底铲平墓堆，不许残留陵墓痕迹；1410 年广通桥因洪水坍塌时，太宗又命令将贞陵的屏风石用于修复广通桥，让所有百姓踩石过桥，足见太宗对康氏的憎恶程度。现今修复的清溪川广通桥下仍然遗存有从神德王后陵墓转运来的石雕，这成了见证历史的实证。

虽然太宗想完全清除贞陵的痕迹，但到了显宗时期，根据宋时烈等人的建议，朝廷又对其进行恢复。据说当时贞陵杂草丛生，很难寻找，被彻底弃置很多年后，才重新恢复了其王妃陵的面貌。据说重建贞陵并进行祭祀当天，天空下起倾盆大雨，百姓都说这是洗刷神德王后冤屈的大雨。贞陵原来所在的位置现在又叫贞洞，仿佛依稀在告诉人们神德王后的踪迹。

健元陵，进入俭岩山脚下

最终，太祖的陵寝健元陵没能建在神懿王后或神德王后的陵墓旁。神懿王后在朝鲜王朝建国前去世，被安葬在开城的斋陵。开城不适合选作朝鲜王朝第一代国王的王陵所在地，但也不能选择建在神德王后的陵墓旁边，因为王陵建造的实际执行者太宗的意志非常坚定。

如今，初次建造朝鲜王室首座王陵健元陵的仪轨未有留传。虽然推断当时应制作过仪轨，但朝鲜王朝前期经历"壬辰倭乱"和"丙子胡乱"后，大部分仪轨已逸失。尽管如此，健元陵的建造过程仍可通过《朝鲜王朝实录》找到。

1408年五月二十四日，太祖于别殿薨逝。朝鲜王朝首次遇到国王薨逝，需要关于国葬的各种仪式和程序。议政府及时设置了殡殿、国葬、造墓、斋这四个都监，主要负责丧服、玉册、祭器、棺椁、仪仗等事宜。殡殿都监负责临时侍奉棺椁，国葬都监负责国王葬礼，

太祖李成桂的陵寝——健元陵。

造墓都监负责王陵建造。造墓都监后来被称为山陵都监。

《太宗实录》中出现了数次关于健元陵的记载。1408 年（太宗八年）六月十二日，河崙奉太宗之命寻找建陵位置，并推荐幸州作为陵地，但太宗指示其再了解其他地方。六月二十八日，最终将太祖的王陵定在杨州的俭岩。河崙等人初在杨州考察陵地时，检校金仁贵对河崙等人说："我所居俭岩有吉地。"河崙等前往看过后果然感觉很好，造墓都监朴子青遂带领工匠开始动工。七月二十六日，山陵的吉日临近，开始建造石室。七月二十九日，太祖王陵的斋宫被命名为开庆寺，奴婢 150 名、田地 300 结归属开庆寺。太宗对黄喜说："佛氏之非，予岂不知！所以为此者，当父王之大事，心不暇计其是非也。至于予身，必详制其所当为之事，以传后嗣。"

从上述记录可以看出，太祖的葬礼具有很多佛教因素，这样的氛围也符合太祖建立与王宫相媲美的桧岩寺，并欲寄居桧岩寺的立身处世原则。太宗在山陵设护卫兵 100 人守护王陵，山陵建成后的九月九日，他护拥灵柩去往健元陵举行葬礼。太祖的王陵封墓并非草坪，而是种植了紫芒，据说这是太宗为思乡的父亲特意到咸兴故里取回并移栽于此。这是不是因为其将父亲葬在不太情愿之处，而以此举对自己的不孝做一些弥补呢？

隐藏于东九陵的历史与文化

朝鲜王朝第一代国王太祖的陵寝建在杨州的俭岩山脚，即现今的九里市东九陵一带。自那以来，也许因为该地方是风水宝地，太祖之后的很多国王和王妃的陵墓都聚集此处。继太祖之后，文宗（显陵）、宣祖（穆陵）、显宗（崇陵）、英祖（元陵）、宪宗（景陵）等五位国王的陵墓均在此地；两位王妃的陵墓——庄烈王后（仁祖继妃）的徽陵、端懿王后（景宗正妃）的惠陵也在此地；加上作为王世子死后追尊为王（翼宗及文祖）的孝明世子的陵墓（绥陵）等，共有九座王陵和王妃陵建在此处。朝鲜王朝时期，此处亦称为东六陵、东七陵；哲宗时期，孝明世子的陵墓迁至此地后，东九陵的名称最终确定。

朝鲜王朝时期的二十七代国王中，有六个国王的陵墓建在东九陵（占 22.2%），这说明该地带适合建造王陵。东九陵一带丛林苍郁、山麓绵延，有利于建造大规模王陵群，风水地理都属于宝地。朝鲜王室的陵墓比较集中，如西五陵、西三陵等，反映了尽可能埋葬在先王陵旁的国王意志，并且考虑到在同一地带建造王陵还方便管理等，因此东九陵成为朝鲜王朝时期最大的王陵群。

东九陵的王陵外观大体相同，不过仔细看的话，王陵会传递出某些隐藏的历史故事。在宣祖的穆陵区域，正妃懿仁王后、继妃仁穆王后的陵墓分别建在不同的山脚下。从英祖的元陵能够看出其抛弃了正妻贞圣王后，而与继妃贞纯王后合葬的样态。从宪宗的景陵来看也许难以区分正妃和继妃，王陵旁并列埋葬了两位王妃，形成"三连陵"形式。

每座王陵的石雕看似相同，不过根据时代不同稍有差异，石雕

依据《太宗实录》可知，太祖的葬礼多少带有佛教气息。上图是李成桂发愿舍利器。

组成也略有不同，如有些王陵没有屏风石等。东九陵是一个生动再现历史与文化的地方。在探索东九陵的同时，从中感受一下朝鲜王室的气息似乎也不错。

---

1 指出差的人有去无回或晚回。——译注

戊

欲变化却受挫

光海君的交河迁都论

　　世宗市的行政迁都计划从诞生之日起就在全国范围内饱受争议。卢武铉政府提出迁都构想，但宪法法院裁定其违宪，建立行政首都的计划被搁浅；之后，作为对策，韩国国会通过了在韩国中部地区建设复合型行政中心城市的法案。那么在历史上，迁都的事情是如何进行的呢？本章将通过迁都事例来间接回答上面提出的问题。

连续迁都致百济国力衰颓

　　在朝鲜半岛的历史上，曾有过几次迁都的事例。原来百济的都城在现今的首尔即汉江一带。现在的风纳土城和梦村土城一带发现了百济的大量遗址和遗物，证明了该地区是百济初期的都城。不过，在高句丽南下政策的挤压下，百济只能抛弃朝鲜半岛最好的地域，即今首尔和汉江一带。

　　475 年，百济的文周王将都城迁至熊津（今公州）。《三国史记·百济本纪》的文周王部分记载了这段历史："盖卤在位二十一年，高句丽来侵，围汉城。盖卤婴城自固，使文周求救于新罗，得兵一万回。丽兵虽退，城破王死，遂即位。……冬十月，移都于熊津。"上述内容记录了高句丽入侵百济后百济迁都的状况。丢失战略要地汉江流域对百济来说是一个重创，迁都至熊津后，百济没能进一步扩展其领土。

6 世纪时，百济圣王（523—554 年在位）促进了国家的中兴。圣王认为熊津不适合作都城，觉得有必要在辽阔地域建设新都，最终将都城迁至泗沘（今忠清南道扶余郡），定国号为"南扶余"，梦想着在北方地区复兴百济。但是，被崛起的高句丽挤压而抛弃汉城（今首尔），迁都至熊津，然后又迁都至泗沘后，百济没能再恢复先前的辉煌荣耀。放弃了三国争霸最重要的战略要地——汉江流域的汉城，导致百济国力日渐衰弱。最终，在都城泗沘，百济与"三千宫女的落花岩"传说一道走向了灭亡的道路。

妙清的西京迁都运动和高丽的北进政策

918 年，王建在开京（开城）建立高丽王朝。由于经历了后三国的统一过程，统一后的高丽王朝都城开城便一直与高丽王朝共存亡。但是，高丽王朝时期围绕迁都问题也有过激烈的争论。12 世纪初，僧侣妙清根据风水地理四象，出面主张西京（今平壤）吉地说。妙清的西京迁都论的依据虽然是开城的"地德"衰退，其中却隐藏着开京派与西京派的矛盾，以及对金朝实行强硬外交与稳健外交的矛盾。当时，北方的新兴政权金崛起，经常强势压迫高丽，并要求高

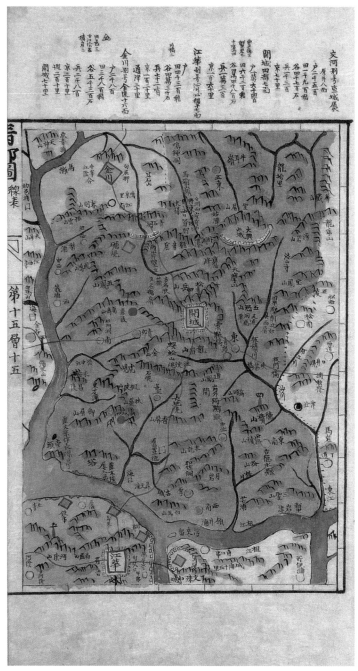

《青邱图》中的《松都地图》，纸质彩色画，大小为26cm×19cm，
藏于韩国学中央研究院藏书阁。12世纪初，有人认为高丽都城开
城"地德"衰退，并提出迁都建议。[1]

丽对其实行"事大"外交，如同高丽对宋朝的外交关系一样。于是，妙清等强硬派主张借机征伐金朝，将西京作为北方的前沿基地，以继承高丽初期的北进政策。

强烈反对迁都西京和北进政策的人物是开京派代表金富轼。金富轼承认金朝的实力，并认识到为维护稳定关系和国家利益，应当与金朝建立事大外交关系。高丽国王仁宗一度对迁都西京表示关心，但他依据金富轼等人的意见，放弃了迁都西京的计划。1135年，妙清等人在西京发动叛乱，并定国号"大为"。镇压叛乱的军队总司令官是妙清的对手金富轼。虽然妙清最后在叛军内部死于非命，但叛军仍抵抗政府军达一年之久。叛乱被镇压的同时，妙清所梦想的西京迁都运动也被历史埋没。

光海君谋划迁都的原委

朝鲜王朝建立后，初定都于开城。太祖李成桂以高丽末代国王恭让王让位的形式即位，并在开城的寿昌宫举行了登基仪式。从1392年七月至1394年十月，开城起到了朝鲜王朝初期都城的作用，不过李成桂与郑道传等建国主导势力在建国的同时便着手进行了迁都工作。因高丽都城开城仍有很多旧势力迷恋于旧王朝，所以建立朝鲜王朝的主导势力将位于朝鲜半岛中央的汉阳确定为都城。

朝鲜王朝也有过关于迁都的具体讨论，那是在光海君时期。光海君将谋求迁都作为政治改革的一环来推进，原因是居住在汉阳的既得利益政治势力欲通过反对大同法等形式阻挠政治改革。光海君的迁都交河计划在此背景下提出，术官李懿信担负起了迁都的重任。

1612年十一月，针对李懿信提出的交河迁都理论，礼曹判书李廷龟逐一进行反驳，并论述了汉阳作为都城所具有的历史、政治和经济价值。

　　术官李懿信上疏言："都城旺气已衰，宜建都于交河县，以备巡幸。"王下礼曹议。礼曹判书李廷龟回启曰："伏见李懿信上疏，满纸张皇，使人眩惑，莫测端倪。风水之说，不见经传，怪诞茫昧，本难凭信。今乃缀拾谶纬及诸方不根之说，无故而欲移国都，亦异矣。窃念汉都，据华岳临汉水，土地平衍，道里均正，舟车毕达，天府金城，形势之胜，甲于一国，此实前后华使之所共称赏。惟我圣祖，创业开基，相度诸处，经营数年，终乃定鼎于此，其深谋远略，夫岂么么一术官所能拟议哉？二百年来，国泰民安，治隆俗美，实万世不拔之基，非福地而何哉？"（《光海君日记》，光海君四年十一月十五日）

"二百年来，国泰民安，治隆俗美"

　　李廷龟紧接着说："堂堂国家，岂可以一匹夫荒诞之说，遽以为信，使二百年巩固之基业、百万亿奠居之生灵，忽焉漂荡于一掷哉？自此疏之入，人无固志，胥动浮言，或谓：'圣明亦信此说。'或谓：'新阙之不御，此说为之祟。'远近惊惑，景象不佳。左道之害人国家，自古而然高丽之末，妖僧妙清，以阴阳之说，眩惑其君，谓：'松京基业已衰，西京有王气，宜移都。'遂作新宫于西京林原驿，终有柳岊等之乱。前事如此，岂非可戒？"他强调应以"妙清之

《东舆备考》中的京畿道部分，纸质彩色画，大小为 47.5cm×34.5cm，第 1596 号国宝，
成于 17 世纪，藏于大圣庵。光海君时期曾试图迁都交河。

乱"为戒。

朝廷里反对派得势，光海君马上命二品以上大臣，于 1612 年闰十一月五日讨论迁都交河的事宜。大臣当中只有朴弘耈赞成，很多人对迁都事宜并不支持，但这并没有完全打消光海君的意图。自 1612 年九月起，《光海君日记》中记录了 40 多次关于迁都的讨论，可见迁都之事是当时政务中的"烫手山芋"。

1613 年一月三日，光海君密令备边司考察交河地区，并将该地区的山形地势绘制成图带回。光海君说道："自古帝王，必有别建城邑，以备不虞，非迁都之谓也。交河前对江华，形势甚奇。欲依秃城山城例，筑城治宫，以时巡幸。大臣、该曹堂上，与献言地官，择日往审，图形以来。"光海君虽然强调不是迁都，但最终目标还在于迁都，以下记录就可见其意图："王纳李懿信之言，将营交河新都，而众论俱起，故未果。"（《光海君日记》，光海君八年三月二十四日）

虽然光海君迁都交河的意志坚决，并展开了基础工事，但最终还是终止了。这不仅是因为舆论的强烈反对，而且当时也不具备迁都的经济实力。同时，朝廷也考虑了交河不适合作为都城的地区环境，即交河湿地较多，没有险峻的山峰以及河川。光海君的迁都运动在朝鲜王朝建国 220 余年后首次提出，但是因取代汉阳的名分或实利不足，且几乎没有支持势力，最终以失败告终。光海君的迁都失败说明，一个国家的首都迁移必须具备鲜明的动机和国家性的协商，还要集中各方力量。

---

1 松都是开城原来的名字。——译注

1506 年的"中宗反正"

1506 年，朝鲜王朝发生了以臣子之力废黜当朝国王的事件。该事件在朝鲜王朝历史上是首次，并以在日本、中国等东亚社会少有的"反正"形式发生。反正旨在纠正错误、迫使暴君退位。反正的主导势力并不掌握权力，而是寻求继承王位的合适人选后将王位返还。"中宗反正"发生的根本原因就在于燕山君。成宗时期，朝鲜王朝政治清明、文化繁荣，正迎来昌盛富足的时代，燕山君却一贯实行独裁政治和享乐政治，尊崇性理学理念的朝鲜王朝大臣们对此忍无可忍。

无休止的燕山君暴政

经过 1498 年的"戊午士祸"和 1504 年的"甲子士祸"之后，反对燕山君的势力的地位更加不稳。借此机会，燕山君的独裁政治达到了极点。燕山君不仅铲除了政治上的异己势力士林派，而且清除了一部分勋旧派大臣。另外，燕山君的奢靡享乐越来越严重，甚至为确保自己的狩猎场，竟然还拆除了周边的民宅。

"甲子士祸"以后，燕山君的掠夺变本加厉。老百姓缴纳一年的税金都很吃力，他竟然要求百姓提前缴纳两到三年的税金；在奴婢和土地问题上，他还增加各种名目的税金，百姓的负担越来越重。1504 年八月，燕山君还扩大禁标范围，命令拆除京畿道一带民宅。禁标原本指为了军事训练或国王行猎，临时管制百姓出入的区域。燕山君命令拆除民宅，在每个入口处都设立禁标碑，阻止百姓出入，以扩展其享乐场所的狩猎场。他还经常在王宫里大摆筵席，尽显其荒淫堕落君主的典型形象。燕山君还在全国八道挑选姿色出众的女子作为宫妓。被称为"采红使"的人出来挑选宫妓时，被选中者被称为"运平""假兴清""兴清"等。百姓抱怨燕山君带着宫妓"兴清"游乐，但慑于王威不敢当面表露，却在民间流行起带讽刺意味的"兴清亡清"的说法，意在批判燕山君只顾与"兴清"寻欢作乐而无心政务，国家将会因之而灭亡。"兴清亡清"之说由此而来并流传至今，可见警戒历史错误的民众意识历经数百年后仍在延续。

燕山君不仅让官吏们佩戴"慎言牌"，令其谨言慎行，而且因为有人用朝鲜文字著文抨击其暴政，所以禁止学习和使用朝鲜文字，还焚烧了以朝鲜文字刊印的书籍。这是因为燕山君自己也感到自身行为存在很多问题，害怕这些行为传播出去。燕山君在被废位前不久还发表言论，为其独裁和暴政作"正当性"辩护："朝鲜王朝是国王的国家，朝鲜王朝的百姓都是国王的臣子，就连朝鲜土地上的每一棵草都是我的。朝鲜王朝所有的一切本都是我个人的，不是让你们夺走了吗？现在我想再找回来，这有什么问题吗？"但是他的这一言论反而加快了其最终命运的到来。

1506 年大臣们的叛乱

　　在韩国电影史上首创千万票房而轰动一时的电影《王的男人》就是以燕山君时期为主要背景，还记得这部影片的最后场景吗？在其片尾中，越过跳绳的孔吉和长生身后，朝鲜王朝的宫阙殿阁映入眼帘，这就是昌德宫的正殿——仁政殿。如果对历史稍加关注，我们就会产生一个疑问：燕山君的主要活动地点是景福宫，而景福宫的正殿是勤政殿，那为何将仁政殿设为片尾背景呢？原因是，《王的男人》片尾场面忠实于历史考证，因为燕山君被反正军驱赶的最后地点的确是昌德宫。1506 年，在昌德宫里，反正军的呼喊声响彻天空。

　　对燕山君的暴政已忍无可忍的部分朝臣渐渐地多次秘密会合，制订了废黜燕山君的详细计划。1506 年九月二日，以朴元宗、成希颜、柳顺汀等大臣为中心的勋旧派放逐燕山君，拥立其同父异母弟弟晋城大君即位，即中宗。三人帮中处于反正先锋地位的是朴元宗，他同燕山君之间存在特殊的个人恩怨。燕山君的荒淫暴虐行为超乎想象，他侵犯了成宗之兄月山大君的夫人朴氏。从辈分上看，朴氏是燕山君的大娘，而朴氏正是朴元宗的姐姐。朴氏因难以抑制羞耻而自杀，朴元宗因姐姐自杀一事一直对燕山君心怀怨恨，他在担任吏曹参判期间曾写诗抨击燕山君，并与贬为末职的副司勇成希颜意气相投。

　　九月一日，举事的前一天晚上，成希颜、朴元宗、金勘、金寿童、柳顺汀、柳子光等反正主体势力和健壮的武士们聚集到训练院。柳子光在"南怡狱事""戊午士祸"时是告发变乱的核心人物，这次又加入了反正军行列，不愧为"处事高手"。当晚，反正军进入昌德宫的敦化门，突袭了燕山君的住所，被反正军气势震慑的守备军大部分逃离宫阙。燕山君与几名承旨官一同被拖曳出来，此时的燕山君与往日独裁者的光鲜形象极不相称，一直颤抖不已，无人能够再保护他。朴元宗等人紧接着去往景福宫，请求大妃贞显王后（成宗的继妃）拥立晋城大君（中宗），并将其迎入景福宫，在勤政殿即位。中宗即位后立即废黜了燕山君，将其流放至江华岛乔桐。燕山君在当年十一月病死，终年31岁。

燕山君在位期间，曾制造了两次士祸，在朝廷掀起血雨腥风。他到处随意设立禁标，恣意凌虐百姓；他与妓生终日淫乐，恨不能享乐永生，但是这种大独裁者的最终命运往往非常悲惨。中宗即位后，立即废黜燕山君并将其流放，当年十一月燕山君病死在江华岛。直至现在，燕山君也没能恢复国王之名，而是一直被称为"君"。其牌位没能配享到宗庙，其建于今首尔市道峰区放鹤洞的坟墓也不能被称为"陵"，而只能称为"燕山君墓"。

"反正"是"回归正确"之意，源于中国史书《春秋公羊传》中的"拨乱反正"（平复混乱、回归正确）一语。不过在中国的历史中，没有发生过一次反正事件，因为在中国历史中，举事成功的人物本身就登上了王位。在朝鲜王朝时期，反正是具有代表性的事例，可以理解为国家已经将性理学的名分加以理念化。即使掌握实权者推翻了原有政权，但其本身登上王位是错误的行为，并且认识到王位应由推选出的最适合继承王统的人来继承。在朝鲜王朝历史上有过两次反正（中宗反正、仁祖反正），这一事实与邻国中国或日本都有可比之处。虽然这次反正名义上是驱逐暴君燕山君，拥立中宗即位，具备了反正的样态，实际权力却掌握在主导反正的勋旧功臣手里。

中宗即位后，重新实施中断的经筵[1]，恢复了弘文馆、司谏院等言论机关，并解除燕山君时期设置的无数禁标等措施，使国家呈现出不同于前朝的新面貌。但反正以后，朝廷的实权仍掌握在反正功臣手中。中宗册封了 130 多名反正功臣，在这些拥戴自己的功臣的阴影下，国王并没有自由。中宗执政初期，实权主要掌握在成功举事的勋旧大臣们手中，中宗只不过作为一个软弱的国王存在而已。但是中宗执政 10 余年后，开始逐渐起用士林派，以其作为抗衡现有勋旧功臣的势力，特别是破格起用士林派中最具激进倾向的赵光祖成了中宗使出的制胜招数，这个制胜招数成了朝鲜半岛历史上最引人瞩目的推行改革政策的基础。

1　为国王讲经论史的讲席。

1623 年的西人政变

    1623 年发生的"仁祖反正"被认为是朝鲜王朝的分水岭和转折点。除了在政治上政权从北人向西人转换以外，这次事件也成为性理学理念在朝鲜王朝社会得以完全固定下来的契机，所以有些人将"仁祖反正"看作划分朝鲜王朝前期和后期的基准点。另外，"仁祖反正"因其中有数次类似于现代的军事政变的情形而令人注目。因此，"仁祖反正"并不局限于过往事件，在现代史和当代史中，也曾多次生动再现。

西人党揭竿而起

    据《仁祖实录》1623 年三月十三日载，仁祖发动反正，从国王在庆运宫发起义兵，并奉仁穆大妃之命在庆运宫即位开始。

    上举义兵，奉王大妃复位，以大妃命，即位于庆运宫，废光海君，放于江华，诛李尔瞻等，大赦国中。

虽然光海君软禁了仁穆大妃，但当时按照宫廷最高长者仁穆大妃的指令反正，可以说"仁祖反正"在正统性上无任何差错，而恰逢节日下达赦免令，又与现今社会类似。仁祖反正以后，《仁祖实录》说明了反正的名分和反正势力聚集的过程。

> 上见伦纪已绝，宗社将亡，慨然有拨乱反正之志。武人李曙、申景禛，首建大计。景禛及具宏、具仁垕，皆上近属也。相与密谋，欲得文士中有威望者同事，乃访于前同知金瑬，一言相契，遂定推戴之策，即庚申岁也。其后景禛往见前府使李贵言之，贵素有此志，大喜，遂与其子时白、时昉及文士崔鸣吉、张维，儒生沈器远、金自点等合谋。自是预谋效力者日众。（《仁祖实录》，仁祖元年三月十三日）

由上述情况可以看出，"仁祖反正"的主导势力李曙、金瑬、崔鸣吉等都是西人；从学术体系上看，很多人继承了李恒福和李珥的学问。对于反正军来说，李贵的加入和网罗训练大将李兴立起到了决定性作用，《仁祖实录》记录了相关内容。

> 壬戌秋，李贵适拜平山府使，引申景禛为中军，以为中外协应之计。会谋泄，台谏请拿问李贵，赖金自点、沈器远等，行计于后宫，事得已。申景禛、具仁垕亦见疑于时，皆补外去。会，李曙为长湍府使，请设山城于德津，因以聚炼军卒。至是，约日举事，而训练大将李兴立，与时相朴承宗为姻家，群议以

为都监军可畏，必得兴立，乃可。张维之弟绅为兴立女婿，维
乃见兴立，喻以大义，兴立即许为内应。于是，李曙自长湍起
兵来赴，伊川府使李重老，亦领褊裨，驰会于坡州。（《仁祖实
录》，仁祖元年三月十三日）

担任训练大将要职的李兴立加入反正军的场面，令人联想到全
斗焕势力发动"12·12 军事政变"时的情景。当时全斗焕无视陆军
本部正式指挥系统，主导了政变军。在很多重要的历史时刻中，曾
多次出现变节者出场亮相的事例。

反正军约定在当晚二更（21 时至 23 时）时集合，地点是弘济
院。可是反正军的队长金鎏没有到场，他听说有告发者，就想等待
捕者到达后杀死告发者再去弘济院。金鎏正在迟疑还未出发时，沈
器远和元斗杓赶到金鎏家里，说道："时机已临近，怎能坐等逮捕之
命令？"金鎏这时也赶往弘济院。因金鎏迟迟未到，反正军当场指名
李适为队长。金鎏到达后，又将队长一职交给金鎏。反正初期队长
一职从金鎏转交李适，又从李适交回金鎏这个杂乱无章的过程，在
反正后期演变成主要势力间的权力争夺。1624 年，作为反正主体的
李适因没有得到正当待遇又受到监视，所以攻击了仁祖和反正势力。

"仁祖反正"与"中宗反正"不同，国王内定人选仁祖亲自参与
了反正，这一点非常引人注意。此外，训练大将李兴立勾结反正军
打开宫门，为反正军提前接手宫阙提供了条件。之后，反正军抓捕
光海君亲信并予处斩，光海君则在医官安国臣宅邸暂时躲避，被捕
后流配到江华岛乔桐。

1622 年，担任平山府使的李贵恰当地利用了当时虎患较多的
情况，以抓虎为名进行军事活动，逐渐增强其军事实力。训练大将

李兴立的加入和北兵使李适的参与逐渐扩大了反正军的规模。权臣金自点提前预备酒菜，送给与光海君关系密切的金尚宫（又名金狗屎），这部分内容又与1979年12月12日成功发动军事政变的全斗焕势力邀请反对派参加其准将晋升聚会的方式雷同。准备工作就绪，被授予组织任务的反正军决定举事日为三月十三日，该日期是反正主力成员崔鸣吉通过卜卦确定的。

"仁祖反正"主导势力所动员的军队约有1000人，与朝鲜最精锐部队训练都监军相比，数量上或素质上都微不足道。但是，反正势力采取了集中打击权力中心的方式，所以才能将政变引向成功。这又与1961年朴正熙发动的"5·16军事政变"，以及1979年全斗焕发动的"12·12军事政变"类似。1961年，朴正熙以海兵队的兵力为中心，成功发动军事政变；1979年，全斗焕以"一心会"出身的部队为中心，成功发动军事政变。他们领导的政变军与镇压军相比，虽然数量上处于劣势，但由于掌握了权力中心的关键职位和核心部门，所以能够将政变引向成功。从这方面看，"仁祖反正"有很多方面可与现代史中的军事政变相比较。

光海君与北人势力的末日

从反正成功后的翌日起，朝廷便开始了血腥的肃清行动。辅佐光海君的北人党，特别是大北派势力，大多数自杀或被赐死。光海君被废黜后，与废妃柳氏和废世子夫妇一同被流放到江华岛。他们虽然保住了性命，但是到江华岛后不久，发生了废世子夫妇死亡事件。废世子在被软禁的房子内院挖地道企图逃跑，被发现后被仁祖

赐死，废世子嫔也因受到冲击而自杀。1623 年十月，废妃柳氏去
世后，光海君孤身一人留在江华岛。光海君的流放地从江华岛乔桐
（1636 年）转到济州岛（1637 年），迁移过多次，不过也许是天生体
质比较好，他忍受了多年艰苦的岁月后，最终于 1641 年七月一日在
济州岛流放地了却残生。估计是年轻时驰骋沙场的健康体质使他还
能够忍受多年的流放生活。

曾辅佐光海君的大北派核心人物基本上都被处死或流放。李伟
卿、韩缵男等大北派人物在集市的大庭广众之下被处死。作为外戚
尽享权势的朴承宗与其儿子一起逃亡，最终还是自缢而死。光海君
政权的精神领袖郑仁弘从故乡庆尚道陕川被押送至汉阳，虽然已是
89 岁高龄，但因其与李贵等西人的漫长孽缘，终被处死。李尔瞻是
朝廷上郑仁弘的代理、公安政局¹的主导人物，他跑到京畿道利川
后被捕，同样被赐死。除此之外，积极支持并实施光海君外交政策
的平安道观察使朴烨及义州府尹郑遵也被逮捕并处死。在反正的主
要名分"亲明排金"的原则下，活跃在实利外交一线的人物也只能
成为逆贼。北人势力中免于死刑的人多数入狱或被流放，大北派几
乎全军覆没，从此北人的名字在历史上被删除。推翻光海君政权、
成功反正的西人党通过仁穆大妃的教书再次宣布了反正的正当性。

> 而光海听信谗贼，自生猜隙，刑戮我父母，鱼肉我宗族，
> 怀中孺子，夺而杀之，幽废困辱，无复人理，是盖呈憾于先王，
> 又何有于未亡人？至若戕兄杀弟，屠灭诸侄，撮杀庶母，屡起
> 大狱，毒痛无辜……我国服事天朝，二百余载，义即君臣，恩
> 犹父子，壬辰再造之惠，万世不可忘也……光海忘恩背德，罔
> 畏天命，阴怀二心，输款奴夷……今者奋发大义，讨平昏乱，

脱予囚辱，复予位号，伦纪得正，宗社再安。功德甚懋，神人所归，可即大位，以继宣祖之后。(《仁祖实录》，仁祖元年三月十四日)

"仁祖反正"的名分，主要是对"废母杀弟"行为和光海君时期"中立外交"的批判。之后，为了纠正光海君时期的错误政策，仁祖时期虽然设立了裁省厅等机构，改革却停滞不前。"仁祖反正"后，出现了从有权势者夺走的土地再转让给反正功臣等事情，产生了"填饱反正功臣肚子"的问题。特别是反正功臣内部也产生了矛盾，反正后的第二年（1624 年），还发生了"李适之乱"。另外，在民间还流行起感叹时弊的"伤时歌"，暗示与反正主体势力所宣传的不同，"仁祖反正"对百姓来说没有什么特别助益。

嗟尔勋臣，毋庸自夸。爰处其室，乃占其田。且乘其马，又行其事。尔与其人，顾何异哉！(《仁祖实录》，仁祖三年六月十九日)

成功反正的西人势力将南人出身的李元翼推至领议政职位，这是旨在将政变对政界或百姓的冲击降到最低的政治措施。不过就像伤时歌中所表达的，这只是改变了权力的主体而已，百姓的现实状况并未好转，平民百姓依然怨声四起。另外，"仁祖反正"虽然是500 年前发生的事件，但其成功模式与当代的军事政变有很多相似之处，不能将历史只当作过往故事的原因也在于此。

"仁祖反正"后，政治上的西人势力专制和思想上的性理学中心主义已深深地扎根于朝鲜社会。另外，在外交方面，"仁祖反正"成为"亲明排金"和"对明义理论"确立地位的契机。总体来看,"仁祖反正"不仅是政治势力的交替,也可以说是对朝鲜社会进行根本变革的事件。

---

1 此语属韩国语固有汉字词,原指 1989 年卢泰愚政府为回归保守势力统治体系而制造的高压政治局面。后来,此语被广泛使用之后,意指保守势力对进步势力进行镇压的局面。——译注

朝鲜王朝时期为何
在泰安半岛实施水运工程?

　　李明博上台后，作为参选时的一项重要承诺，提出了大运河建设的问题。韩国全国为之轰动，并出现了两种针锋相对的主张。赞成方的意见是，大运河建设如同清溪川工程，可以创造就业岗位，在确保旅游观光和未来资源方面是非常有效的方案；反对方的意见则是，考虑到经济、水质及环境等问题，该项工程几乎没有实际利益。不过在朝鲜王朝时期，运河工程也曾经作为国家课题被提出，也就是在泰安半岛的陆地间最短距离，即兴仁桥至屈浦里之间兴建运河。这一时期不仅讨论过运河工程，而且曾经试图付诸实施。

税金的主要运送线路：水路

　　朝鲜王朝时期比现今更加重视水路交通，所以水路被积极利用。南汉江的水路曾经是运输国家税粮的主要运输航线，南海岸和西海岸的水路也被利用过。目前，朝鲜半岛大运河项目的核心渠道——

京釜运河，通过南汉江和洛东江，用水路把釜山和首尔连接起来。事实上，早在朝鲜王朝时期，南汉江水路就作为税金的主要运送线路起到了非常大的作用，是庆尚道北部和忠州、丹阳、清风、堤川等地收缴税粮的主要运输通道。设置在忠州南汉江边的漕仓（地方税粮仓库）——可兴仓，是当时该地区最好的税粮保管处，据说安排了15艘漕运船搬运。在忠州，利用水路运送的税粮被保管在京仓，即汉江的龙山丰储仓。

在全罗道粮仓发出的税粮，则大多数经过水路运送至罗州的荣山仓及灵光的法圣浦仓。湖南（全罗道）地区是主要粮仓，所以在荣山仓安排了53艘漕运船，法圣浦仓安排了39艘漕运船。税粮沿西南海岸的海路经过江华岛前海，集中到汉江的西江。西江边的广兴仓是粮仓中心，它的地理位置在现今的首尔国税厅附近。现今的麻浦区"仓前洞"就源自"仓库前的村落"的意思，从地理名称隐约能看出该地区曾经是广兴仓的所在地。

在泰安尝试修建运河工程的原因

要想把朝鲜半岛最大的粮仓——湖南地区的税粮运送至汉阳，最不安全的水域就是泰安前海一带。泰安前海的安兴梁一带水流湍急、浪大，水域非常危险，时常会发生税粮船沉没事件。高丽王朝时就对运送税粮非常操心。当时，朝廷将湖南的税粮运送至开城。《新增东国舆地胜览》第十九卷《泰安郡》中记载："高丽时期仁宗称，安兴亭下面有水流与其他洋流发生冲击之处，并且因岩石较多，存在很多危险，偶尔还会发生翻船事故。因此从苏泰县（泰安郡旧

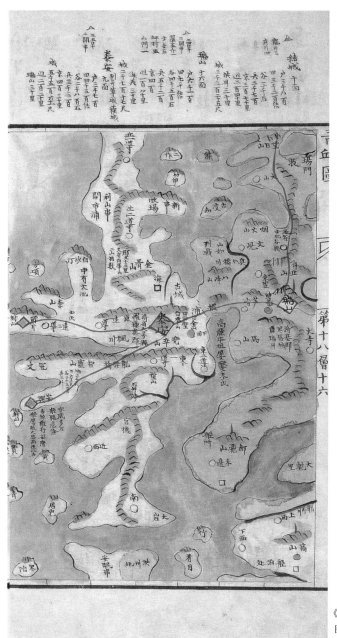

《青邱图》中的《泰安地图》，纸质彩色画，大小为 26cm×19cm，藏于韩国学中央研究院藏书阁。

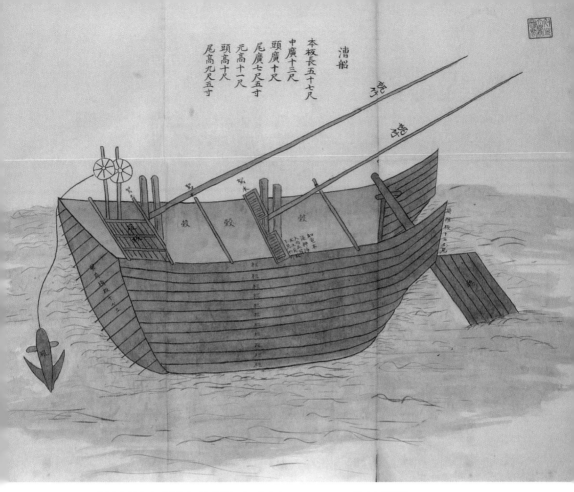

《各船图本》之《漕船》，纸质彩色画，大小为 52.3cm×70cm，藏于奎章阁韩国学研究院。运载朝鲜王朝时期税粮之船的图纸。这种船的船头比船尾宽，船体较深，看起来能够增加税粮的承载量。

称）地界开始挖掘河道，疏通河床，往来船只将无障碍。并派郑袭明征调附近郡邑劳工数千人，挖掘河道。"

　　之后，宗室王康建议："已经加深挖掘过的河道达十余里，未挖掘的地域不过七里，如果全部挖掘，使海水流通，那么每年漕运时，就会避开安兴梁四百余里的危险水路。"据说在他的建议下，朝廷征调劳工再次挖掘。在挖掘过程中，发现水底有很多石头，并且因潮来潮往，把已经挖过的地方又重新掩埋，最终没能成功。据说到了世祖时期，提议者时而认为可以挖，时而认为不能挖，所以世祖派安哲孙去试验，安哲孙也认为这件事不会成功。世祖又让大臣们仔细研究，但终因意见不统一而终止。

由上述内容可以看出，高丽王朝时期和朝鲜王朝时期，关于运河工程方面的商讨和实施一直在持续。不过，因该地区石山较多，很难开展开凿工程，而且潮位涨落差使船只始终不能通过运河地域，所以没能顺利完成运河工程。特别是在高丽王朝时期，因该地域水路险恶，漕运船经常出事故，所以为了防止事故发生，甚至还建造了安波寺，即"安定波涛的寺庙"。

朝鲜王朝时期，关于运河工程的商讨，主要是在泰安半岛的陆地间相距最短的兴仁桥至屈浦里之间开凿运河，并着手进行过开凿工事。太宗不仅实施清溪川治理工程，营造河川形态，为首尔市具备现今地形地貌做出了贡献，而且还关心泰安半岛的运河工程。太宗时期，为减轻运河工程的难度，还探索过在运河地域修筑堤防、建设港口，然后从港口向陆路运送税粮的方案。

在宪宗时期，运河事宜同样是"有待解决的重要问题"，但是考虑到在陆地开凿运河的地域长达 30 里，担心开凿后南北方向的水流会将泥土带进运河并沉淀，所以没能着手实施工程。

正祖询问运河工程的对策

朝鲜王朝时期，为了税粮运送这一国家事业，在泰安半岛建设运河工程是非常必要的，所以曾多次尝试实施该项工程。世宗时期的申叔舟、孝宗时期的金堉等学者是具有代表性的参与该项工程的人物。虽然运河的实用性被充分认可，但考虑到该地区的土质条件（石山）、潮位涨落差、设置新漕仓等随之而来的难题，该项工程最

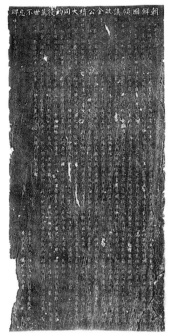

孝宗时期主张运河工程的金堉画像（左），大小为272cm×119.5cm，藏于实学博物馆。纪念金堉大同法实施的石碑（右），建于1659年，京畿道物质文化遗产。

终没能实施。

孝宗时期具有代表性的经济学家金堉（1580—1658）洞察到瑞山和泰安之间贯通石脉，因而运河工程不能实现。作为对策，他提议避开安兴梁一带水路，在瑞山的八峰山下设置大仓库，利用部分陆路运送税粮，但该项方案也被认为有副作用而被废弃。

朝鲜王朝时期的运河工程虽然是非常必要的工程项目，但是因当时的技术、资金、人力调配等问题，最终没能完工。不过该项运河工程历经整个朝鲜王朝时期，朝鲜王朝对之始终持续关注，而且国王积极听取大臣和百姓意见并决定是否实施工程，这一点非常令

《税粮运送船》，刘运弘，成于 19 世纪，纸质彩色画，大小为 96cm×40cm，藏于韩国国立
中央博物馆。该画描绘了装满税粮的运送船的航海场面。运送船旁边有载着陶器的小船，
船夫们为将船停泊在港口正在抛锚。

人瞩目。正祖将有关泰安半岛运河建设的内容设为科举考试题目，可以说反映了当时的氛围。

> 或曰西粟败于长山。南粟败于安兴。穿渠通路。使之行船。则西粟可达于畿辅。南粟不患于覆没。或发言而未试。或始事而旋止。此固肉食之羞。而抑亦藿食者之所同忧也。诸生博通古今。必有拯救之策。其各悉著于篇。(《茶山诗文集》，第九卷《策问·漕运策》)

通过上述记载可知，在朝鲜王朝后期，泰安半岛的运河问题仍作为国家课题不断被提出。据说正祖提出策问后曾表示"其各悉著于篇"。正祖愿意倾听青年才俊的建言，这种姿态在现今看来也非常有意义。

看待朝鲜半岛的运河工程时，不能单纯地停留在工程成功与否的问题上，这是因为在遥远的将来，该工程应成为子孙后代的"福祉"，而不应留下"灾殃"。鉴于目前的资金和技术能力，建设大运河比朝鲜王朝时期要更加容易，但是以人工改变自然状态的过程中，其所引发的环境或水质问题绝不仅仅是我们当前一代的问题，这一点应该牢记在心。尤其应该注意的是，遑论朝鲜王朝时期，即使现今政界也应正确引导国民协商，并在此基础上确定政策。仅在运河工程这件事上，从高丽王朝到朝鲜王朝，最高领导人对实际工作者和普通百姓的意见都给予了最大程度的尊重。

420 年前震动朝鲜王朝的郑汝立谋反事件

　　420 余年前，即 1589 年（宣祖二十二年）十月，黄海道观察使向朝廷上奏一份秘密报告，该报告成为日后 1000 余名儒生因牵连进谋反事件而被处死或流放的导火索。朝鲜王朝中期震动士林派的事件——"己丑狱事"，就是始于这一份报告书，该事件通常被称为"郑汝立谋反事件"。那么，事件的实际情况到底如何？

"天下为公"，对抗王朝世袭

　　420 余年前，己丑年十月二日（阳历 11 月 18 日），安岳郡守李轴、载宁郡守朴忠侃、信川郡守韩应寅等人联名向黄海道观察使韩准递交报告书，报告书的内容是以全州为据点的郑汝立的谋反情况。韩准急忙将该报告书递交朝廷，朝廷也召开了由三丞相和六承旨参加的紧急对策会议，并立即下达了对郑汝立的逮捕令，义禁府都事被紧急派往黄海道和全罗道。已察觉此事的郑汝立在全罗北道镇安竹岛的家中自杀。然而，谋反主谋郑汝立的自杀只不过是朝鲜王朝中期震撼士林社会的巨大风暴的起点。

郑汝立（1546—1589），本贯东莱，字仁伯，全州出身，他是担任金正之职的郑希曾之子，出生于全州南门外。反对派方面传言，他的胎梦里出现过高丽王朝毅宗时期发动"武臣之乱"的郑仲夫。胎梦里出现杀害国王的高丽时期叛逆者，这似乎预示了郑汝立已经注定的命运。

郑汝立的武艺和射箭本领非常出众，从小就是孩子王，精通经史和诸子百家等学问。15 岁时他尝试代替担任益山郡守的父亲管理城邑事务，当时的胥吏们感觉压力很大，因为郑汝立处理事务时的认真程度胜过他的父亲。他的强大个性与气质成了与兄弟和亲戚之间关系疏远的原因。不过其学识上资质出众，1567 年进士试合格，1570 年式年文科中以乙科等级及第。

后来，郑汝立的能力在中央政界得到认可，担任过礼曹佐郎、弘文馆修撰等要职。郑汝立平坦的仕途之路离不开李珥和成浑等西人的支持，他们很早就关注到郑汝立的天赋。自 1575 年（宣祖八年）以后，当时的朝鲜政局正式开始了朋党政治，因此在中央政界活动的人物必然要追随某一派别的政治路线。

郑汝立在西人帮助下踏入仕途，在正式开始政治活动以后，反而倾向于掌权的东人势力，特别是他的气质非常适合扮演东人的突击大将的角色。担任弘文馆修撰期间，他因强烈批判西人的核心人物朴淳、成浑等人而受到谴责，西人谴责他背叛了政治上的靠山李珥。在西人那里受到谴责后，郑汝立回到了故乡湖南。他的名字虽然在中央的政治舞台上消失，但在湖南一带，他的名望反而逐渐提高。率直积极的气质，擅长武艺和兵法的活动家，具备学问素养的文人，在当时的地方社会中，具备上述素养并积极活动的超能型人物并不多，所以他的名望很高，附近地区的首领们都争先恐后地前去拜访。

1589 年，郑汝立的多方面才能得以充分展现。当时，郑汝立受全州府尹南彦经的委托，带领大量武士和公私贱民抗击倭寇入侵。不过他的这种资质和能力不幸成为反对势力攻击他的把柄。1589 年，反对派揭发郑汝立组织"大同契"、开展武装活动等经历，并将其描述为实际上策划谋反的危险人物。

士林社会风暴突起

《燃藜室记述》中记录了郑汝立的谋反内容。其谋反的基本内容是，己丑年冬天，在西黄海道和南全罗道同时起兵，越过封冻的江河亲自攻城，焚烧武器库，劫掠漕运仓库，在都城重要地点安插心腹；接着派刺客杀害大将申砬和兵曹判书，假传王命杀死附近头领、兵使、水使，唆使言官罢免全罗监事和全州府尹，并趁机一同举事。

郑汝立把黄海道当作谋反的策源地，是因为该地区具有抵抗中央政府的氛围，"林巨正之乱"就是在此地发生的。事实上，与郑汝立一起参与谋反的主要人物边崇福（安岳）、朴延龄（安岳）、池涵斗（海州）等人，都是黄海道出身。

1589 年，告发郑汝立谋反行为的事情发生后，"己丑狱事"便已开始，对主谋者和涉嫌人员的逮捕令也下达了。郑汝立自杀，谋反的主谋已不存在，但参与谋反的人物大多被捕，正式调查也开始了。进入调查阶段后，该事件的影响力逐渐扩大，这主要与当时东人和

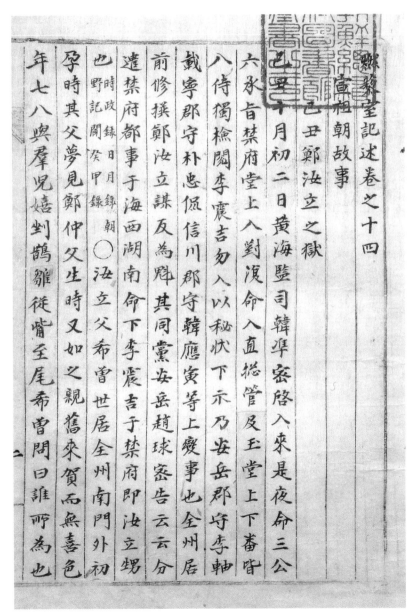

燃藜室記述卷之十四

宣祖朝故事

己丑鄭汝立之獄

十月初二日黃海監司韓準密啓入來是夜命三公

六永旨禁府堂上八對復命入直摠管及王堂上下番皆

八侍獨檜閣李震吉乃入以秘狀下示乃安岳郡守李軸

戴寧郡守朴忠侃信川郡守韓應寅等上變事也全州居

前修撰鄭汝立謀反為辟其同黨安岳趙球密告云云分

遣禁府都事于海西湖南命下李震吉于禁府即汝立甥

也時政錄日月錄○汝立父希曾世居全州南門外初

孕時其父夢見鄭仲父生時又如之親舊來賀而無喜色

年七八與羣兒嬉剚鶬雛從嘴至尾希曾問曰誰耶為也

《燃藜室记述》，成于朝鲜王朝后期，大小为23cm×16cm，藏于韩国国立中央图书馆。《燃藜室记述》记录了郑汝立策划谋反事件的基本内容。

西人的党争愈演愈烈的状况紧密相关。

十一月八日，西人的突击大将郑澈顶替郑彦信出任右议政，承担委官（搜查负责人）的任务，成为攻击东人的先锋。十二月十二日，乐安乡校的儒生宣弘福接受了严酷的调查，他在供词中招出李泼、李洁、白惟让等人与事件有关联。十二月十四日，全罗道儒生丁岩寿递交上疏，认为韩孝纯、郑介清、郑彦信等朝廷大臣与该事件有很大关联。当时，作为谋反嫌疑人而在上疏或供词中被提及的人物大部分是东人，对于西人来说，这是试图扭转政局的绝好机会。

在政局中处于守势的西人积极利用郑汝立谋反事件攻击东人，"己丑狱事"扩大到无法控制的程度。东人强硬派李泼、李洁兄弟被处以死刑，洪可臣、许铛、金昌一等其他数十名官吏被剥夺官职并被囚禁。在成均馆和私学的儒生中，只要有些许嫌疑就会被监禁，政局进入非常紧张的状态。

之后，南冥曹植学派的核心人物崔永庆被吉三峰诬告而死于狱中。受牵连的南冥文人们被大规模镇压，事件的影响力席卷了整个士林社会。

朝鲜王朝中期思想政治变化的分水岭

郑汝立的学问和思想被人们关注，他不拘泥于朱子性理学的义理论，涉猎多种学问，并积极运用于实践。代表 16 世纪朝鲜王朝的南冥曹植学派和花潭徐敬德学派也出现了像郑汝立那样的学风和思想。崔永庆、李泼、郑介清等人是南冥或花潭的文人，他们与郑汝立交情很深，最终因受"己丑狱事"牵连而身死，这表明该事件已

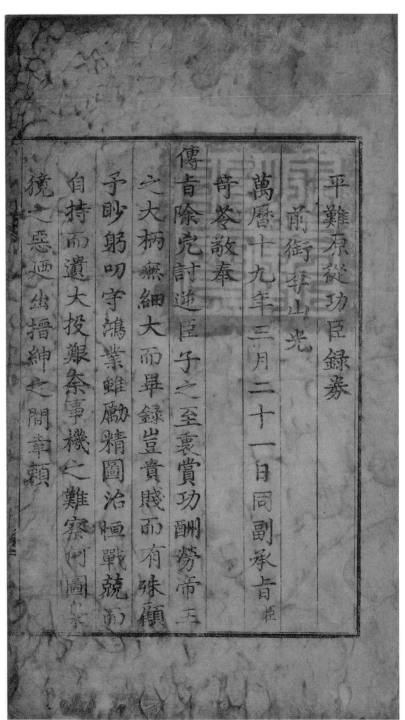

平難原從功臣録劵

前衘李山光

萬曆十九年三月二十一日同副承旨臣

奇岑敬奉

傳旨除黨討逆臣子之至意賞功酬勞帝王

之大柄無細大而畢錄豈貴賤而有殊顧

子眇躬叨守鴻業雖勵精圖治恆戰兢而

自持而遺大投艱奈事機之難察何圖蒙

貒之惡迺出搢紳之間幸賴

《平难原从功臣录券》。此为 1591 年因平息郑汝立谋反有功，颁发给李山光的原从功臣录券。平乱功臣有朴忠侃等正功臣 22 名，帮助正功臣的等外功臣叫原从功臣。

成为朝鲜王朝中期思想史上的分水岭。

与正统朱子性理学学风有一定距离、继承了南冥和花潭学风的文人们受到"己丑狱事"牵连，说明郑汝立事件并不是单纯的政治事件，而是思想上的差异导致了该事件发生。即该事件的主角郑汝立和被牵连者只是继承了在性理学理论或名分论上所占比重不大的南冥和花潭学派的学者而已。在对性理学的理解上，那些折中性强且更倾向灵活性及实践性的人都在"己丑狱事"中身亡。

因涉嫌参与谋反而被捕的部分底层百姓在接受国王直接调查时说："我们不是谋反而是叛国，叛国是衣食无忧之事。"这句话令国王为之苦笑。但这个事例说明郑汝立并没有把理论作为重点，而是把实践行为即民生问题的解决放在更加重要的位置。郑汝立偏离了正统朱子性理学立场，破天荒地提出"天下为公，怎能有一定的主人"的主张。他还认为，"王蠋临死时说'忠臣不事二君'，这只是他一时之语，并不是圣人的通论"，暗示了视情况可以侍奉两个君主。而且，郑汝立引用中国圣贤柳下惠的话"何事非君"[1]来否定世袭的绝对君主的存在。除此之外，他直接统率武士，精通兵法和武艺，而且传闻他在玉板上刻写"木子亡、奠邑兴"的童谣，寓意"李氏灭亡、郑氏兴起"，然后藏在智异山石窟中。这种传闻逸事的出现说明郑汝立在制造舆论方面也是能手。

领先时代的郑汝立的激进思想和革命性发言被近代民族主义历史学者申采浩关注，他将郑汝立评价为早在400年前就欲打破君臣纲常论的革命性思想家。郑汝立很难适应以名分论、性理学的理论探究为中心思想的社会氛围，并且梦想着像自己这样有能力的人才可以处于政治的中心位置。

但是，对于郑汝立来说，保守的朝鲜王朝社会如同异常高大的壁垒挡在他面前。他虽然高喊"天下为公",但就像有野心将"公物"变成私有物一样,他所选择的终究是"谋反"这样的极端道路。

　　郑汝立虽然梦想着革命,但还没参加就以失败告终,并用自杀了却了一生。但是,此事并没有因他的自杀而结束,反而成为"己丑狱事"大惨剧的导火索,很多人成了牺牲品。朝鲜王朝中期风云人物郑汝立的死亡,以及因此而衍生的大惨剧"己丑狱事",真实地反映了朝鲜王朝中期激进知识分子能生存的社会土壤非常贫瘠。

1　原文如此,疑有误,此句应为伊尹之语。——译注

重读不朽的古典名作《春香传》

    进入朝鲜王朝后期，一般百姓借阅或手抄书籍的情况已成为平常事。按读者要求为其寻找其他小说或书籍的书籍中介商为读书文化的兴起做出了巨大贡献，当时这些专门从事书籍中介的人被称为"书侩"。那么，这一时期最有人气的书籍是什么呢？近年来，每逢节日时，频频被改编成特辑剧的古典小说《春香传》从未缺席朝鲜王朝时期的畅销书目录。该书讲述了公子李梦龙和春香的爱情故事，以及对腐败的使道下学道的快意复仇等内容，这些跨越时代却仍引起共鸣的要素巧妙相融，使该作品从朝鲜王朝后期创作之初到现在仍令很多人为之痴迷。但为吸引读者，小说《春香传》中经常出现与历史事实不符的情节和场面。

享受浪漫且仅一年考中状元：李公子是天才？

    很多人相信《春香传》中的故事情节，好像小说中的情节就是历史事实。不过，这里有重要的陷阱，那就是《春香传》亦是带有虚构成分的小说。传统时代的小说也有恰当的虚构和夸张，并展开主要的故事情节，当然这些都是将最可能存在的状况设定成了背景。那么，《春香传》中隐藏着哪些虚构的场面呢？下面，我们根据小说内容来看一下哪些情景与历史相符，哪些情景与历史不相符。

《春香传》讲述的是退妓之女成春香和南原府使之子、两班儒生李梦龙的爱情故事。虽然是打破身份壁垒的男女的结合，但在身份等级制行将崩塌的朝鲜王朝后期社会，设定这样的情节也并不容易。我们在想象青春男女见面时，首先应该考虑结婚。小说中两个主人公的年龄都是"二八青春"，即16岁。在当今社会，这是根本不可能考虑结婚的年龄，但在朝鲜王朝时期，在这个年龄结婚毫无法律上的问题。朝鲜王朝时期的宪法《经国大典》规定"允许男子15岁、女子14岁结婚"。日常生活中所遵循的礼法《朱子家礼》中也记录了男子16—30岁、女子14—20岁的婚姻适龄期。

在婚姻年龄上顺利通过朝鲜礼法规定，但春香与李公子接下来的故事，即李公子同春香见面后仅一年多时间，就在科举考试中状元及第，这样的情节设定果真可能吗？朝鲜时代的科举制度规定，每3年举行一次式年试，特殊情况下举行别试。文科及第者定为33人，如果是式年试，则每3年在全国选拔33人，这简直就像是骆驼穿过针眼，是非常难过的关口。人们称科举之路为赶赴荣光之意的"观光路"，从中也可以看出科举时代激烈的竞争状况。另外，如果想文科及第，就应通过相当于小科的生员试或进士试，还应在成均馆修学一定时间（4—5年）。从时间上看，李梦龙几乎没有可能通过文科考试。

那么，李梦龙考中状元的可能性就是参加了在朝鲜王朝后期广

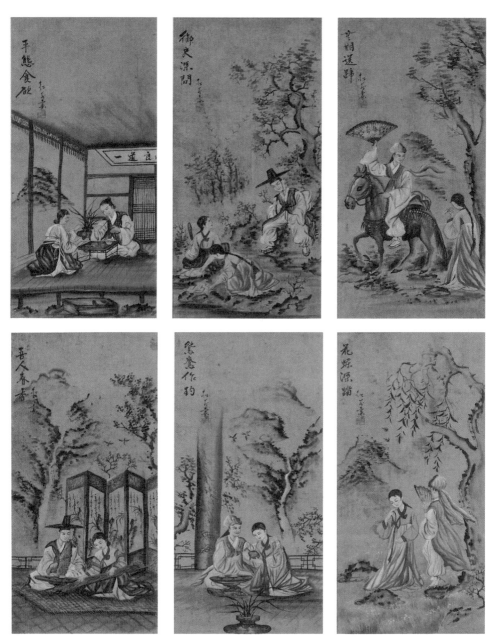

《春香传》，8 幅彩色民画中的 6 幅。

泛实行的别试。从记录上看，当时的考题是"春塘春色古今同"，从考题上判断，考试地点应该是昌德宫春塘台。另外，从考试结束后国王马上给及第者颁奖的记录，以及李梦龙又不可能参加进士试或生员试等来看，李梦龙参加的科举考试显然是别试，并且他考中了状元。但是无论如何，即使是别试，在举国人才聚集的科举考试中，来到汉阳一年多时间就能高居榜首绝非易事。更何况，他还是充分欣赏少女荡秋千并享受了浪漫爱情之人。当然，为了心仪的女子春香，他一定曾挑灯夜读，发奋学习，但无论如何，小说中的李公子无疑是少有的天才。

能成为自己故乡的暗行御史吗？

李公子状元及第后马上出任暗行御史，这也是非常例外的情况。一般情况下，如果科举考试及第，都是从最低等级的从九品开始任职，只有在考中状元的情况下，才能任职从六品。因此，状元及第者比同一时期中举的其他考生早4—5年升迁。能够作为暗行御史被派遣的最低级别是从六品，这虽然是有可能的情境设定，但是几乎没有刚刚科举及第的新官就被国王密令派遣，然后履行暗行御史职责的情况。

李公子被派往南原的情节达到了小说虚构的极致。朝鲜王朝时期严格实行"相避制"原则，惯例是不能把暗行御史派往本人籍贯所在地。如果御史被派往籍贯地区，接受熟人官吏们的请托，这样还怎能公正地履行暗行职责呢？作为从源头上杜绝请托等歪风的制度性机制，朝鲜王朝时期一直都在遵守"相避制"。

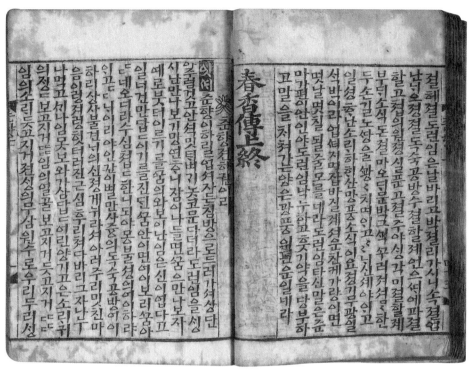

《春香传》，作者不详，成于 19 世纪，大小为 25.3cm×18.7cm，藏于首尔历史博物馆。

　　特别是决定暗行御史的派遣地时，实行被称为"抽柱"的严格抽签制度。"抽"的意思是"拔出"，"柱"的意思是树皮制作的"签子"；由本人抽出签子，接受国王的命令，其监察地区由此决定。目前广泛使用的用语"抽签"，来源于"抓"的名词形式，用汉字表现就是"抽签"。作为小说《春香传》的时代背景，朝鲜王朝后期的全国郡县达 400 多个。因为实施"相避制"，李公子不能去南原。即使是受到推荐，去往南原的概率也只有四百分之一。因为《春香传》是小说，所以作者只能将暗行御史李公子派往南原，去解救在痛苦中呻吟的春香。

马牌，朝鲜王朝后期，藏于韩国国立中央博物馆。马牌上画着一匹至五匹的驿马。

　　通过抽签，暗行御史抽出自己的赴任地，"封书"（记录暗行御史职责的命令书）中已写上地区名称。不过，"封书"不能在现场马上打开，只有在离开东大门或南大门以后才能拆封，这说明已彻底做好保密工作。承担暗行任务的御史携带国王亲赐的封书、马牌、铜尺等踏上暗行之路。马牌的作用有两个：一是按照马牌上绘出的驿马数量使用马匹，起到证明的作用；二是出道（处理事务）时证明暗行御史的身份。现今保存下来的马牌大多绘制了两匹马，可见当时使用的马牌多数是二马牌。铜尺也使用于两个方面：一是调查地方官吏是否随意使用刑具，测量刑具尺寸；二是掌握度量衡统一与否，即调查是否按时缴纳税金时使用的尺。也就是说，像卞使道之流的统治阶级任意执行法律时，铜尺就被用作确保证据的工具。

使道能凌驾于法律之上吗？

下面，我们进入春香被卞使道打压的场面。如同《春香传》小说和电影中描画的那样，春香以头发凌乱、披枷戴锁的悲惨形象出现，激起了读者和观众的愤怒。春香到底犯了多大罪，才会如同犯谋反罪或杀人罪一样，以大逆罪人的形象出现呢？这仍然是正常情况下不会出现的场面。作为应负责地方治安和风俗的使道，地方首领能否如此随意地执行法律呢？小说的构成也包含着一种危险性，即把朝鲜王朝时期的地方官全部归为腐败且视女性为玩物的人物形象。在朝鲜王朝时期，地方首领不能随意行使司法权，更不能只因不待候官吏就滥用枷锁之刑。当然，如果使道不是置自己的身家性命于不顾的话。

从《经国大典》上看，朝鲜王朝时期严格实行"三审制"，旨在保护人权的各种法律制度也很完备。《春香传》中表现了使道的残酷性格，并为了将之与快意复仇联系在一起，把卞使道描写成恣意执法、滥施刑讯的人物。但是，这样的情景设定稍有不慎，就会使人忽略朝鲜王朝社会的执法和刑罚制度自成架构、各项人权保护措施完备的事实，从而无形中将其误认为是法律的死角地带。

无论是古典小说还是现代小说，都起到那个时代的一面镜子的作用。即在小说这种有限的空间中，勇敢揭露时代的不合理现象和社会矛盾，唤起读者们的满足感。从这一点上看，《春香传》切实反映了地方首领的腐败贪婪、青春男女的浪漫爱情、文人书生的功成名就、女性的忠贞节操等朝鲜王朝后期社会非常注重的道德品质和社会风貌，并在那个时代深入人心。但是，我们还应注意到，小说情节的设定并不都符合历史事实，而是为了表现戏剧性效果，进而将夸张和虚构场面安排在各个情节当中。大胆深究古典小说所蕴含的这种"缺漏"时，是否更能激发阅读历史小说的兴趣呢？

巳

朝鲜王朝隐秘且神奇的故事

朝鲜王朝时期的温泉

　　寒冷的空气扑面而来时，就会想起能够暖暖身子、缓解疲劳的温泉浴。如今人人都能很容易享受的温泉在朝鲜王朝时期却是特殊的地方。特别是国王经常去的温阳温泉，那里不仅修建了行宫，还可以处理政务。朝鲜王朝时期，为国王而建的沐浴设施比较罕见。温阳温泉不仅能洗浴，而且是治疗疾病的场所。目前还保存着表现当时温阳行宫的画作。下面，就让我们看一下朝鲜王朝时期国王们出巡温泉的故事。

经常寻找温泉的朝鲜王朝国王

　　据《朝鲜王朝实录》载，从朝鲜王朝第一代国王太祖开始，国王们就经常寻找温泉。太祖经常去的温泉在黄海道平山，当时称为平州。1392 年八月，太祖带领台谏、重房、史官等各一人以及义兴亲军卫的军队，御驾出巡平州温泉。据记载，太祖在 1393 年四月也去过平州温泉。通过太祖吐露"方以微疾，汤浴而还，体甚羸惫"，可判断出为了治疗疾病，他已经去过温泉了。之后，太祖的温泉出巡持续不断。因平州温泉距离汉阳（今首尔）300里，有几名大臣请求其有所节制，但太祖认为大臣们不关心自己的疾病，深感不满。

1396年，《朝鲜王朝实录》中记载，"上（太祖）幸忠清道温泉"。虽然没有标记准确的地点，但可以推断是温阳温泉。从太祖时期开始，温阳温泉就是王室经常利用的具有代表性的名胜地。中宗时期编撰的《新增东国舆地胜览》的温阳郡之温泉条中，记录着这样的内容："因治疗疾病有效，太祖、世宗、世祖很早就出巡过此地并在此沐浴，此地还有留宿用的御室。"

太宗为了见父亲太祖，去过几次平州温泉。太宗本人风疾严重时，也御驾出巡过平州、利川等地的温泉。世宗也去过平山、利川等地的温泉，他还提出在今首尔附近的京畿道地区寻找温泉，并许下承诺，要重赏找到温泉者。1443年（世宗二十五年）三月一日，世宗和王妃一起御驾出巡忠清道温阳温泉。世宗因患皮肤病和眼疾，平时不堪其苦。出巡温泉当天，他带领王世子和议政府、六曹的大臣等众多官吏出巡温阳，这说明世宗非常相信温泉浴。

那么，朝鲜王朝时期的普通百姓能否去洗温泉呢？1470年（成宗元年）四月十七日，成宗给忠清道观察使金瓘下教书称："道内温阳温井御室及歇息所、世子宫寝室外，许人沐浴；南汤子则宰相及士族妇女亦许浴。"我们可以从中看出，虽然有些温泉只限于士族妇女，但普通百姓也可以洗温泉浴。

温泉爱好者——显宗

　　朝鲜王朝时期，作为最佳温泉浴场而备受瞩目的地方就是温阳。朝鲜王朝初期，国王们也曾出巡平山和利川温泉，但温阳温泉有其独特的治疗效果，地理条件也好，所以朝廷在此处兴建了行宫，温阳温泉变成了能够处理政务的场所。据《显宗实录》载："平山温泉太热，伊川路险，遂定以行幸温阳。"由此可知，温阳最终被确定为国王们温泉沐浴的去处。

　　据《朝鲜王朝实录》载，御驾出巡温阳行宫并久留过的国王有世宗、世祖、显宗、肃宗、英祖，另外还有思悼世子。世宗、世祖、显宗等都患过皮肤病，出巡温阳的主要目的是治疗疾病和休养。在朝鲜王朝的国王当中，显宗出巡温阳行宫的次数最多，原因是其担任国王期间，身上一直有脓疮和皮肤病。显宗六年至十年，《朝鲜王朝实录》中有关显宗身处温泉的记载每年平均达 50 次。以下内容出自《显宗改修实录》，表明了国王虽然忧心民间疾苦，但对温泉的突出功效也予以认可。

朝鲜王朝时期，在温泉沐浴时用过的木盆。

上使医官传言于药房曰："近来疮患遍身，不堪其苦，固知沐浴温泉之有效，而为虑民弊，未尝生意。今者眼患、疮疾，一时兼发，药则久服而无效，针则仅治目前之急而已。曾闻温泉，能泄湿热，且有效于眼患，欲趁此时往来，问于诸医以启。"都提调许积等以为："臣等忝在保护之地，无所裨补，只切忧煎。今承圣教，即招诸医询问，则诸医皆言：'上候眼患及疮疖，皆出于湿热，此时温泉，最为合宜。'"（《显宗改修实录》，显宗六年三月十四日）

上述记录中出现了御医强调温泉浴对显宗的眼疾及皮肤病效果最佳的内容。实际上，显宗因为针和药都不起作用，所以作为对策找到了温泉浴，经常出巡温泉。因为是国王出巡，所以其规模很庞大。

上幸温阳温泉。寅时，上御戎服，佩弓矢带剑，乘小舆，出仁政门外降舆，乘马出崇礼门外下马，乘驾轿以行。领议政郑太和、右议政许积、兵曹判书洪重普、户曹判书郑致和、吏曹判书金寿恒、汉城判尹吴挺一、知事郑知和、礼曹参判南龙翼、大司谏李庆亿、都承旨朴世模、左承旨李星征、右承旨张善澂、同副承旨宋时喆、校理沈梓、副修撰尹深、执义吴斗寅、持平李暹、正言李奎龄，及各司官员、宗班崇善君澂等八人，仪宾益平尉洪得箕等五人，针医尹后益等四人，药医李东馨等四人从，灵丰君瀗兄弟四人，亦自愿随驾。武艺别监三十人，御营军一千二百名、骑（兵）五十名、军牢杂色并四百名，大将柳赫然、中军俞椗领之，禁军五百名别将李枝远领之，马兵

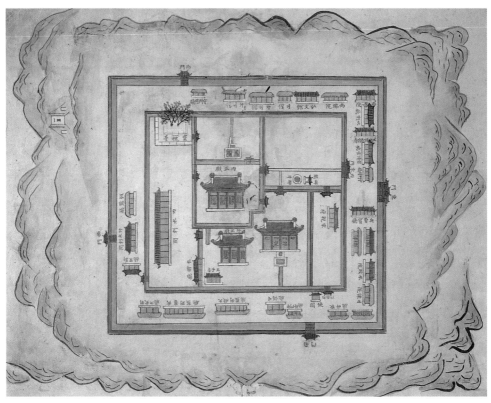

《温阳别宫全图》（李亨元篇，一帖），大小为 39.4cm×25.5cm，藏于奎章阁韩国学研究院。图中不仅绘制了国王的寝宫内正殿和处理朝政的外正殿，还绘出了弘文馆、承政院、尚瑞院、司谏院、守门将厅等建筑和水剌间。

四百七十名、炮手八百名，别将柳斐然、韩汝尹领之。（《显宗改修实录》，显宗六年四月十七日）

如上所述，国王出巡温泉时，大臣们和大规模兵力随行，当然给国政也带来了很大影响。显宗时期没有多少令人瞩目的业绩，这也许能从显宗频繁的温泉行中找到原因。

包含温阳温泉场景的《温阳别宫全图》

　　朝鲜王朝时期，王室温泉浴场是什么样子呢？能够解开这个谜团的资料就收藏在奎章阁韩国学研究院，那就是《灵槐台记》一书中包含的《温阳别宫全图》。《灵槐台记》撰于 1795 年（正祖十九年），是正祖记述曾去过温阳的父亲思悼世子的书籍。"灵槐台"指在神灵般的榉树旁设置的射台。1760 年，思悼世子出巡温阳行宫，为了在射箭时遮阴而种下三棵榉树，"灵槐台"一词即来源于此。灵槐台目前位于忠清南道牙山市的温阳温泉洞。

　　在《灵槐台记》中，绘制有包括温阳温泉外观的《温阳别宫全图》。顺着图中白色的御道走进去，就会看到国王的寝宫内正殿和处理朝政的外正殿。用茅草屋顶或瓦屋顶标识的弘文馆、承政院、尚瑞院、司谏院、守门将厅等建筑表明温阳行宫只是临时性宫殿。空间最大的水剌间（御膳房）的存在，说明了大批随行人员也曾驻留在那里。画面左侧上端标记了"灵槐台"，能够感觉到曾经在这里驻留过的思悼世子和正祖的足迹。

　　画面中心标识为"温泉"的大建筑物，就是国王享受沐浴的温泉浴宫。《温宫事实》中详细记录了"温泉"建筑的构造。温泉建筑共 12 间，有浴室、凉房、挟室、汤室，汤室似乎又分为涌出温泉水的区域和浴池区域。以汤室为中心，南北两侧有通道，南北各有一座房间用于乘凉。铺设火炕的浴室在东西两侧，可以说其基本构造与现代浴室类似。

用记录留存温泉出巡

现如今，首尔大学的奎章阁韩国学研究院中收藏了几份国王们出巡温泉方面的书籍记录。《温幸日记》记录的是 1750 年（英祖二十六年）九月十二日至十九日，英祖在温阳温泉暂住期间的状况，主要记录了英祖因患皮肤病洗温泉浴，并且为纪念此事，还减免税金，举行科举考试等。思悼世子于 1760 年（英祖三十六年）出巡温阳的情形在《温宫事实》和《温泉日记》等书中留下了记载，主要内容是思悼世子于 1760 年七月十八日到达温阳行宫，经半个月左右的疗养后，八月一日从温阳出发，四日返抵都城。

思悼世子出巡温阳，是因为世子的腿部脓疮化脓破裂。很多御医都说用温泉除湿疮效果比较好，所以朝廷才开始推进此事。为了解决思悼世子的留宿事宜，朝廷在温阳行宫修缮了建筑物，并准备好了各种物品。《温宫事实》中记录了思悼世子沐浴时使用过的物品，主要有梧桐树瓢、大木盆、小水瓢、铜盆架、椅子、14 条毛巾等。可见朝鲜国王们使用的沐浴物品与现代人使用的物品类似。

朝鲜王朝国王的饮食习惯和食谱

　　不久前，美国产的进口牛肉成为热点话题。与此相关联，疯牛病、禽流感等问题也成为当下关于饮食方面的热门话题之一。人们对于饮食的重视正在随着平均寿命的延长而逐渐提高。这是因为人们认识到饮食与健康的生活方式直接相关。因此，家庭或饭店有时还潜心研究健康饮食和养生食谱。也许是认识到有规律的运动也是健康生活的保障，所以参加各种运动的人也逐渐增加。朝鲜王朝时期，身居最高位的国王有御医服侍，享受着顶级御膳，不过他们同样是人类，也会因为害怕失去健康而劳神费心，所以并不轻松。在此，我们以世宗和英祖的事例为中心，关注一下朝鲜王朝时期国王的食谱与运动，及其同健康之间的关系。

素食主义者——英祖

　　在《朝鲜王朝实录》中，很容易就能找到与国王健康相关的记

朝鲜王朝时期的宫廷里国王和王妃吃过的菜肴。将梭鱼、牛肥肠、海鲜、香菇、桔梗等各种食材裹蘸淀粉制作而成。

事。而且，这些记事里还包含了对现代人的健康有重要启示的内容。最具有代表性的是，朝鲜王朝最长寿的国王英祖的食谱以素食为主；而业绩最突出的世宗却疾病缠身，喜欢肉食。下面我们看一下《英祖实录》英祖二十六年（1750 年）二月十日的记录。

　　　上御斋殿，谓承旨洪益三曰："予一生薄衣恶食，故慈殿每以为虑，宁嫔每戒云，'自奉甚薄，老必生病'，而吾今无病，衣食不厚之效也。凡人筋力，全消于厚衣厚食。似闻士夫家，多有貂皮衾不知名之馔。奢侈何至此之甚耶？"

英祖在指出当时奢侈问题的同时，认为自己无病是因为一生薄衣粗食。事实上，英祖是父王肃宗与据传是水赐伊（负责打扫的下等宫女）出身的母亲（淑嫔崔氏）所生，没能接受正统的王世子教育，18 岁至 28 岁生活在宫阙外的街市。英祖与百姓们生活在一起时的庶民生活经验，在英祖成为国王以后对其饮食产生了重大影响。他将每日 5 餐减少至每日 3 餐，还喜欢素食。

朝鲜王朝时期保留下来的国王写实肖像画并不多，英祖的肖像画是其中一幅。看其肖像画，面部非常清瘦，可见与其素食为主的食谱有相当大的关联。英祖活到 83 岁高龄，在朝鲜王朝的国王中最为长寿。考虑到朝鲜王朝时期国王的平均寿命是 48 岁左右，英祖的长寿非常罕见。以素食为主的食谱，年轻时宫阙外市井生活的经历，登上王位后频繁出巡各地，为实施清溪川工程和均役法而直接感受到百姓的勤劳，也许正是这些经验和辛劳聚合在一起，使英祖成为朝鲜王朝时期最长寿的国王。

关于世宗疾病的报告书

世宗与英祖不同，他在太宗时期被册封为世子，接受了正统的王世子教育，平时喜欢吃油腻的宫廷料理，尤其是肉食。下面，我们看一下星山府院君李稷等大臣因担心世宗的健康而上书的内容。

> 卒哭之后，犹御素膳，圣体瘦黑，群臣望见，莫不惊骇。且殿下平昔非肉未能进膳，今素膳已久，恐生疾病。（《世宗实录》，世宗四年九月二十一日）

上述"殿下平昔非肉未能进膳"一段，暗示了世宗非常喜欢肉食。此外，《世宗实录》中记录了很多项说明世宗肥胖的内容。喜欢肉食是否威胁了世宗的健康呢？事实上，《世宗实录》中有关世宗疾病的记录多达 50 次：世宗六年和七年，近 30 岁时有头痛和痢疾方面的记录；35 岁左右经常出现风病和脓疮的记录；45 岁左右有眼疾和消渴症方面的记录，而且还有手颤症和单侧下肢不听使唤方面的记录。

《世宗实录》世宗二十一年六月二十一日的记录中，出现了世宗本人的讲话内容，即国王因自身健康而不能进行讲武（君臣共同修炼武艺的活动），将重要事情委托给世子。该记录非常清楚地表述了世宗当时所患疾病的内容。

予自少一脚偏痛，至十余年而少愈，又患背浮肿久矣。当痛之时，不能随意辗转，其苦不可忍。去癸丑春，予欲浴于温井，台谏有言弊及于民，大臣亦有言其不可者，予因二三人之请，浴于温井，果有效验。其后虽或复发，其痛则减于前矣。又患消渴已十三四年矣，而今亦小愈。去年夏，又患淋疾，久不视事，至秋冬小愈。去春讲武后患左目，以致翳膜，右目亦因而昏花，跬步之间，但知有人，而不辨为某某也，悔予去春之讲武也。一病才愈，一病又生，予之衰老甚矣。予欲但决大事，而小事则令世子处决，尔等与大臣皆止之。予更思之，予虽多病，年今未老，悔予轻易发言也，但讲武则国之大事，而祖宗已立之法也。况今东西两界，戍御方兴，武备其可缓乎？予于向者，欲令世子讲武，大臣止之，汝亦止之，吾不知其可也。况今衰病甚矣，今秋及来春，似不能亲狩，欲令世子分宿卫军士，以讲武事。

上述"一脚偏痛""患背浮肿""患消渴已十三四年""淋疾""患左目，以致翳膜"等文字，是世宗主动告白自己一直受各种疾病困扰的内容。那么，背疮、消渴症、淋疾等到底是什么疾病呢？咨询当代专业医生的结果是，眼疾相当于现在的白内障，消渴症即糖尿病，淋疾则是前列腺炎或膀胱炎，而非性病。

特别是糖尿病，作为一种容易引发各种并发症的疾病，最佳恢复方式是采取绝对的静养。虽然世宗在晚年让世子文宗摄政，但是对于创制训民正音之类的重大事项，世宗仍然不能撒手不管。虽然饱受各种病痛的折磨困扰，但世宗完成了自己所肩负的历史使命，并留下了辉煌业绩，世宗大王的形象也因此更加高大。

燕山君和光海君：两者之相似与差别

燕山君和光海君有很多相似之处，即都是因反正而被废黜的两位朝鲜王朝时期的国王，被废黜后流放地也相同，恰巧都是江华岛的乔桐岛。不过，二人被流放后的生活却完全相反。燕山君被流放后很快就死了，终年31岁。而光海君被流放后仍顽强地生活了很长时间，经乔桐岛到达最后的流放地济州岛后去世，终年67岁。在朝鲜王朝时期的历代国王中，他的寿命比较长，排在英祖（83岁）、高宗（68岁）之后的第三位。

燕山君和光海君寿命上的差异，首先是个人体质上的差异所致，其次与二人的成长环境也有关联。正如我们所知，燕山君作为嫡长

古时煎汤药用的药罐子。

子登上王位，在宫廷里的确享尽了荣华富贵。特别是他沉溺于奢华享乐，在全国广选妓生并终日举办宴会，从而成为"兴清亡清"民谣的主角。对于享尽宫中珍馐美馔的燕山君来说，不知流放期间的封闭空间和粗茶淡饭是不是加快其死亡的一种原因。

与燕山君不同，光海君由后宫[1]所生，没能正式成为王世子。他在壬辰倭乱的非常时期登上世子之位，又从王世子时期开始就驰骋沙场。登上王位后，为克服壬辰倭乱的影响，应对突变的国际形势，光海君还经常亲临民间。如此充满磨砺的生活历练反而成为其克服流放生活极端状况的强大力量，其最终能够长寿也与此有很大关联。

---

1 此处的后宫是相对于正宫的用语，光海君的母亲是恭嫔金氏。——译注

传入朝鲜王朝的红薯和马铃薯

有这样一种食物，每当寒风习习的冬季来临，就会想起它。早些时候，一家人围坐热炕头吃过它，近来在大排档也能看到这种食物，这就是烤红薯。特别是寒冬季节，两手黢黑地吃烤红薯的场景，相信每个人都记忆深刻。如今红薯只是作为喜好的零食来吃，但是最初传入朝鲜半岛时，红薯和马铃薯作为能克服饥荒的救荒食物而备受关注。朝鲜王朝后期，红薯和马铃薯从日本和清朝传入朝鲜半岛，如今已成为我们非常熟悉的冬季食物。现在，我们就走进历史，从中去查找有关红薯和马铃薯的故事。

沿海诸邑，有所谓甘薯者，薯方始见于皇明名臣徐光启所撰《农政全书》，盛言其少种而多收，不妨农功，旱蝗不能灾，甘美如五谷，而功用配之，兼济丰凶。（正祖十八年，徐荣辅特别报告）

救荒食物：生存问题

红薯和马铃薯被用作最好的救荒食物。救荒食物是每年冬季和春季食物严重短缺时，用以维系先人生命的重要食物；其汉字为"解救的救，荒芜的荒"，即在食物荒芜的情况下，用来解救生命的食物。朝鲜王朝时期，国家的重要课题就是为百姓解决食物的问题，因为解决食物问题不同于当今的福祉，而是事关百姓生存和国家存亡的问题。在《朝鲜王朝实录》中，"救荒"一词出现了多达980次，可见其所占比重之大。朝鲜王朝时期实施了国家性救荒政策，主要使用"赈恤""赈济""救恤""救济"等词语。

从《太祖实录》开始就出现了关于救荒的记录。1397年（太祖六年）九月记录的内容有："庆尚道因水旱失农，令其道监司，罢月课军器，专务救荒。"《世宗实录》（世宗六年八月二十日）中的记录有："以橡实为先考察预备。"可见，橡果也成为当时的救荒食物，并被积极利用。

壬辰倭乱后的1593年，《宣祖实录》中出现了13次"救荒"一词，可见，救荒已经成为重要的政治和社会问题。为了救济饥饿的百姓，在黄海道还曾煮制食盐。《宣祖实录》中记载："黄海道椒岛、白翎、麒麟岛，煮盐贸谷，无损于公家，有益于赈饥。依状启施行。"（《宣祖实录》，宣祖二十六年七月一日）

为制定关于救荒的系统性对策，编撰书籍也更加活跃。世宗时期编撰了《救荒辟谷方》，明宗时期编撰了谚解本《救荒撮要》，宣祖还下达指示称："赈恤时，《救荒撮要》中所记录的橡实、松皮、草食等物品也要处理。"

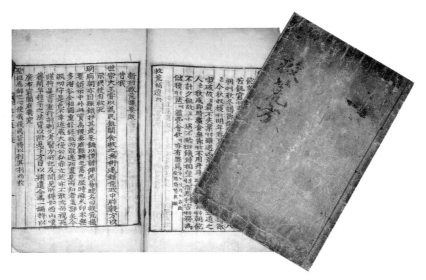

《救荒撮要》，成于 1868 年，藏于首尔历史博物馆。查阅明宗时期的谚解本
《救荒撮要》可知，在红薯传入前，朝鲜王朝具有代表性的救荒食物是松树皮。

　　由上文可知，松树皮是具有代表性的救荒食物。松树上的叶子、松果、松脂、松树皮等都被用作救荒食物。正祖时期的学者徐有榘在谈到救荒食物时称："楚国有芋头，百姓因此避免了饥饿。在我国，可以用松树皮和葛根救济饥荒，这已经被实际试验和广泛验证，并取得了效果。"从而强调了松树和葛根是具有代表性的救荒食物。在用松树根、葛根维持生命的黑暗时代，犹如一束光一样走近我们的食物，就是红薯和马铃薯。

红薯的传入和栽培

　　朝鲜王朝后期，红薯和马铃薯被引进后，多用作救荒食物。从

《北学议》，作者朴齐家，成于1778年，藏于奎章阁韩国学研究院。在该书中，
朴齐家主张引进清朝先进文化，振兴工商业，革新农业。另外，他认为应该从
国家的层面上栽培红薯，这一点非常引人注目。

17世纪中叶开始，通过通信使或漂流至朝鲜的日本人，人们逐渐了解了红薯的存在。1763年（英祖三十九年），赵曮作为通信使被派往日本，他返回时带回红薯种子，并在东莱和济州岛进行试验栽培。

红薯被称为"赵菹"，是因为赵曮带回了红薯种子。之后，因红薯在灾荒之年生长势头也非常好，便开始在济州岛和南部海岸地区栽种。1778年（正祖二年），朴齐家在所著《北学议》中称："甘薯为救荒第一，宜令屯田官别种之。又于箭串、栗岛等处可以多种，又劝民自种，当年内不患不繁。"由此可知当时在汉阳的纛岛、汉江的栗岛等地栽种红薯的情况。据《正祖实录》正祖十八年（1794年）十二月二十五日载，作为派往湖南地区的官吏，慰谕使徐荣辅考察了当地情况并抚慰百姓，之后在奏呈的特别报告书中详细说明了红薯方面的情况："沿海诸邑，有所谓甘薯者，薯方始见于皇明名臣徐光启所撰《农政全书》，盛言其少种而多收，不妨农功，旱蝗不能灾，甘美如五谷，而功用配之，兼济丰凶。亹亹数千言，致详于此，其言必不诬矣。薯种之出来我国，在于甲申、乙酉之际，于今三十余年，沿海之民，传植者颇多。宜其食效济饥，同于闽、浙，而国俗创见，只用为食啖之美物而已，莫能以代食救荒，臣常恨之。此物特盛于闽、浙，我国之得几，又于日本，是其为性，宜于南方温暖之地可知也。"

徐荣辅在报告书中提到，红薯于1764—1765年传入朝鲜王朝，无论是丰收之年还是灾荒之年，长势都非常良好，是有利于救荒的食物。此外，他还将红薯种子的引进看作仅次于高丽王朝时期文益渐引进棉花籽的成果。

世有如此美物，幸而致种，于国事是宜，授民课种，教之成俗，使一国之人，共赖美利，如文氏之绵种可也。不待蕃殖，遽行征求，使苦心得来于海外异国之嘉种，不得长养硕果而食，何以取种？

红薯方面的专业书籍

到了朝鲜王朝后期，因红薯繁殖能力强，所以朝廷更加重视红薯的栽培。徐荣辅的报告书中还说："南方土性，无处不宜，而山田戴石，不宜五谷处，尤善立种。先从三南沿邑及岛屿，劝其广植，次次遍及于宜土之地，则西北外六道，无不可种之处。至于济州三邑，弹丸小岛，号令易行，宜土又与对马岛一般。此而善种，虽当歉岁，庶或除船粟之弊矣。"其中强调了以济州岛为中心的南海岸地区也可以栽培红薯。

红薯传入的同时，出现了很多与其相关的书籍。18 世纪末，在徐浩修编撰的农业书籍《海东农书》"甘薯（藷）条"中，列举了红薯 13 个方面的益处，并将其作为救荒食物加以介绍。甘藷的"甘"是指"甘甜"，"藷"同"薯"，是指"藷蓣"，"甘藷"即甘薯，就是指红薯。1766 年（英祖四十二年），姜必履撰写了《甘薯谱》，这是朝鲜半岛最早的关于红薯的专著。1813 年，金长淳、宣宗汉撰写了《甘薯新谱》。金长淳在南部海岸地区品尝红薯后，认为红薯适合作为救荒作物。之后，金长淳遇见了在全罗道宝城郡研究红薯已 9 年的宣宗汉，两人在汉阳试验栽培红薯成功，对栽培红薯的热情更加高涨起来。

1834 年，徐有榘参考日本和中国的书籍，撰写《种薯谱》一书，介绍了红薯的栽培方法。进入 19 世纪初，红薯成为南海岸地区的特产，济州岛和江津的红薯尤其有名。19 世纪的学者李圭景编纂的百科全书式著作《五洲衍文长笺散稿》是这样介绍红薯的："红薯的传播已长达八十余年，但畿湖地区并没有普及，而是在南方的沿海邑栽培。"这一时期，红薯没能在畿湖、关东地区普及，应该是这些地方普及了红薯的"最大竞争对手"马铃薯的缘故。

红薯的竞争对手——马铃薯

朝鲜王朝时期，马铃薯被称为"北薯"或"土甘薯"。关于马铃薯的流入，有"北方流入说"和"南方传入说"。据《五洲衍文长笺散稿》记载，马铃薯是在 19 世纪初（1824 年前后），越过图们江后传入朝鲜半岛的。据说，当时清朝人为采参而越境，在山区种植马铃薯当作食物；后来越境返回时，他们在田间地头留下了马铃薯。虽然其外观像白萝卜或芋头，但朝鲜人不知是何物，遂在本国境内移栽，结果亦大量繁殖。金昌汉在《圆薯谱》中则指明，马铃薯由英国传教士传入。据说，1832 年英国商船停泊在全罗北道海岸约一个月，那段时间传教士发放过马铃薯，还传授了栽培方法，金昌汉收集了该栽培方法并撰写成《圆薯谱》。

马铃薯与红薯不同，在传入的同时很快普及全国。据《五洲衍文长笺散稿》记载，马铃薯在广泛传播的同时，成为救荒和维持生计的帮手。该书中提到，普及马铃薯后不久，各地种植马铃薯均获得收益，特别是在杨州、原州、铁原等江原道地区，马铃薯成了灾荒之年免遭饥饿的农作物。关于马铃薯作为粮食的功能，该书还介绍了具体事例，即距离咸镜道镜城府管辖的输城驿 20 里的山村有 50户至 60 户人家，他们每年只种植马铃薯，作为全年粮食以备食用。

马铃薯从北部向四方传播，成为无处不能种植的农作物。只要保住马铃薯或茎，种子的问题就不难解决。另外，马铃薯的栽培条件也不烦琐，只要插上茎就能生长，担当了救济百姓的重要角色。朝鲜王朝后期引进的马铃薯和红薯虽然是外来农作物，但作为救荒食物深受人们的喜爱，直到今天它们仍在丰富着我们的餐桌。

《朝鲜王朝实录》里出现的大象、骆驼和老虎

　　首尔的儿童公园曾因大象用鼻子向人群抛石头而被起诉；山猪窜入都市住宅、学校，甚至还跑到高速公路上，使人们受到惊吓……这些事情并不久远，而是不久前在韩国发生的。朝鲜王朝时期的国家正式记录《朝鲜王朝实录》中，也有各种各样的动物出现，这些动物以老虎、大象、骆驼、猴子、水牛等我们身边比较少见的动物居多。下面就让我们看一下《朝鲜王朝实录》中出现的动物故事。

太宗时期首次进入汉阳的大象

　　《太宗实录》中介绍了太宗时期大象进入朝鲜半岛的故事，这头大象是对马岛岛主为博得朝鲜王朝国王的欢心而献送的。《太宗实录》中记录了大象最初进入朝鲜半岛时的情况："日本国王源义持，遣使献象。象，我国未尝有也。"据说，这头大象一天就要吃掉 4—

5斗大豆等大量的粮食，国家为此异常苦恼。就在此时，还发生了官吏为看热闹而被大象踩死的事件。

> 前工曹典书李瑀死。初，日本国王遣使献驯象，命畜于三军府。瑀以奇兽往见之，哂其形丑而唾之，象怒，踏杀之。（《太宗实录》，太宗十二年十二月十日）

结果，大象只能被驱离汉阳。下面，我们看一下兵曹判书柳廷显向太宗报告的内容。"'日本国所献驯象，既非上之所玩，亦无益于国，触害二人。若以法论，则杀人者当杀，又一年所供刍豆，几至数百石。请仿驱犀象之象（事），置于全罗海岛。'上笑而从之。"（《太宗实录》，太宗十三年十一月五日）

不过，6个月后，大象从海岛重新回到半岛陆地。《太宗实录》中有这样的记录："驯象放于顺天府獐岛，不食水草，日渐瘦瘠，见人则堕泪。上闻而怜之，故命出于陆，豢养如初。"但是，大象最终还是沦落为不受欢迎的动物。

> 全罗道观察使启："象之为物，无益于用。今令道内四界首官轮次养饲，其弊不赀，道内之民，独受其苦。请并令忠清、庆尚道轮养。"上王从之。（《世宗实录》，世宗二年十二月二十八日）

之后，大象虽然被移送到忠清道，但是忠清道观察使上疏称："（象）所饲刍豆，十倍于他兽，一日米二斗、豆一斗，一年之费，米四十八石、豆二十四石。怒则害人，非徒无益，反为有害，请放海岛牧场。"世宗允准上疏，并指示称："择水草好处放之，勿令病死。"如果是当今社会，全国各动物园会争先恐后地竞相领走大象。在朝鲜王朝时期，大象却成了备受嫌弃的受气包，沦落到四处辗转的境地。

高丽时首次亮相的骆驼，在朝鲜王朝时期再次引发争议

有趣的是，常被称为"沙漠之舟"的骆驼在《朝鲜王朝实录》中也频繁出现。事实上，骆驼在高丽时期的史书中就有记录。942年，契丹使臣为了与高丽缔结友好关系，带来了50头骆驼。太祖王建却采取强硬措施，将30名契丹使臣流放到岛上，并将骆驼全部饿死。这是源于对契丹灭亡渤海国的强烈反感。高丽时期遭受过如此灾难的骆驼，在《朝鲜王朝实录》中竟出现过20余次。成宗时期，人们认为骆驼在非常时期能够运送粮食，曾试图通过中国引进骆驼。

> 户曹判书李德良、参议韩堰来启曰："……且命市橐驼于中国，臣等不知其直高下，请量送细布三十匹以市之。"传曰："令巡察使更审损实。且橐驼能载重行远，军兴之时可运粮。其送布六十匹以购来。"（《成宗实录》，成宗十七年九月十九日）

但是，大司宪李琼仝等人呈交了反对引进骆驼的奏折，反对理由有三个：一是在遥远的他国高价求购奇异的畜类是错误的；二是高丽时期曾有太祖饿死骆驼之事；三是在百姓生活非常困难的情况下，不能使用相当于400石大豆的60匹麻布来购买骆驼。最终，成

宗接受了李琼仝等人的建议，放弃了引进骆驼。

肃宗则从个人兴趣的角度想把骆驼带进宫内，但遭到了大臣们的反对。

> 上命掖庭仆隶，牵入一橐驼于宫中，承旨朴世燝、李壄谏之，上即命留门出送。自前虏使之来，有驱来橐驼及胡马，落留义州，归时还为带去者。先是，虏使以橐驼一头羸瘠，不堪远驱，弃置而去，适一宫奴，往西路买来，城中士女闻之，奔波聚观，行路骈阗。上闻之，密令牵入……世燝等以不育奇兽之义，论奏陈戒，上答曰："买来之宫奴，已自该宫治罪，而使之暂为牵来者，不过一见其物象而已。有何留畜之意哉?"（《肃宗实录》，肃宗二十一年四月十四日）

上述记录表现了两方面内容：一是为了观赏骆驼，百姓们蜂拥而至的场面；二是肃宗对骆驼表现出特别的兴趣，但因大臣们的反对而放弃了。

恐怖又令人敬畏的对象——虎

"虎狼"一词原来是指"虎和狼"，常比作残忍和暴戾之人。然而不知从何时起，"虎"代替"虎狼"一词，被使用得更加频繁。在小说《虎叱》和韩国传统童话中，有很多关于虎的故事。虎身躯庞大，动作敏捷，且时常伤害人，是朝鲜王朝时期"虎患"之主犯。一方面，虎在民画、各种装饰品、官服上经常出现，人们对虎的敬

《青邱野谈》，藏于奎章阁韩国学研究院。19世纪中叶编撰的该书中有一个故事叫"贞节崔孝妇感虎"，主要描述的内容是，洪州城崔氏成为寡妇后守节，父母让其再婚，她在偷偷逃往婆家的途中得到了老虎的帮助。可见，在传统观念中，老虎不仅能够保护人类，而且是人类崇拜之对象。

畏之心可见一斑。另一方面，虎通常又是恐怖之对象。下面的记录很好地展示了虎患之悲惨。

　　义州居崔山石以十岁童子，与其父千同往山田。大虎哮突，揽父而去。山石持镰，乱打虎背，高声救援。因致日暮，事势极难，同行人等，语山石曰："势已至此，姑置汝父于此，与汝同走，告镇发军追捕。"云。山石右手执其父，左手执其镰，或泣或呼，百端防虎。同行人等，执山石之手，欲曳来。山石曰："恶虎在侧，弃父独还，心所不忍，我当一处同死，何以先去？"同行人等，走告权管，领军驰到，则千同垂死颠卧。问山石去

《孝子图——娄伯捕虎》，藏于韩国国立中央博物馆。崔娄伯是高丽时期水原衙吏崔尚渚的儿子。有一天崔尚渚去打猎，被老虎袭击而死，这时的崔娄伯年仅 15 岁。为抓老虎，娄伯扛着斧头前往山里，此时老虎刚刚吃掉了一个人，躺在那里睡觉，娄伯抡起斧头砍死老虎，开膛取出父亲的肉骨带回，装入干净的器皿。娄伯在弘法山西侧安葬了父亲，并在墓地旁搭建庐墓居住。据说父亲出现在他的梦里，称赞他的孝行。

《虎图》，作者不详，纸质彩色画，大小为 58.3cm×81cm，藏于成均馆大学博物馆。

处，则曰："为虎揽去。"云。载千同还家即死。权管又到虎处寻踪，则虎揽山石，尽食全体，只遣头骨。（《明宗实录》，明宗二十年一月十四日）

由于虎患严重，不仅是民宅，就连宫阙里也曾进入老虎，一度成为很大的问题。特别是朝鲜王朝后期，传闻昌德宫后花园树丛里母虎下了崽，将帅们也曾被问责。像《东国新续三纲行实图》这样的朝鲜王朝时期的教化书籍中，出现了因老虎的威胁而救父的孝子、烈女，以及救夫的故事。1623 年，"仁祖反正"取得成功，其中"猎虎"起到了非常大的作用。反正事件的主谋李贵在光海君时期被任命为平山府的官吏，曾在平山至开城的道口以除去老虎为名养兵，这些士兵成为 1623 年驱逐光海君的主力。

对凶猛彪悍的虎的畏惧，逐渐向着对其崇拜的方向延续。最重要的是，老虎被认为是能吓走妖魔鬼怪和厄运的动物。每当年初岁首时，国王就向大臣们发放年画，年画也称"岁画"，很多岁画中都画有老虎。这些岁画也被贴到门上，防止妖魔鬼怪或凶猛的野兽闯进屋内。百姓们经常光顾的山神堂也总是挂着画，画上是山神领着帅气的大老虎。

在民画中，虎与喜鹊被同时描绘在一幅画面中时，虎通常是以亲切而非恐怖的形象出现。又名《鹊虎图》的民画中就刻画了落在松树上的喜鹊和不太恐怖的诙谐老虎形象。正月是"寅月"，即"虎之月"，如同歌中所唱，喜鹊以新年带给人们好消息的鸟类而广为人知，可怕的老虎与纤柔的喜鹊之结合，带给人们的是舒心的感觉。此外，虎图常用于避免"三灾"的护身符上，虎的素材还广泛运用于装饰物、仪仗旗帜上。附在武官官服胸和背部的补子上也绣有虎图，象征武官之勇猛。

在朴趾源创作的小说《虎叱》（题目释义为"虎的斥责"）中，老虎作为主角登场。该小说中，老虎见到伪善的两班北郭先生的模样时，苦着脸几次作呕地说："儒学者们真是龌龊。"然后又说："据说'儒'即'谀'（阿谀），果然如此啊。"从而辛辣地斥责了两班儒学者们的伪善、阿谀和双重人格。朝鲜王朝时期的老虎连两班也能训斥，可谓颇具威严的动物。

"风之画员"绘制了哪些画?

最近,电视剧和电影中掀起了关注朝鲜王朝时期画员的热潮。朝鲜王朝后期画员风潮的中心,就是电视剧《风之画员》和电影《美人图》。而对于檀园金弘道和蕙园申润福来说,人们对其隐没的人生和绘画作品的关心也与日俱增。在"画员热潮"的兴起方面,电影和电视剧的作用固然很大,但也可视为现代人的文化需求转向了对被遗忘的朝鲜王朝后期天才画家的关心。那么,我们除了知道金弘道、申润福的名字和代表作品以外,对于画员们的生活本身又了解多少呢?

把朝鲜风光融入画幅

朝鲜王朝时期,文化艺术领域出现巨大变化是在 18 世纪以后。英祖、正祖时期,朝鲜王朝掀起了将中国的南宗文人画与固有的自然和风俗相结合的本土化画风,即"真景山水画"。"真景"文化流行的背景中，朝鲜的"中和"思想起到了相当大的作用。这一思想是一种自信心的流露，即以文化的方式，从败降于被自己蔑视为"蛮夷"的清朝这一政治耻辱中恢复，而且认为文化的中心已从明朝延续至朝鲜。

在绘画当中，"真景"文化的主角是谦斋郑敾。他出身于没落的两班家庭，得到过近邻安东金氏的援助，用独特的笔触描绘了其居住过的仁王山等今首尔周边秀丽景观和金刚山景象。郑敾描绘的都城和汉江一带的景象，如同现今的摄影师将当时的景象用镜头拍下来一样，惟妙惟肖。

继郑敾之后，在山水画与风俗画中开辟新境界的画家是画员出身的金弘道与申润福。金弘道得到了正祖的格外宠爱，成为宫廷画家的中心人物，参与绘制有关华城出巡的屏风和行列图、国家的大型活动图及各种宫廷风俗画。如同在法国拿破仑执政时期，将拿破仑政绩绘制成绘画作品的雅克－路易·大卫一样，金弘道也在正祖的恩宠下，用写实画的形式表现了当时的生活情境和国家的重要活动。

金弘道还绘制了很多供普通士大夫们鉴赏的神仙像或山水画，但是他的画作中最出色的当数表现庶民生活情景的风俗画。《铁匠铺》《摔跤》《私塾风景》《上瓦》《秋收》，说他的风俗画表现了朝鲜王朝时期民众生活的日常状态也不为过。与金弘道画风相似的风俗画家金得臣、金硕臣兄弟作为画员也活跃于正祖时期，受到士大夫们的欢迎。

与金弘道一同活跃于正祖时期的申润福，主要用感性和诙谐的笔触描绘都市人和妇女的风俗，从而开辟了风俗画的另一片天地。在名为《风之画员》的小说、电视剧以及电影中，金弘道与申润福被设定为师生关系，但从记载上看两人并无关联。申润福与父亲申汉枰二人作为画员很活跃，但关于他们父子的记录，只在19世纪吴世昌撰写的《槿域书画征》一书中有简短的表述。正因为记录上的缺失，人们对申润福赋予了很多想象，有人甚至认为其是"男装"女画家。

除了金弘道和申润福以外，为18世纪朝鲜画坛增色添彩的画家还有沈师正、卞相璧、崔北等人。作为士大夫阶层，绘画技能较高的画家有李麟祥、姜世晃等人。此外，民间还流行起民画。随着对绘画作品需求量的增加，流浪于圩市的画家们通过绘画维持生计。文字图、鹊虎图、文房画等包含民间风俗内容的作品逐渐形成了民画的主流。

书法领域也表现出强烈的本土化情感。摆脱了过去模仿中国书法的阶段，被称为"东国真体"的朝鲜王朝式独创性书法潮流开始流行。尹淳、李匡师等在该领域自成一派，金正喜的"秋史体"则是在继承"东国真体"的基础上，吸收了清朝的书法而形成的字体。

既是留下记录的史家，亦是摄影师

只要提及朝鲜王朝时期的绘画，我们就会想起金弘道和申润福的风俗画，而事实上，主要的写实画和肖像画等都是出自画员们的笔端。朝鲜王朝时期的画员指隶属于国家的正式机构"图画署"，并专门担当绘画工作的人。从现今情况看，就是那些通过绘画维持生计的美术师或画家。

画员们的活动主要以图画署为中心，大体上应绘制国家所需要的实用性绘画或写实画，画员的名称另有"画工""画师"等。图画

《全罗道茂长县图》，作者不详，纸质彩色画，大小为154cm×112cm，成于19世纪，藏于韩国国立中央博物馆。这是一幅绘制得非常细致的全罗道茂长县地图，其中绘出了邑城、官衙、山川、大海及村落的面貌，还能观察到绚丽绽放的春花。朝鲜王朝时期，绘制地图基本上是画员们的工作。不仅如此，绘制国王或有名望之人的肖像画也是画员们的分内之事。

▶

《华城陵幸图》，其中有紧随惠庆宫洪氏轿子后面的御座马（后侧），藏于韩国国立中央博物馆。朝鲜画员们生动描绘了国王正祖陪同母亲惠庆宫洪氏去往水原的场景。画员的绘画作品与文字不同，让我们感受到另一种历史气息。

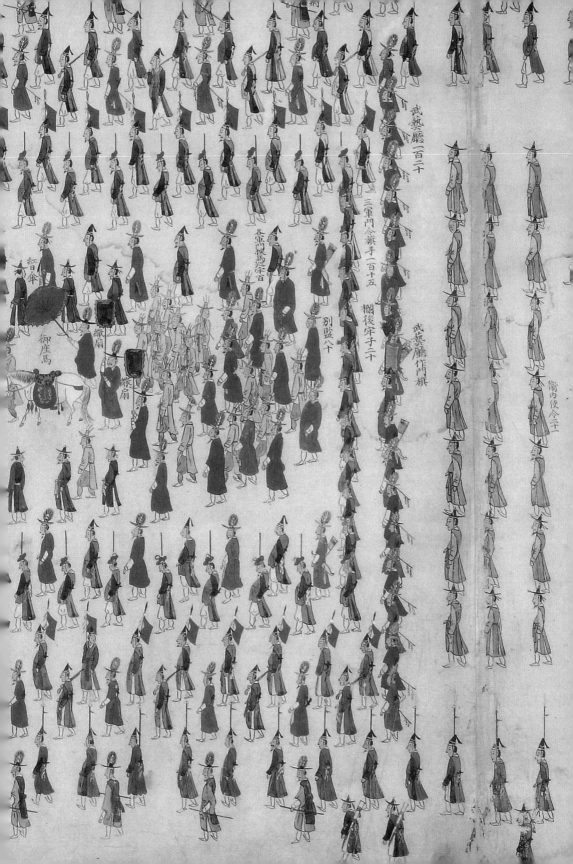

武藝廳一百二十

三軍門令旗手一百十五

各軍門陪持巡牢百

別監六十

欄後牢子二十

督傘

御座馬

武藝廳作門旗

筒內使令二十

署在朝鲜王朝时期被称为"图画院"，但在降格的过程中变成了"图画署"。依据《经国大典》，图画署是从六品官厅，除了设提调 1 人、别提 2 人以外，还有作为杂职的画员 20 人。据记载，正祖时期编撰《大典通编》时，画员数量增加至 30 人。

画员们不仅绘制国王或有名望之人的肖像画，绘制地图的工作也是画员们的分内之事。另外，画员们还承担机器设备和建筑物设计图的绘制、书籍插图的绘制，履行外交使节的职责，还承担国外风物的绘制工作。可见，画员们起到了当今社会摄影师的作用，即拍摄照片留作记录。

朝鲜王朝时期，举行婚礼、葬礼、宫廷宴会等国家重要活动时要制作仪轨，仪轨里还附加活动场面或器物。当然，绘画部分由画员们负责，仪轨中还记录了他们的真名，旨在赋予其责任感和自豪感。在描绘国王婚礼仪式的嘉礼都监仪轨末尾部分绘制的班次图中，立体地表现了当时参加结婚仪式的人员和马匹的形象、服装、旗帜等。

用彩色表现的图画清晰度突出，直到如今仍呈现得非常生动。这是因为当时使用的染料取自植物或矿物质中的天然材料，使得其生命力非常久远。1866 年"丙寅洋扰"时，法国军队只集中性地劫掠江华岛外奎章阁藏书中的仪轨类图书，或许就是因为被仪轨上绘制的色彩画所具有的价值和艺术性吸引了。

朝鲜王朝时期，在作为国家事业推进的地图绘制上，画员们也做出了巨大贡献。朝鲜王朝时期的地图中有很多出色的作品，看这些作品就好像看山水画一样，令人产生错觉。朝鲜王朝后期，展现国家山川景色原貌的真景山水画广泛流行，这种画风也反映在地图的绘制当中。18 世纪绘制的反映汉阳面貌的《都城图》，采用了洗练的真景山水画风，将都城周边的山景描绘得非常秀丽，被誉为杰出的艺术作品。

融入画面的朝鲜社会状况

1872 年，大院君执政时期，按照地域制作了全国 460 多个郡县的地图，每个地域都有其独特的景观。其中最具绘画技巧的全罗道地图，立足于阴阳五行思想，将色彩适当调和，其艺术价值也最为突出。这些地图将当时的社会面貌如同影像资料一样融入其中。大院君时期的闭关锁国政策也反映在地图中，如小小的郡县也绘制了"斥和碑"，在南原地图上用夸张手法绘制了广寒楼和鹊桥，在海南和珍岛的地图上绘制了龟船形象，在天安地图的官衙建筑上标识了太极图案等，如同直接看 130 余年前的实时景观一样，令人产生错觉。跟我们所了解的不同，朝鲜王朝时期的画员们的个人作品创作活动不多，参与制作仪轨、地图等国家正式活动的情况非常多。被派往中国或日本的使臣团名单中一定包含画员，像燕行使或通信使那样。画员们留存下来的普通鉴赏画，多数是作为培养自身技能的临时手段，在国家和宫廷各种活动之外的余暇时间绘制的。

到了朝鲜王朝后期，随着画员们在国家正式活动中所起的作用逐渐增加，其待遇也逐渐提高。画员们还为国王或有实力的官吏亲自画肖像画，尽情发挥自身的能力。朝鲜王朝后期以降，画员们成了"中人"（介于两班和平民之间的阶层），其职业也随之世袭。进入 17 世纪以后，阳川许氏、仁同张氏、庆州金氏、白川赵氏等成长为有影响力的画员家族。

　　画员们绘制的仪轨、写实画、肖像画等包含了很多我们没能及时认识的事实。我们会看到，朝鲜王朝后期大部分具有高层职位的人物，其肖像画的面部有麻斑，这是小时候患过天花的佐证。当时很多官吏也曾感染天花，从这一点看，估计多数百姓因感染红疫（麻疹）而吃了很多苦头。描绘正祖陪同母亲惠庆宫洪氏前往水原的屏风上，也能够观察到很多内容：百姓自由观看国王出巡，行列周边还有商贩们临时摆摊的情景；虽为整列状态但表情自由的军人们的形象；正祖为渡过汉江而设置的舟桥的具体景象等。这样一来，在画员们绘制的画面里，鲜活生动地再现了历史场景。

　　朝鲜王朝时期，为了将历史的痕迹更加生动地传达给后代，就需要画员们具备突出的能力，而画员们也忠实地履行了义务。画员们将当时的历史性产物用立体记录的形式保存下来。从这一点来看，我们可以评价这些画员是当今的摄影师，他们作为历史学家起到了相当大的作用。

英祖和正祖迎新年

　　迎接民族最重大的节日——农历新年的迎新活动，从传统时期以来一直都在延续着。特别是朝鲜王朝的国王在新年的第一天非常忙碌。国王要接受朝廷大臣的新年朝贺，然后在正殿庭院举行新年贺礼仪式。地方官吏向国王敬献地方特产，国王则向地方官吏分发岁画之类的礼物。此外，国王还要召集老年人，并为他们设宴，以及展谒宗庙和景福宫。下面，我们通过70岁的英祖及40岁的正祖所度过的新年第一天，去看一下朝鲜王朝国王们的新年日程安排。

英祖的新年巡幸

　　王宫内的新年第一天，如同《世宗实录》所记载："上冕服，率王世子及文武群臣，行望阙礼。御勤政殿，受群臣朝。御庆会楼，宴宗亲及二品以上，中宫亦宴于内。"迎接新年时，国王和群臣聚集在一起举行新年贺礼仪式，这是通常的风俗图景。除《朝鲜王朝实朝鲜王朝时期王室使用过的祭祀器具。

录》之外，国王秘书机构承政院编写的《承政院日记》、国王日记形式的《日省录》等资料中也详细记录了国王的新年行迹。

在 1763 年（英祖三十九年）一月一日的《英祖实录》和《承政院日记》中，详细地记录了迎来古稀的英祖格外忙碌的巡行。在庆熙宫景贤堂，英祖于迎接新年第一天接受了群臣圣寿跻七旬，请仰瞻天颜之朝贺。辰时（上午 7 时—9 时），英祖亲自前往供奉先王和先王王妃牌位的宗庙，行都承旨沈锈、左承旨李惟秀、右承旨金孝大、史官李东显及李崇祜等随行。前往宗庙的英祖身着参拜牌位时的装束——头戴翼善冠，身穿衮龙袍，乘坐辇舆（国王的车轿）前往街市。

到了街市后，国王接见各阶层人士。这一天，英祖接见的第一批人是向国王问安的老人们。英祖见到老人们，把他们请到自己面前，按年龄顺序，依次向他们问好。随后，英祖行至庆熙宫兴化门外，停下辇舆，令地方乡吏的首领即各邑户长站到自己面前。英祖在位期间，他经常出宫接见百姓，这是为了听取现场意见以决定均役法等悬而未决的问题。

英祖向各邑户长询问道："予虽七旬，心在蔀屋，虽当今日，心不弛矣。况又三南，予心尤切，岁前其皆设赈，而民无颠连之患耶？"罗州户长回禀称："岁前设赈三等，故民至今无流离之患矣。"

英祖看出此回答是应酬话，便接着说："汝等之言虽如此，而与御史所奏相左，则予当有处分矣。今日动驾，所重在焉，而体昔年爱恤之意，召见汝等，有所怀则陈之，可也。"他鼓励户长们坦率地说出民众疾苦。与户长们的面谈结束后，英祖做出指示，让他们不要滞留，并令其尽快返回各自所在各邑，意思是让他们照顾好当地的百姓。

忙碌的一天：前往宗庙、耆老所、景福宫

紧接着，英祖前往供奉历代国王和王妃神位的宗庙。英祖仔细观察了供奉神位的殿阁，抚摸着需要修理的地方，命令领议政申晚等人及时修缮。然后，他暂时停留在钟阁，听取了店铺商人们的种种困难，并与负责人约定一定会及时解决问题。与店铺商人的面谈结束后，英祖去往耆老所——耆英阁。耆英阁是为纪念年老的高位文官进入耆老所（耆老所是为亲睦和礼遇年老的高位文官而设立的机构）而建的建筑物，也是儒教思想的核心——敬老思想的象征。作为朝鲜王朝的国王，英祖继太祖和肃宗之后出行此地，对这里的感怀非同一般。进入耆英阁的英祖为纪念此次访问，留下了"耆英阁前七旬君臣"这八个字。

新年巡行延续至景福宫。当时，景福宫因"壬辰倭乱"遭到焚毁，只剩下遗址而没有修复。英祖巡行此地，是为了表示国王并未忘记朝鲜的正宫，即国家之象征——景福宫。英祖来到景福宫前，对迎接他的儒生说明日举行写作考试。英祖经崇贤门进入供奉生母淑嫔崔氏的祠堂——毓祥宫并施礼。

紧接着，英祖经过景福宫北门的神武门，到达思政殿旧址，搭建小型"幕次"（君臣出行驻留时临时搭建的帐篷），再朝勤政殿方向行进。在勤政殿前，英祖接受大臣们的陈贺，并下达了赦免令。英祖的巡行持续到深夜，回到出发时的庆熙宫后，新年第一天的行程终于结束了。通过在宗庙和毓祥宫的新年问候，视察朝鲜王朝的象征——景福宫遗址，英祖尽其国王义务，后来接见了地方户长、老人和儒生等各阶层人士，度过了长长的新年第一天，这一天是1763年一月一日，英祖70岁。

正祖的迎新活动

1791年（正祖十五年），这一年正祖40岁，是其作为国王活动最活跃的时期。新年第一天，正祖首先到供奉历代先王"御真"（帝王画像）的璿源殿请安，随后接受礼曹官吏们的问安，并指示四日将前往宗庙和景慕宫（供奉思悼世子的祠堂）致礼。对年龄最大、为官最久的宗臣西溪君，正祖指令特别发给其食品和衣物，这是新年第一天对王室亲族代表的关怀。正祖还向年事已高的宰相们下赐新年食品。

正祖下教书指示称："李判府，左相，大臣也，阁臣也，年俱过七十，精力康旺，无异少年。至于左相近来独贤之劳，即少年之所不强，予每为之称叹。……两大臣家，原式外加送，仍令郎官存问。"

正祖随后又称："卿宰年过七耋，内外偕老者，至于十有三人之多。当此志庆之时，祈祝之举，莫尚于敬老，敬老之政，亦莫尚于惠养。"具体提及了年迈大臣们及其夫人的年龄："知事宋济鲁，年八十一，贞夫人严氏年八十；前参判徐秉德年八十，贞夫人朴氏年七十四……前参判申应显年七十，贞夫人尹氏年七十。以上诸耆老家，外给米肉，内致匹帛，仍令部郎存问事，分付该曹、该府。"然后又叮嘱朝廷，要特别照顾70岁以上的老臣及其夫人。

下达奖励农事的纶音

紧接着，正祖向八道下达了奖励农事的"纶音"（国王向百姓或大臣下达的诏令）。正因为国家以农业为本，所以在新的一年，正祖叮嘱各道官吏们应尽心竭力地从事农活："予承皇天祖宗之眷顾保佑，昨岁庚戌，国有元良，是秋年谷告登，符降圣之旧甲，获上瑞于后庚。予寡人，得以与八域同其庆，而若保一念，长在于广惠屡丰之愿，益切于嗣岁。"他还表达了喜得世子（纯祖）的喜悦心情。

新年伊始，正祖决心加强劝农与民本政策："粤予践祚以来，岁首辄下劝农之纶，即仰述列圣重本务农之盛典，而予于是年是月，尤有惓惓焉者。元良邦本，小民亦邦本，民安然后国安，一理相须，隙不容发……此所以诚小民为祈永之本，予欲重兹民天，以劝农二字，为目下悠悠万事中第一先务。"

接下来，正祖发布了新年计划。国王指示，由于例行的五日朝参与巡行重叠，所以延期至十日前后。另外，正祖还仔细检查了关于参拜宗庙和景慕宫方面的警卫计划。兵曹向正祖报告拜谒宗庙和景慕宫时的军兵派遣方案时，正祖指令道："训局步军十五哨，马军三哨，为先后厢禁军，三番随驾，禁御两营（禁卫营、御营厅）留阵。"

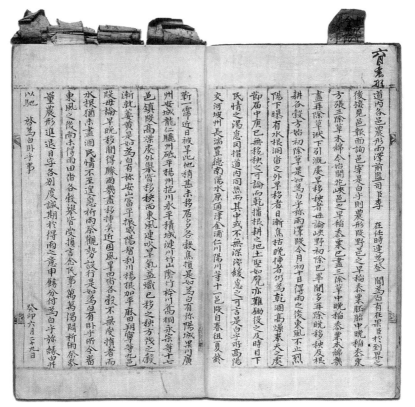

《畿营状启滕录》中关于正祖七年的部分，藏于韩国学中央研究院藏书阁。国王在新年伊始下达奖励农事的纶音，各道观察使响应纶音的最重要的任务之一就是劝农。他们收集各郡县每年春分至秋收结束时的农事进展、农作物收成等农业发展情况，然后报告给国王。

　　迎来 40 岁的正祖，其新年第一天的日程主要由以下活动组成：出巡璿源殿、关怀朝廷中 70 岁以上的大臣、颁布劝农纶音、检查出巡宗庙和景慕宫的护卫、确定朝参时间为一月十日前后等。通过英祖和正祖的迎新年活动，我们可以具体地看到国王们忙于构想国政，以及其照顾民心方面的形象。

庚

笼罩朝鲜王朝的灾难

《乱中日记》中重现的李舜臣

  在李舜臣将军所著的《乱中日记》中，从未被介绍过的 32 天日记被发现，这成了一个话题。《乱中日记》是李舜臣在壬辰倭乱 7 年间写下的日记，时间上自 1592 年一月一日起，至 1598 年十一月十七日止。《乱中日记》的草稿真迹藏于牙山显忠祠，被指定为韩国第 76 号国宝。在与倭寇对峙的紧张气氛中，李舜臣仍不失平常心，并对日记进行整理，这体现了他细腻的一面。日记中有对家人的担忧，也有对对手元均的感情，这些都为我们呈现了一个真诚坦率的凡人李舜臣形象。

为母亲和儿子之死痛哭

  引起人们兴趣的是，《乱中日记》中随处都能领略到李舜臣精准指挥军队的战争英雄形象，以及他担心家人的凡人形象。特别引人注意的是，日记中深刻表现了他对母亲的思念，以及他失去母亲与

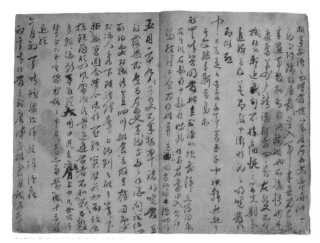

《乱中日记》中的《壬辰日记》，作者李舜臣，大小为 36.2cm × 26.5cm，国宝第
76 号，藏于牙山显忠祠。

儿子后的痛苦，处处流露出他对与其同甘共苦的官兵的关爱和他对
百姓受战争之苦的担忧。李舜臣多次以短句写下对母亲的思念与深
情。下面这些日记的内容更如实地体现了李舜臣身为人子而非战争
英雄的形象。

　　　　是辰乃天只生辰，而未能往献寿杯，平生之恨也。（1593
年五月四日）
　　　　奴汉京入来，天只平安，喜幸喜幸。（1594 年六月八日）
　　　　久未闻天只平否，闷极闷极。（1596 年八月十二日）
　　　　未闻天只平否者已七日，煎闷煎闷。（1595 年五月十五日）
　　　　思恋病亲，不觉泪下，送奴探听消息。（1597 年四月
十一日）

《绘本太阁记》，成于近代，藏于韩国国立晋州博物馆。这本记录丰臣秀吉传记的绘本中画有朝鲜王朝水军的各种故事。本图的内容是小西行长陷害李舜臣的奸计。

1597 年四月十三日，李舜臣听到母亲去世的消息，"奴顺花至自船中，告天只讣，奔出擗踊。天日晦暗，即奔去于蟹岩，则船已至矣，恸裂不可尽记"。四月十九日，他在日记中深切表达了对母亲去世的悲痛，"早出登程，哭辞灵筵，天地安有如吾之事乎，不如早死也"。

壬辰倭乱时，李舜臣还强忍着丧子之痛。据日记载，李舜臣之子李葂于 1597 年十月十四日战死。

> 夕，有人自天安来传家书，未开封，骨肉先动，心气慌乱。粗展初封，见莤书则外面书痛哭二字，知葂战死，不觉堕胆失声，痛哭痛哭。天何不仁之如是耶。我死汝生，理之常也。汝死我生，何理之乖也。天地昏黑，白日变色。

日记中也少不了提及夫人，寥寥数语的记录折射了他对妻子的体贴。因担忧国事，他只能最大限度地克制他对妻子病情的牵挂。

闻夫人病势极重云，然国事至此，不可念及他事。（1594年八月三十日）

闻夫人之病向歇，而元气极弱，甚可虑也。（1594年九月二日）

夫人则失火之后，心气大伤。痰喘又重云，可虑可虑。（1595年五月十六日）

对元均的激愤情绪

《乱中日记》毫无掩饰地道出了李舜臣对其主要对手元均的激愤情绪，有关元均的内容多为李舜臣对他的批评。由此可见，李舜臣是"圣雄"，也是一个有感情的"凡人"。

庆尚左卫将及右部将，视而不见，终不回救，其为无谓，不可言。痛愤痛愤，今日之愤，何可尽说，皆庆尚水伯之致也。（1593年二月二十二日）

岭南水伯元平仲来使酒，一船将士莫不骇愤。其为诬罔，不可言即。（1593年五月十四日）

对元均的负面认识表现在战场上，就是与他保持距离，不予合作。

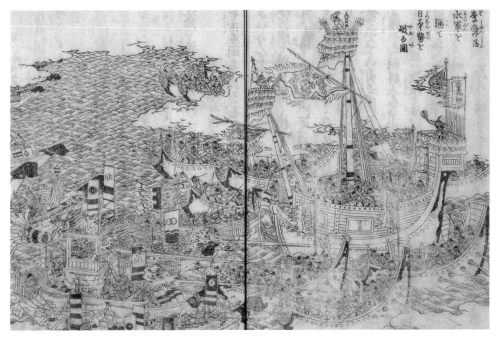

在倭寇水军阵前扬威的龟船。

　　庆尚水伯，以熊川之贼，或入甘同浦，移文入讨云，可笑其凶计也。（1593 年六月五日）

　　庆尚水使军官朴致公来，传贼船退去云，而元水使及其军官素善妄传，不可信也。（1593 年八月七日）

　　1597 年（"丁酉再乱"），李舜臣因不服从宣祖的进攻命令，谎报军功，被押回朝廷受尽折磨，最终走上白衣从军的道路。对手元均被任命为三道水军统制使以后，元均与李舜臣的地位完全逆转，但元均在漆川梁海战中大败。李舜臣借部下之口，间接记录了元均最后的情形。

虞候李义得来见，因问取败之状，人皆泣而言大将见贼先奔之致，宿于巨济船上。与本倅话到四更，少不睡目，因得眼疾。（1597 年七月二十一日）

李舜臣将部下的原话引入日记，称元均乃无能之辈，其部下恨不得扒了他的皮，抽了他的筋，表达了自己对败将元均的愤怒之情。

对永远的伙伴柳成龙的记录

李舜臣对挚友兼兄长西厓柳成龙（1542—1607）的态度非常友好。柳成龙也是他哥哥李尧臣的朋友，二人自幼结下友情。柳成龙相当信任李舜臣，从柳成龙推荐时任井邑县监的李舜臣，然后一举任命其为全罗左道水军节度使的例子中可见一斑。县监为从六品，水军节度使为正三品，当真可谓破格晋升。有这种缘分作铺垫，两人始终私交甚好。《乱中日记》中处处体现着他们之间的亲密关系。

左台简与增损战守方略册送来，见之则水陆战火攻等事，一一论议，诚万古之奇论也。（1592 年三月五日）

柳相（柳成龙）简及尹知事简来。（1593 年六月十二日）

柳相之卒音（柳成龙死于 1607 年，此消息有误），到巡边使处云，是嫉之者，必作言毁之。（1594 年七月十二日）

柚子三十个，送于首台。（1595 年九月十七日）

李舜臣一直对身兼自己知己和保护者的柳成龙很友好。他们的

《李舜臣肖像》，作者未详，大小为 28cm×22cm，成于朝鲜王朝时期，藏于东
亚大学博物馆。

友谊和无限信任是引领军士取得胜利的又一股力量。

《乱中日记》是韩国史上最优秀的武将李舜臣写下的阵中日记。从这一点来看，这部日记具有很高的历史价值。哪怕发生激战，也不曾间断记录，直到他在露梁海战中战死。我们还能通过《乱中日记》，掌握壬辰倭乱的详细经过、战术，以及士兵们的心理等关于这场战争的种种情况。此外，情感丰富、性格果断的李舜臣对家人的关爱，以及他严格要求部下的将军形象也在日记中表现得非常生动。从壬辰倭乱初期就开始压制李舜臣的人物元均，当然也是《乱中日记》里必不可少的人物。

画中记录的壬辰倭乱

　　6 月份有一个缅怀护国先烈的日子，即显忠日。因此，6 月份也被认为是护国月。之所以将 6 月 6 日定为显忠日，一是为了让人们记住韩国现代史上最大的悲剧——6·25 战争（朝鲜战争），二是兼顾人们在没有恶鬼的日子里祭祀的习俗。1953 年，6·25 战争结束。但时至今日，与 6·25 战争有关的活动仍在举行，典型的例子是，在朝鲜半岛南北激烈对立时期，小学生们经常制作展示 6·25 战争的图片和标语等。这些活动的主题是"回忆 6·25"等内容。在南北紧张对立的年代，6·25 战争一向是制造紧张氛围的素材。

　　朝鲜王朝时期也有类似事例，那就是提起人们对壬辰倭乱的记忆。换言之，其目的就是让人们想起壬辰倭乱中殉节人物的活跃事迹，不放松头脑中对倭寇的警戒和紧张之弦。18 世纪末发行的《李忠武公全书》和 19 世纪制作的《壬辰战乱图》，便是在这种时代氛围中，于当时人们的记忆中再次出现的。

1592 年 4 月的那个紧急时刻

1592 年四月十三日，日本二十万大军入侵朝鲜，先锋为四月十四日进攻釜山镇的小西行长所率领的部队。釜山镇金使郑拨（1553—1592）在抗战中战死，东莱府使宋象贤于四月十五日在坚守东莱城时战死。当时的日本军先锋部队立下木牌，上面写道"战则战矣；不战，则假我道"。东莱府使宋象贤则写下"战死易，假道难"的木牌并投入日本军营，表达了与敌军决一死战的意志。但是，以两千名士兵和都城里的百姓对抗用新式武器鸟铳武装的两万名日本士兵，二者的实力相差甚远。结果，宋象贤在战斗中战死。代表壬辰倭乱初期朝鲜王朝抗争意志的宋象贤之死和郑拨之死并未止于当时，他们的忠贞事迹广泛流传后世。最后，他们以《壬辰战乱图》主人公的身份再生。

《壬辰战乱图》是 1834 年（纯祖三十四年）画员李时讷创作的一幅卷轴画，描绘了壬辰倭乱时，釜山镇和多大浦镇周围的地理情况和战斗场面。这幅图画在一轴丝绸画轴之上，图中描绘的是多大浦镇和釜山镇两座城池中的激战，画面中心为釜山镇的战斗场景。《壬辰战乱图》采用自上而下的俯瞰画法，所有内容尽收眼底。日军人数大大多于朝鲜王朝军队，朝鲜王朝在军事上明显处于劣势。

画面中心是密密麻麻地包围着釜山镇和多大浦镇的倭寇，还有倭寇投入的众多船只，以及双方展开激战的情景。圆圆地围起的城墙四周的门楼、南门上的帅旗、集结防御的朝鲜王朝士兵映入眼帘，与海岸相连的山水被刻画得十分立体。此外，画中多处附有说明，充分体现了这幅画具有传达当时情景的记录画的性质。

仔细观察可以发现，左侧近景是多大浦镇的战斗场面，城四周

《壬辰战乱图》，作者李时讷，丝绸彩色画，成于 1834 年，藏于奎章阁韩国学研究院。

有门楼，与倭寇对峙的南门内侧画有大大的将帅旗。朝鲜王朝的军人正与手持鸟铳和刺刀涌来的倭寇艰难对抗，多大浦镇南侧的没云台、古里岛和八景台等也被收入画中。通过画中的说明可以得知，站在没云台上的军官是李舜臣的先锋将领郑运（1543—1592）将军，站在两侧的是其部下。郑运是李舜臣最爱惜的人才，他战死在釜山镇战斗中以后，李舜臣还在《乱中日记》里记下了自己悲痛的心情。

远处的釜山镇战斗是这幅画的核心内容。在釜山镇里，朝鲜王朝士兵在金节制使（从三品武官，指挥各地方的大镇，又称佥使）郑拨的带领下与倭寇展开殊死抗争，抵抗倭寇的突然进攻。

画中集中描绘了釜山镇激战的情景。倭寇和朝鲜王朝的军队在南门内外紧张对峙，日军密密麻麻地围住城墙，还出动了大量船舶进行支援，让人看得非常紧张。

南门外，倭寇的尸体堆在一起。帅旗后，有一妇人自尽。画中的说明写道，这是釜山镇佥使郑拨的妾室爱香在失败前自尽的场面。由此可见，作者在生动地刻画战乱紧迫情形的同时，还在强调女子的贞洁。另外，在《壬辰战乱图》的多个空白处，还有关于战斗中殉节人士为什么受后代追崇的说明。画面右上方有随釜山镇陷落而殉节的佥使郑拨及其妾室爱香，以及奴婢龙月等人的碑石和祭坛。画面左上方画着与多大浦佥使尹兴信（？—1592）一同殉节者的碑石和祭坛，这些内容都附有说明。

延续到 19 世纪的战争记忆

《壬辰战乱图》出自记录画专业画家李时讷之手，其细致的描绘使人能够感受到壬辰倭乱时生动的战斗场景。画中清晰地展现了城中的结构、军事部署、战斗中使用的武器及服装、战舰结构和周围地理信息等。另外，画里还记有战斗相关的具体地名，交代了战斗后祭坛和碑石的设置情况，以及该地区战后的圣域化情形。

壬辰倭乱发生 240 年后出现这样的作品，说明壬辰倭乱也是 19 世纪时国家所主导的记录画的主要素材。换言之，其目的就是让人始终警惕战乱等国家危机，强调国家始终会对在危急时刻激烈抗战的忠臣予以褒奖。换言之，忠的理念通过记录画的形式简练地传达出来。

这幅作品通过图画的方式，体现了在儒教理念下人们尤为看重的忠诚与贞洁，能对教化臣民起到积极作用。从绘画史的层面来看，无论是战斗场面的刻画，还是人物的细致描绘，还有那非同寻常的色感，19 世纪画员们笔下的记录画都可谓达到了很高水平。

由此可见，在壬辰倭乱之后，朝鲜王朝仍然从国家层面不断推出釜山镇和东莱府官兵拼死杀敌、壮烈战死的画作，目的就是让人丝毫不放松对日本的警惕，并且广泛制造危急时刻为国献身的氛围。

正祖让后世永记圣雄李舜臣

朝鲜王朝后期，国家对战争英雄的追崇同样积极。特别是那时的朝鲜王朝从国家层面广泛整理和宣传大败倭寇的李舜臣将军的事迹。1795 年（正祖十九年），文武兼备的君主正祖下令出版忠武公李舜臣的遗稿全集。1793 年，李舜臣被追封为领议政。次年，国王亲自撰写神道碑铭，算是尊崇李舜臣的极致。《李忠武公全书》包含

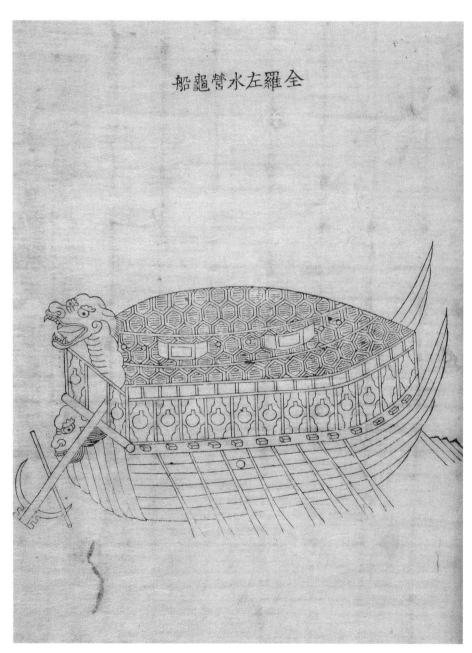

《李忠武公全书》中的全罗左水营龟船的图纸，大小为 34.1cm×21.6cm，成于
朝鲜王朝后期，藏于韩国国立中央博物馆。

各种文献中对李舜臣的记录、战争中呈递的奏折，以及阵中写下的日记等。书中收录的两幅龟船图还成了揭示龟船真容的宝贵资料。奎章阁的大臣柳得恭和李晚秀担任编纂总指挥，用饱含真诚的活字（丁酉字）和华丽的封面提升了这套书的品位。

这套书编纂完成后被直接保管在王室图书馆——奎章阁。《李忠武公全书》的出版使李舜臣这一救国英雄的事迹广泛流传，既唤起了人们对壬辰倭乱的记忆，又与如果战乱再起，希望重新出现李舜臣式英雄的时代氛围相吻合。

20 世纪 60 年代，伴随着"5·16 军事政变"，圣雄李舜臣又一次朝我们走来。难道是因为救祖国于危难的武人李舜臣与强调救国革命的军人朴正熙的形象相似吗？朴正熙执政时代，光化门十字路口竖起了高大的李舜臣铜像，电影《圣雄李舜臣》以"文化教室"的名义成为中学生，甚至成为小学生的必看影片。在朝鲜王朝后期的正祖时代，以及现代的朴正熙时代，国家都特别强调李舜臣的光辉形象，诞生了与之相关的著作和电影等。战争英雄李舜臣曾挽救朝鲜王朝于危亡之中，对他的记忆已成为后世跨越时代的记录。无论朝鲜王朝时期还是现在，对危急时刻出现另一个战争英雄的期盼并无二致。

《琐尾录》：壬辰倭乱的鲜活证言

  战争能将所有人推入绝望的深渊。最近的"天安号事件"和"延坪岛炮击事件"发生后，可能很多人头脑中会浮现出对战争的恐惧，很多人会想到必须遏制可能会发生的战争。1592 年的壬辰倭乱和 1636 年的丙子胡乱是朝鲜王朝时期最大的两场战争。当时，朝鲜王朝也有一些讲述战争如何悲惨的鲜活的战争纪实。其中，《琐尾录》就记录了作者逃难时的亲身经历。

逃难纪实——《琐尾录》

  《琐尾录》是朝鲜王朝中期学者吴希文（1539—1613）所写的日记，内容涵盖九年三个月，即自壬辰倭乱发生前的 1591 年十一月至 1601 年二月。书名《琐尾录》取自《诗经》中的"琐兮尾兮，流离之子"，有流离记或者逃难记的意思。《琐尾录》是一部经历很长时间才完成的逃难记录，其中包含各种可为研究生活史提供线索的内容。

吴希文籍贯海州，字斐然，生于 1539 年七月二十五日。吴希文自己虽未能登科及第，但儿子吴允谦官至领议政，孙子吴达济被誉为三学士之一，其后嗣为海州吴氏赢得了"家门荣耀"。曾孙吴道一是肃宗时代少论派的核心人物，以从政和作文章闻名于世。因此，吴希文家族成了朝鲜王朝后期代表西人和少论派的名门望族。吴希文的官职虽只做到缮工监监役，他却留下了在壬辰倭乱逃难期间写下的日记——《琐尾录》。尽管没做过高官，但在《琐尾录》中，作者坚定的记录精神和文字功底在助其子孙在朝鲜王朝后期成长为文豪和政治家方面做出了很大贡献。

记录惨淡的逃难生活

壬辰倭乱的爆发和辗转于各地区的艰苦逃难行踪是《琐尾录》前半部分的主要内容。下面就让我们看一下日记中的叙述。

十六日：传道倭船数百只形于釜山。夕闻釜山东莱见陷，不胜惊愕，意为城主之不坚守也。

十九日：两奴持马上送，自此后岭南之报变。日夕三至，猛将悍卒闻风而先溃，大府坚城不日而失守，分兵三路，直向京城，逾山越江，如入无人。申砬、李镒两将，朝廷之所恃而为固，授钺来御，中道见败，鸟岭失险，贼入中原。大驾西巡，都城不守，哀我生灵，尽为凶锋之膏血。老母妻子，流离飘落，未知生死，日夜痛哭而已。

妙筆吾東宣有
二觀曾仍忽感
前事肄名不暫
心忘國對虜何
嘗口絶器節義
昭昭三子同孝
忠炳炳一身備
誰知嗣續終無
傳挀此雖諶福
善理
乙酉臘月下澣題

忠烈公吳達濟梅花簇
御詩續賛仍賜其孫大司成彥儁
今日堂枡緬憶　首辛遠堂　中州保切憶照筵卒
此辰得見一簇東國一梅忠烈茟頴上有
御詩迺慕典歇嶺律停久敬績以賛稠忠何承漢南
夕雲何以卿未特賜其孫

历经吴希文之子吴允谦、孙子吴达济、曾孙吴道一，吴希文的家族巩固了其名门望族的地位。本画作者吴达济与尹集、洪翼汉并称三学士。他也极力反对与清朝议和，后被带往清朝，经受了各种拉拢和威胁，最终被杀害。

《琐尾录》，作者吴希文。

　　对吴希文而言，1592 年七月的夏日格外炎热。从七月初开始的一个多月里，他几乎天天躲在山岩之下，逃难的痛苦与凄惨不言而喻。

　　初四日：在山中，宿岩下。

　　初五日：在山中岩下，朝，送人探候贼奇于县中，又送两奴取来衣服于所藏岩穴，以为御寒之计耳。

初六日：在山中岩下。……梦见敬舆夫妻，是何故也。

初七日：在谷中，宿涧边，是日乃七夕佳节。……着以笠帽，坐以达曙，此夜之苦，口鞋形言，曲肱假睡，梦见允谦，余在馆洞别室，允谦自外入来，拜楹前。

初八日：在谷中，宿涧边，是日乃先君初度也。

初九日、初十日：在谷中，宿涧边。

十一日：宿山中，在岩下。

十二日：在山中，宿岩下。……贼势炽张，前日镇安之贼，已逾熊岘，结阵于全州地。岭南之贼，已到茂朱界，必合势欲吞全州城矣。

八月初一日：在山中，宿岩下。自余入山，今将月余，节入仲秋，寒气袭人，倍常凄冷。深思老母妻子今在何处，而尚得保存乎。念及于此，宁不悲痛。

吴希文记下了自己在战争中经历的种种惨状，充分证明了战争多么令人凄惨不堪。

且昨日来路见七八岁儿童，高声痛哭，有女坐路傍，亦掩面悲泣。怪而问之，则答曰，今刻我夫弃我母子而去。余曰，何以弃去。又曰，三人流离乞食，而今则乞之不得，将为饿死，故我夫弃我母子而独去，我将此饥死丁宁，以此哭之云云。……哀我仓生，其将就尽而靡孑遗矣。（1593年七月十五日）

且路见饿尸，以藁席掩覆，傍有两儿坐泣。问之则曰，其母也。昨日病馁而死，欲埋其骨，非但力不能移动，又不得堀土之具云。顷之有菜女，持筐荷锄而过去。两儿曰，若借得此

锄，则可以堀土而埋之云。闻来不胜哀叹哀叹。（1594 年二月
十四日）

战争惨象在人吃人的传言中达到高潮。

　　窃闻岭南、畿甸人多相食，而至于六寸之亲，杀而啖之云，
常以为不祥。今更闻之，京城近处，前则持物者，虽一二升之
米，杀而掠之，近日人之独行者，追杀而屠食。（1594 年四月
三日）

不难看出，战争把人逼迫到了何等极端的境地。

从五味子疗法到治愈疟疾的桑树疗法

　　《琐尾录》的资料价值在于它记录了可以领略当时生活景象的丰
富内容。"闻允谦妻解产，又生女儿云，不胜缺然。"（1592 年十二月
廿四日）这反映出作者重男轻女，偏爱男孩。"朝则余与两子共饮豆
粥半器，家人与三女全不得食。"（1594 年三月一日）我们可以从中
感受到男女差别对待的社会氛围。

作者对疾病和药材处方的记录同样颇有趣味。

　　前日令命卜及守护人摘五味子。……干则必二斗许，而若
余命保存，则欲用于药材矣。（1592 年九月十二日）
　　早朝，觅匏蔓作灰，和酒饮之，以治疟病也。（1593 年七

月二十五日）

　　朝食后，往见柳忠义愿氏，因斫取桑干屑，欲治疟证故也。
（1593 年九月二十日）

上述记录描述的是当时民间常用的疾病疗法。此外，《琐尾录》
中还出现了一些治疗疟疾的民间偏方。

　　且今乃母主患疟之日也，早施谴治之方三事。一则桃实咒
符而食；一则古鞋底，烧火作末，和水而饮；一则燕子粪作末
酒浸，当鼻下，取臭气。此皆古方也，得效最著而为之，亦不
难矣。（1595 年六月二日）

《琐尾录》中也有不少与酒有关的记录。

　　余亦还寺（驿天庵）中路适逢西南品官吴瑀等四五人，谒
主兄事，持酒而往，即解一壶一筥。相与班荆而坐于道傍老柳
下，因倒三觥，醺醺醉返，日未夕矣。（1592 年九月四日）

　　缩坐房中，虽欲得酒，无可奈何，而适李光福好酿一壶，
专人委送。（1592 年十一月二十八日）

　　过饮秋露，终夜辗转，至于晓头呕吐，日晚不得饮食，午
后始食馒豆。（1592 年十二月二十九日）

虽然处境艰辛，但日记中也不乏休闲时光。

　　及洞内诸少年咸会，手掷从政图，居末者以墨画两眼，以

为戏笑之资。（1592 年十一月二十九日）

观里童半仙之戏而返。（1593 年五月四日）

终夕，在邀月堂，洞中少长咸集，或围棋，或掷从政图，或着弈、双陆，以为戏玩，消遣长日。（1593 年七月二十二日）

近来饥困之余，无聊愁苦之怀，无以叙畅，每对棋局，独作楸子之戏。（1594 年六月二十六日）

他们生活艰辛却不忘饮酒与休闲，这和今天的我们相差无几。

最早的义兵将领郭再佑

不久前，韩国政局被"朴渊次名单"搅得沸沸扬扬，这件事最后指向了非常强调社会道德的前总统（卢武铉）。正是由于该事件，韩国社会更加强调社会领导层的道德责任（Noblesse Oblige[1]）问题。在 457 余年前的 4 月，当最大的国难——壬辰倭乱来临时，有一位亲身实践社会道德责任的人物出现了，他就是最早的义兵将领郭再佑。

倾私囊举义兵

1592 年四月十三日，日本舰队黑压压地布满釜山浦前面的海域。随后，他们与朝鲜王朝军队展开血战。釜山镇金使郑拨战死，东莱府使宋象贤壮烈阵亡，东莱城同时沦陷。倭寇一路北进，势如破竹。战乱初期，官军连连战败，国王尝到了逃至边境的耻辱。即便在此种情形之下，国人依然展开了反击，即以地方士林为中心，组织义

郭再佑的砚台和砚滴，宝物第 671 号，忠翼祠。

兵进行抵抗。义兵是一群自发起义的士兵，前任官员、儒生、平民百姓、奴婢，甚至僧侣也参与进来，他们一并成了克服朝鲜王朝最大危机的原动力。其中，郭再佑第一个倾其私囊，兴举义兵。

《宣祖修正实录》中可以查到壬辰倭乱时义兵在全国范围内出现的情景。

> 诸道义兵起。时，三道帅臣皆失众心，变作之后，督发兵粮，人皆嫉视，遇贼皆溃。及道内巨族、名人与儒生等承朝命，倡义而起，则闻者激动，远近应募。虽不得大有，克获人心，国命赖而维持。湖南高敬命、金千镒，岭南郭再佑、郑仁弘，湖西赵宪最先起兵。（《宣祖修正实录》，宣祖二十五年六月一日）

如上所述，官军接连败退，朝廷大臣失去人心，但地方上的名望豪族组织起以百姓为核心的义兵，积极抵抗。其中，最突出的人物要数郭再佑（1552—1617）。郭再佑拿出自己的全部财产，在宜宁招募义兵。当时，他麾下聚集了1000多名士兵，可见其家境殷实，财产丰厚。

> 又有宜宁居故牧使郭越之子儒生郭再佑者，少习弓马，家素饶富，闻变之后，尽散其财以募兵，手下壮士颇众。最先起军，入草溪空城，取兵仗军粮。(《宣祖实录》，宣祖二十五年六月二十八日）

尽管有人冷嘲热讽年过四十开展义兵运动的郭再佑是疯子或盗贼，但敏捷的谍报活动和神出鬼没的游击战术让他的队伍无往不胜。南江渡口——鼎岩津战斗大胜之后，他的部队收复了宜宁、三嘉、陕川等地。随后，他还歼灭玄风、昌宁、灵山的日军，平定了庆尚右道地区。已过不惑之年的郭再佑倾其所有，挺身抗敌，展示了危机时期社会领导层应承担的责任与应发挥的作用。最近重新受到关注的"Noblesse Oblige"用在郭再佑身上再合适不过。

南冥曹植——义兵精神之根

义兵将领多出自当地名门望族，追随他们的农民和贱民加入进来，使义兵的战斗力有所提高。同时，他们以自己的地盘为据点灵活开展游击战，而倭寇不熟悉地形，义兵便成了在后方扰乱和击退日军的先锋。修习佛法的僧侣们也加入义兵中。西山大师休静奉宣祖之命，向八道的寺庙发出檄文，鼓励组建僧兵队伍。休静身在金刚山表训寺的弟子——泗溟堂惟政接到檄文后，接着四处散布文章，集结人员，抵达平壤，招募人数达 1000 余名。这些僧兵被投入警卫或者修缮坍塌城池等任务，而非直接参战。他们阵势不散乱，为许多地方提供了支援。

义兵还与官军开展联合作战，晋州城之战最具代表性。在第一次晋州城之战（1592 年十月）中，晋州牧使金时敏指挥的官军和郭再佑、崔庆会、任启荣的义兵部队会合，取得大败倭寇的战绩；第二次晋州城之战（1593 年六月）以失败告终，但官军与义兵合作，拼死抵抗。尽管都元帅权栗和郭再佑也认为在孤立的晋州城中对付 10 万日军很勉强，反对防御战，但防御使黄进和义军将领们不顾劝告，留在晋州战斗到最后。

全国各地义兵起义积极涌现，一方面缘于人们对地方首领和武将们无能的批判，另一方面归功于以士林为主而自发组织形成的"我的家乡我保卫"的乡土防卫组织。另外，性理学理念被定为朝鲜王朝立国之本，其中的忠义精神同样功不可没。在所有义兵活动中，庆尚右道开展得最为活跃。虽然这其中的主要原因是该地区是日寇的主要入侵门户，但朝鲜王朝中期随身佩刀、强调义之重要性的南冥曹植的思想也起到了很大作用。曹植门下培养出郭再佑、金沔、郑仁弘、赵宗道和李大期等杰出义兵将领，可以充分证明这一点。

曹植重视实践的思想深深影响了该地区的学者，使他们在国难当头之际勇于献出自己的力量。陕川的郑仁弘、宜宁的郭再佑、高灵的金沔等人既是该地区最具代表性的义兵将领，又是曹植的门生。郭再佑是曹植的外孙女婿，曾随他学习兵法。庆尚右道地区义兵运动的活跃开展，保护了粮仓地带湖南地区，切断了日军补给线，为赢得壬辰倭乱的胜利打下了坚实的基础。

义兵将领们的苦涩结局

　　郭再佑等义兵将领的活动是朝鲜王朝军队在全国各地取胜的原动力，但多数义兵将领没能得到应有的待遇。义兵功劳大就意味着承认官军作用微不足道，这只会给当政者造成沉重负担。而且，他们深受百姓信任，是否会趁人们对时局混乱和战乱的不满，伺机谋反呢？不安情绪笼罩在当政者心头。事实上，战乱中各地出现过盗贼，也发生过造反事件。曾有贼人为纠结势力假借著名义兵将领之名，政府对此高度警惕。

　　义兵将领金德龄是个代表性的牺牲者。金德龄出生于全罗道光州石低村，精通儒学，武艺超群，人赞"智慧赛孔明，勇猛胜关公"。他腰上能左右各挂一个100多斤的大铁锤，被称为"神将"。1593年冬天，为母亲治丧的金德龄毅然在潭阳集合数千名义兵，投入战斗。所到之处战无不胜，"金德龄"三个字令日军闻风丧胆。然而，战场上的出色表现却换来了牵制其活动之势力的肆意陷害。1596年七月，在与倭寇的战斗中发生了李梦鹤谋反事件，在涉案人员的招供（犯人陈述犯罪事实）中，"为首者是金德龄，曾一同策划起兵"等陈述害他被捕入狱。最终，金德龄在拷问中被打断小腿骨，蒙冤而死。

倡义剑，藏于独立纪念馆，义兵将领碧山金道铉用过的剑。

郭再佑的长剑，16 世纪，藏于韩国国立晋州博物馆。

　　义兵将领郭再佑之所以在一番大作为之后隐于山林，也是因为对现实政治感到怀疑。战后，战功落入护卫国王的功臣们手中，义兵将领们得到的待遇完全不能与之相提并论。朝廷也认为，战争初期，郭再佑连庆尚监司都想杀，是个非常危险的人物。战乱一结束，朝廷就秘密派人监视，观察郭再佑的动静，对他施加压力。因此，郭再佑放弃为官的念头，去了玄风的琵瑟山。"养猫为灭鼠患，敌寇已被平定，我亦无事可做。是时候回去了。"郭再佑留下这段话，去了山中。从此，郭再佑醉心于道家思想，修炼断谷（又称辟谷，不食谷物的道家修炼方法），度过晚年。

　　战乱之后，宣祖将最高战功记在了明朝援军头上，在战乱过程当中陪宣祖一同逃难的大臣们以最高功臣的身份得到了补偿。事实上，在对壬辰倭乱有功者论功行赏的过程中，宣祖的随行大臣中有86 人被册封为扈圣功臣，但立下战功的人中仅有 18 人被封为宣武功臣。郭再佑虽受到推荐，但因尚在人世，所以没得到册封。在册封功臣的过程中，朝廷也存在对战争英雄们的降格操作。危难时刻大义凛然的金德龄、郭再佑等战争英雄们的悲惨结局，也让我们想起了日帝强占期独立运动人士及其子孙没得到特殊评价的韩国近代史。

1　Noblesse Oblige 指位高责任重。——译注

三田渡之辱

1636 年十二月和 1637 年一月不仅在天气上是韩国历史上最寒冷的月份，在精神上也是饱受摧残的严寒之冬。继丙子胡乱之后而来的三田渡之辱至今还被人们记得，朝鲜国王向朝鲜王朝视为"蛮夷"的皇帝三拜九叩，这等悲剧是历史上最为耻辱的场景。在严寒来袭、雪花漫天的时候，南汉山城里发生了什么呢？

强打无胜算之仗

1636 年（仁祖十四年）四月，势力得以扩张的后金改国号为清，定都沈阳，正式打下了全面控制中原的基础。野心勃勃的清太宗皇太极自称皇帝，其支配中原的野心逐渐变成现实。在即将与明朝展开总决战之际，清朝要求先与朝鲜王朝建立君臣关系。

从历史上看，当北方游牧民族觊觎中原王朝时，朝鲜半岛上的王朝多与中原王朝交好。因此，当游牧民族进入中原王朝时，这些游牧民族曾遭到朝鲜半岛多个王朝的反击，契丹族、女真族和蒙古族都有过类似经历。清朝同样悟出了国际关系的微妙，认识到无论缔结友好关系还是采取强硬措施，都有必要先怀柔或者镇压朝鲜王朝。要求建立君臣关系就是在这样的背景下提出的。

然而，清朝建立君臣关系的要求却使朝鲜王朝的朝廷乱作一团。从传统上看，虽然朝鲜王朝曾经和自己认为是"蛮夷之族"的国家事先建立了兄弟关系，但就当时的情形而言，朝鲜王朝甚至觉得连这个兄弟关系都是无效的。因为在情感上，将"蛮夷之族"作为君主采取事大政策，是朝鲜王朝所不能接受的。可是，感情归感情，现实归现实，问题在于军力和国力。事实上，朝鲜王朝虽然想称后金为"蛮夷"，但后金已经成为中原的强者，可以取代明朝。若贸然回绝清朝的要求，就会引发一场没有胜算的战争，这已经洞若观火。

可能正因为如此，朝廷围绕该采取何种对策而争论不休。争论主要分为两派，一派是以金尚宪为首的斥和派，另一派是以崔鸣吉为首的主和派。崔鸣吉主张在国书中写"清"，被尹集、吴达济等斥和派弹劾并罢官。此时，相比主和派的现实主义立场，呼声更大的斥和论占了主流。还有，战争也发展到了不可避免之势。

啊！南汉山城

1636 年十一月末，清太宗在沈阳集结八旗军队，宣布亲自领兵攻打朝鲜王朝。清太宗所率领的总兵力共有 12.8 万人，其中有 3 万蒙古人和 2 万汉族人。十二月二日，清军从沈阳出发，先头部队和骑兵分别由英俄尔岱和马福塔统率，朝鲜王朝俘虏被用作向导兼翻

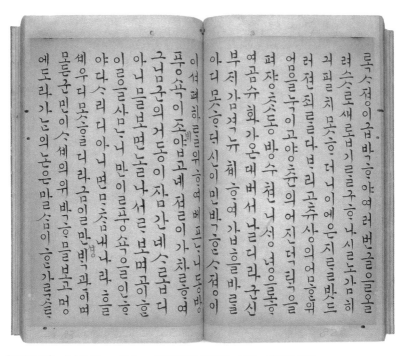

《山城日记》，大小为 30cm×21.5cm，成于朝鲜王朝后期。这是一部以日记的
形式，描写了仁祖十四年丙子胡乱时国王、大臣和百姓们的经历的谚文记录。
该书生动叙述了从南汉山城被围到向清军投降，这历史上屈辱的 50 天。

译。1636 年十二月八日，马福塔带领的 6000 名骑兵没遇到特别抵抗
就越过了冰封的鸭绿江，这就是"丙子胡乱"的开始。

　　清军依仗骑兵如闪电般攻入，渡过鸭绿江五天后就占领了汉阳。
仁祖和朝廷大臣们惊慌失措，没做特别的防御，急忙逃向江华岛。
但清军先头部队已出兵杨花津，堵住通往江华岛的道路，连这条逃
亡之路也被切断了。一行人只好退而求其次，赶忙逃往南汉山城。
朝鲜王朝朝廷被清朝大军包围，期待义兵参战，事情却没那么简单。
实录中也有关于逃亡江华岛之路被堵之时朝鲜王朝朝廷官员狼狈不
堪的记载。

大驾晓发山城，将向江都。时，雪风甚紧，山路冰滑，马不得着足，上乃舍马步行，度其终不得达，遂还入城。两司启曰："命将出师，专为固边御敌，而贼兵渡江之后，无一处遮遏，纵贼深入，以至庙社播越，车驾仓皇。国家之大变，臣民之至痛，为如何哉？"（《仁祖实录》，仁祖十四年十二月十五日）

1636 年十二月十五日，寒风分外刺骨，南汉山城陷入被 12 万清军围困的境地。山城四周的清军形成包围圈，进入持久战。粮食储备可供城内 14000 人消耗 50 日。此后，朝鲜王朝和清军之间进行过多次协商。特别需要指出的是，一月二十二日江华岛失守，岛上的王族和大臣被俘后，必须与清议和的主张得势。然而，金尚宪、尹集、洪翼汉、吴达济等人坚决主张斥和论，反抗意志高昂。

最终，崔鸣吉担起重任，起草了国王出城投降的文书。一旁的金尚宪却把文书撕得粉碎。崔鸣吉则重新粘好碎片，写成降书。崔鸣吉与金尚宪所持立场截然不同。据说，崔鸣吉一边粘文书碎片，一边对金尚宪说道："我并非不知大人对国家的忠诚，但这么做也是为了国家和百姓安危。您再撕，我还是会把国书重新粘起来。"危急时刻，两人在历史路口走向不同的政治方向。他们是主和派和斥和派间对立的缩影。

投降的开始：与清朝建立君臣关系

1637 年一月二十五日清晨，清军冲破朝鲜王朝军队的防御圈，来到山城外 500 多米处，准备发起总攻。但是，他们主要是对山城周围进行炮击，并未直接攻击山城，发起近距离的接触战，因为清军担心短兵相接会牺牲己方大量士兵。清军的炮击炸毁了南汉山城东侧的望月台，炸飞军旗，还破坏了各城门的门楼和多处城墙。不过，朝鲜王朝军队也激烈反抗，在炮击清军的同时，边堆砌泥土和修复损坏的城墙，边继续进行抵抗。

一月二十七日，清朝军队缩小包围圈，直逼城下，做好了最后的进攻准备。为了便于攀爬，清军在城墙周围各处放置了几十个木人，给城内守军制造紧张气氛，还整日进行具有威胁性的炮火打击。清军的举动强化了山城内主和派的地位，城内召开重臣会议。经过长时间的争论后，尽管斥和派强烈反对，还是得出了按照清朝要求国王出城投降的结论。

意在让朝鲜王朝投降的清太宗接收国书，并下令尽快了结议和之事。谈判快速进行，双方签署了包含 11 个投降条件的《丁丑条约》。

· 向清帝献纳明朝所赐诰命（皇帝的诏书）、册印（册封文书和印章）

· 与明朝断交，与清朝建立君臣关系

· 废除明朝年号，使用清朝年号

· 将世子、王子及大臣子弟送往沈阳当人质……

条约中的大部分内容告诉世人，战败后的代价是多么惨重。

1637 年一月的三田渡之辱

《丁丑条约》签署之后，清军从一月二十八日起停止炮击，只在山城周围留有少数伏兵，随后将主力部队撤回外城。决定议和后，金尚宪、郑蕴、尹集、吴达济等斥和派仍反对国王出城。但一月三十日卯时（早上 5—7 时），仁祖还是在世子、大臣们和护卫军的陪同下出西门，向清太宗指挥总部所在的三田渡走去。

仁祖不能穿国王礼服冕服，身穿蓝色戎服，装束寒酸，注视着他的无数士兵和百姓失声痛哭。最终，仁祖走到设在三田渡的受降坛（举行投降仪式的祭坛）前。到达坛下后，仁祖向清太宗所在的高台行三拜九叩之礼，即双膝跪地三次，叩头九次，这是女真族敬拜自己天子的仪式。仁祖跪在地上，请求原谅抗拒大国之罪，清太宗命大臣下达赦免朝鲜王朝国王罪过的诏书。

野史中讲，仁祖的额头上鲜血直流。当时情景之悲惨，令全国百姓咬牙切齿，怒不可遏。朝鲜王朝国王因 1636 年十二月的丙子胡乱而逃往南汉山城避难，之后经历了史上最屈辱的投降——三田渡之辱，再加上受到自己瞧不起的"蛮夷"侮辱，国王、大臣和百姓无不陷入深深的失败感。后来，清太宗为永远纪念朝鲜王朝的受降仪式，竖起一座石碑，即"三田渡碑"。1637 年十一月三日，经历种种曲折之后，三田渡碑得以完工。十一月二十五日，清朝使臣查看过石碑后表示满意。碑的正式名称叫作"大清皇帝功德碑"，高 395 厘米，宽 140 厘米，是一座大型石碑。

372 年前的那个隆冬，仁祖、大臣和百姓们躲在南汉山城中瑟瑟发抖，惊慌失措。这一凄惨经历让后人深刻认识到，空有名目的战争是多么盲目和冒险。

首尔城郭的历史及其痕迹

　　不久前，首尔市中心发生了一件罕见的事情：人们记忆中的东大门体育场被拆除，并有人对那里的遗址进行发掘。虽然 2008 年也发现了首尔城郭和二间水门，但 2009 年 6 月出现部分保存完整的首尔城郭后，引起了学界关注。东大门体育场原址的发掘证明了首尔是一座城郭城市。

18 千米古道蕴含着朝鲜王朝的气息

　　1392 年，太祖建立朝鲜王朝。1394 年十月，他将都城从开城迁到汉阳。新都城汉阳城内建造宫殿，设立宗庙社稷坛，城郭的修筑也热火朝天地开展起来。1396 年，连接汉阳东西南北四处山脉的城郭宣告完工，总长 18 千米。汉阳外有峨嵯山（东）、德阳山（西）、冠岳山（南）、北汉山（北）等外四山，内有高 125 米的骆山（东）、高 338 米的仁王山（西）、高 265 米的木觅山（南）、高 342 米的北岳山（即白岳山，北）等内四山包围，是个天然要塞。首尔城郭所连接的正是内四山。

太祖和郑道传等朝鲜王朝开国功勋计划着，干脆利用汉阳的天然条件来建造一座牢固都城。《朝鲜王朝实录》中经常出现初次修筑城郭时的记录。1395 年（太祖四年）闰九月十日，太祖巡视都城地基。九月十三日，太祖首次设立都城造筑都监，命判三司事郑道传确定城址。1396 年一月，征集庆尚道、全罗道、江原道、西北面安州以南和东北面咸州以南的 118070 余名民丁，开始建造都城。此时已经测量过城址，确定好字号。有趣的是，城址用千字文标示序号。举例来说，从白岳东侧起，以千字文中的天字开头，直到白岳西侧，以吊（弔）字结束。地面距离总长 59500 尺，每 600 尺记为一个字，共 97 字。根据各道道民人数，天字至日字由东北面，月字至寒字由江原道，来字至珍字由庆尚道，李字至龙字由全罗道，师字至吊字由西北面分别承担。

现在的城郭上仍刻有当时以千字文顺序划分城郭工程的记录。由此可见，记录和现场是一致的。比如，城墙上有块刻着"昆字六百尺"的石头，"昆"是千字文中第 47 个字，代表该处距离白岳山 600 尺 ×47=28200 尺远。还有，刻在城墙上"兴海始面"的字样意味着该区域工程由庆尚道兴海（现浦项市）的劳工完成。这与实录中千字文的来字至珍字由庆尚道承担的记录相符。

▶

《都城图》（后侧），彩色手抄本，大小为 47cm×66cm，成于 19 世纪前期，藏于奎章阁韩国学研究所。都城内外房屋林立，令人印象深刻。这幅作品以绘画的方式充分地展现出汉阳人衣食住行生活的全景。

郑道传与无学大师的矛盾

1396 年一月九日，太祖以都城开基，祭祀白岳及五方之神。此后，他也常去都城视察筑城进度。工程于夏季暂停，天气晴好的秋季继续。1396 年八月六日，从庆尚道、全罗道、江原道征集筑城劳工 79400 人。最终，太祖时期的筑城工程在将近 1 年后完成。时间上分为春秋两季，为期各 98 天，年动用 197470 名劳工。另外，关于汉阳的都城筑造还有一则有趣的逸事。为助太祖定都汉阳做出巨大贡献的人有郑道传和无学大师。不过，他们对于将都城中心定在哪里的见解不同。无学大师主张要把仁王山定为主山，郑道传则主张必须把北岳山定为主山。无学大师想把位于仁王山西南侧的禅岩（因岩石形状像佛祖而得名）纳入都城之内。这样一来，自然是将仁王山作为主山。郑道传表示反对。他认为，最重要的是，国王要想面南（看向南面）而坐，必须以北岳山为主山。这样一来，禅岩只能被排除在都城之外。

最后，都城汉阳主山定为郑道传所主张的北岳山，并在山前广阔之地上修筑了王朝的象征——景福宫。城郭东西南北的中心建起四大门。以朝鲜王朝立国方针——仁义礼智的儒家理念命名，分别叫作兴仁门（东）、敦义门（西）、崇礼门（南）、肃靖门或昭智门（北）。四大门之间又建了四小门——惠化门、昭义门、光熙门、彰义门（紫霞门），使都城内外相通。

世宗时代修缮城郭

太祖时期的汉阳城郭已具备形态，随着定宗即位后迁都开城，城郭一度被废置。借李芳远 1398 年发动的王子之乱，即位的定宗舍弃汉阳，迁都高丽都城开城，相当一部分开城城郭残损。然而，太宗李芳远即位后的 1405 年，他重新将都城迁回汉阳，重建城郭和完善都城被提上日程。尽管自 1413 年起，接连有人建议必须修缮城郭，但未能进入具体操作程序。太祖之后，领导城郭修建的便是世宗。

1421 年（世宗三年）十二月十日，世宗任命右议政郑擢为都城修建负责人，动员全国范围内共计 322460 名劳工，修建坍塌处 28487 尺。从当时的记录来看，世宗像太祖时期一样从全国征用丁夫。京畿 20188 人，忠清 56112 人，江原 21200 人，庆尚 87368 人，平安 43392 人，咸吉 5208 人等，共计 322400 余人。还有 2211 名相当于技术员的工匠和 115 名统率士兵的守令参与修建工程。

1422 年一月十四日，世宗"以筑城，祭告于木觅、白岳之神"。工程于 1422 年二月二十三日结束。当时的记录如下："都城之役毕。城皆以石筑之，险地高十六尺，次地二十尺，平地二十三尺。增置水门二间，以通壅滞。塞西箭门，置敦义门。城之内外开道，并广十五尺，以便巡审。所用铁十万六千一百九十九斤，石灰九千六百十石。收其用余残铁，以充各道岁贡。"（《世宗实录》，世宗四年二月二十三日）

至此，世宗继承太祖修建城郭的成果后，动用 32 万余名劳工，完成了汉阳的城郭工程。当时，汉阳人口尚不足 10 万。可以想见，城郭工程的确从全国征用了不少劳工。

《北汉志》，圣能作，成于 1711 年，藏于首尔历史博物馆。

肃宗的城郭修缮项目

　　汉阳城郭初建于太祖时期，世宗时期的修缮使其成为守卫都城的主要场所。然而 16 世纪以后，城郭的防御功能没被充分利用起来。1592 年爆发壬辰倭乱，倭军以破竹之势攻向汉阳，国王宣祖弃都城于不顾，逃往义州。1636 年丙子胡乱时，仁祖一行同样选择逃难，在南汉山城与清朝军队对抗。不难看出，汉阳城郭完全没有起到防御工事的作用。必须将汉阳城郭用作军事防御壁垒，再次践行了这一意志的国王是肃宗。

　　肃宗巩固了北汉山城、江华岛、南汉山城等汉阳周边地区的防御。同时，他下令大规模修缮汉阳城郭。1704 年（肃宗三十年）至 1709 年（肃宗三十五年），训练都监、御营厅和禁卫营等三军营修缮

各自防御区内的城郭。此时用的石头比太祖和世宗时标准得多，如今在首尔的部分城郭上，可以清晰地看到三个不同时期的石头。太祖时使用大小各异、规格不一的石块筑造，城郭谈不上规则。世宗时使用规格比较统一的石头，下面的石头大，城墙越向上石头越小。肃宗时使用打磨成方块的石头。使用规格统一的石头便于后期城墙受损时进行修缮，这与正祖使用规格统一的砖头修建华城的道理相同。肃宗时的修缮完成了汉阳城郭的框架，直到朝鲜王朝灭亡，城郭都是防守汉阳的主要军事设施，并用作管制都城百姓的出入。崇礼门等四大门和光熙门等四小门晚上 10 点人定（关城门）时分敲钟 28 下，凌晨 4 点罢漏（开城门）时分敲钟 33 下并打开城门。

找回往日风采的首尔城郭

　　但是，近代的帝国主义侵略时期，城郭被彻底破坏。1899 年，市内开通电车，市中心周边的城郭多数被拆除。日本帝国主义破坏了敦义门、昭义门和惠化门等都城的出入口，美其名曰城市规划。崇礼门、兴仁门和彰义门在这股破坏的旋风中幸存下来，但周围城郭全部被拆，勉强维持孤岛之势。此后，还有部分城郭被用作了住宅的台子和围墙。自 1973 年起，韩国政府开始了城郭和门楼的复原工作。光熙门、肃靖门和惠化门分别于 1975 年、1976 年和 1995 年得以复原。然而，敦义门和西小门仍未得到复原。

　　1993 年，仁王山开放，人们得以目睹依山而建的首尔城郭。受1968 年 "1·21" 青瓦台袭击事件的影响，肃靖门一带的首尔城郭道路成为禁区。2006 年，禁区被解除，重新向市民开放，首尔城郭正慢慢地回到我们的怀抱。尽管有部分城郭道路中断，但只要有决心，就能将仁王山、北岳山、骆山和南山一带建成的首尔城郭游览个遍。建议读者朋友们也去环绕首尔城郭，探寻成长为国际都市的首尔及其历史和文化踪迹。

正古渊

辛

朝鲜王朝社会的实力

与世界沟通的大门：
朝鲜王朝时期的外语学习

  小学英语学习计划，外国语高中，国际研究生院，聘用大学教授时重视英语运用能力，就业考试已无法避免外语面试……"出生至少要能开口讲英语。"这句略带自嘲的牢骚不是夸张，而是已经成了现实。英语自不必说，中文和日语也不容小觑，外语能力成了人们的成功捷径。现实就是如此。

  那么，朝鲜王朝时期是怎样看待外语的呢？我们可以看到，和预想不同的是，那时也形成了系统性的外语学习。科举考试时，选拔技术官的杂科中设译科，招收精通外语的译官。因为有需求，自然就有和现在相似的外语学习教材。汉语课本有《老乞大》和《朴通事》，日语方面的书有《捷解新语》等。还有专业外语教育机构司译院，《通文馆志》一书中记载了历代著名译官的事迹。

汉语教材《老乞大》

朝鲜王朝时期的主要外语非汉语莫属。汉语教学以培养接待使臣，或者派往中国的使节团的随行译官为中心，不是所有百姓都要学习。当然，当时有相当一部分知识分子能熟练运用汉语。其中，最具代表性的是令世宗时代大放异彩的学者申叔舟。据说，他精通汉语、女真语、蒙古语和日语。学习汉语少不了与之对应的教材，会话教材有《老乞大》。"老"是尊称对方的前缀，跟韩语的"氏"和英语的"Mr."意思相近，"乞大"则是蒙古人对汉人的称谓。

书中讲的是三个高丽商人去中国卖马、人参和苎麻布路上的种种经历。此书分为上下两册，上册全部由会话体形式写成。《老乞大》中用汉语介绍了买卖马匹的方法、到北京后住旅馆的方法、介绍朝鲜特产人参的方法，以及找人帮忙请大夫的方法等，不愧为实用会话教科书。

《老乞大谚解》用谚文注解，便于不会汉字的人学习汉语，相当于现在包含原文和译文的双语图书。因此，此书既佐证了汉语的普及情况，也有助于研究中世纪韩国语。

《老乞大》还被翻译成蒙古语出版发行。《蒙语老乞大》用蒙古语讲述《老乞大》的内容，用谚文注音和注解，后人可以从中读出朝鲜王朝后期的时代氛围。蒙古族建立的元朝已经灭亡，但当时的人们没有放弃学习蒙古语。因为他们感到，总有一天蒙古语会派上用场。

与《老乞大》齐名的汉语教材还有《朴通事》。通事是译官职责所在，书名便是"朴姓译官"的意思。《老乞大》近似于以商人贸易活动为主题的"商务会话"，《朴通事》则以中国日常生活为主。《朴通事》中罗列了生活在中国会遇到的各种情况。比如，路上碰见去高

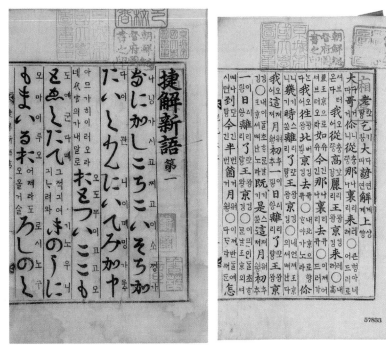

《捷解新语》（左图），康遇圣编，藏于奎章阁韩国学研究院。1676 年司译院发行的日语教科书。日语字体较大，右侧用谚文注音，逐句解释。此书对会话和起草书信等很有帮助。

《老乞大谚解》（右图），藏于奎章阁韩国学研究院。此书被用作译官的中文教科书，同样字字注音，句末有解释。

丽的官员并与之攀谈，去当铺借钱，以及公共澡堂的费用和搓背的相关信息，借条的写法等。特别需要指出的是，《朴通事》用词比《老乞大》高级，是领略汉语和谚文的生动之处、两国的风俗及文化制度的难得资料。《朴通事谚解》则是用谚文解释《朴通事》的双语书。

日语教材《捷解新语》

朝鲜王朝初期，朝廷就立足于交邻政策和日本建立起外交关系，

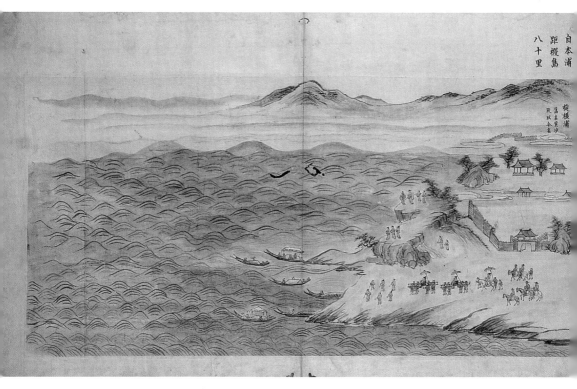

自本浦距榠岛八十里

旋槎浦

上图描绘了赴中国的朝鲜王朝使臣一行，藏于韩国国立中央博物馆。此为从平安道郭山宣沙浦出发的情景，以及在石城岛附近的大海遇见龙的情景。朝鲜王朝使节的正规出使路线是从汉阳出发，经义州，渡鸭绿江，过辽东地区的辽阳，去山海关、北京。使臣出使北京需要 40 日左右。

并进行交流。当时，视日本为夷狄的倾向占主导地位，但从实用角度看，也显现出朝鲜王朝积极搜集日本信息，想要了解日本社会文化的态度。1676 年，朝鲜王朝时期专管外语的政府机关司译院为培养日语译官，广泛发行日语学习教材《捷解新语》。

　　1415 年（太宗十五年）设立司译院后，朝廷起初只开设汉学和蒙学，后来又开设了倭学。因此，日语被称作"新语"或者"新学"。"捷解新语"意为"快速解读新语也就是日语的书"。此外还有《捷解蒙语》。可见，"捷解"一词是当时给会话类图书命名的常

用词。

外语学习多半如此，但《捷解新语》中最为重视日语背诵能力。英祖时期，译官玄敬才（音）的译科考试试卷"倭学试券"中，就有默写《捷解新语》中六段内容的记录。由此可见当时对语言能力的重视。

译官 —— 外语学习的尖兵

译官是朝鲜王朝时期专门负责外语翻译的官员，相当于现在的外交官或者翻译人员。朝鲜王朝时期的司译院集中培养译官，司译院中讲授汉语、蒙古语、满语和日语等四大外语。汉学厅、蒙学厅、清学厅和倭学厅等各官厅分别专管外语学习。另外，朝廷设立了翻译人员培训所 —— 偶语厅。朝鲜王朝还设有整天只用外语对话的纯会话教室，这可以算作当今各地出现的"英语村"的鼻祖。当时的第一外语自然是汉语，司译院中汉学厅的规模也最大。

朝鲜王朝时期鄙视技术职务，译官在身份上被列为中人。由于中人身份世袭，所以经常会有家族中接连出译官的情况，代表性的译官家族有密阳卞氏、川宁玄氏、牛峰金氏等。译官要先受人推荐接受审查，合格后进入司译院，正式开始学习外语。即便如此，也不是马上就能当上译官，等待他们的是严格的培训过程。他们寄宿在司译院中，整日学习，每月二日和二十六日参加考试。司译院每三个月举行一次院试，就像现在的期中和期末考试。培训结束后，他们还要考杂科。杂科由医科、译科和律科等组成，与文科同样，每三年举行一次。其中，译官需报考译科。通过译科的初试和复试才能成为译官。值得注意的是，义州和黄州设汉学，釜山浦和盐浦等地设倭学，以此培养地方翻译官 —— 乡通事。

译官能在朝鲜王朝时期的外交一线施展才能，显然是以扎实的培训过程和考试制度为基础。国家主导推行外语学习，保障培养优秀外交官的人事系统。这种情况下，很难让人联想到常用来批判当时社会的孤立或封闭等词语。

《通文馆志》和洪纯彦的外交秘史

作为肃宗时期以司译院译官金指南及其子金庆门为中心而编纂的书籍，《通文馆志》是一部对承担外交及翻译的政府机关司译院的沿革、官制、历史，以及事大交邻的相关外交资料进行整理的书籍。高丽王朝时期，司译院被称作通文馆，因此书名叫《通文馆志》。格外引人注目的是，书中设"人物"篇，介绍了崔世珍、洪纯彦和金谨行等历代主要译官。下面是《通文馆志》中对洪纯彦事迹的叙述：

> 洪纯彦少落拓，有义气。尝赴燕到通州，夜游青楼，见一女子极有殊色。意悦之，托主姬要欢。见其衣素，问之，则曰，妾父母本浙江人，仕宦京师，不幸遘疠疾，一时俱没。旅榇在馆，独妾一身，返葬无资，不得已自鬻，言毕哽咽泣下。公闻之，愍然问其葬费，可用三百金。即倾橐与之，终不近焉。女请姓名，终不言。女曰，大人不肯，妾亦不敢受赐。乃言姓而出，同行莫不嗤其迂。女后为礼部侍郎石星之继室。待侍郎闻知此事而高其义，每见东使，必问洪通官来否。（《通文馆志》卷七）

接下来，《通文馆志》中还记述道，与中国女子的一面之缘使洪纯彦在壬辰倭乱时引导明朝出兵起到了很大的作用，并使洪纯彦成功解决了朝鲜王朝最难的外交悬案——宗系辩诬。与此女结缘虽然起到了一定的作用，但我觉得更重要的是，译官洪纯彦杰出的能力使其与明朝达成了成功的外交协商。换言之，洪纯彦等被埋没在历史中的译官，在《通文馆志》中得以重现。

注重用人的世宗时代

  在代表"实用政府"的李明博政权之前，"参与政府"主导着韩国社会。然而，历史上最受人瞩目的国王则是正祖，这可能是因为他冲破保守势力樊篱、改革君主的形象深入人心。那么，领导堪称实用政府典范的国王又是谁呢？当然要选世宗。世宗自身能力超群，又懂得最大限度地使用国家人才，是一位整顿朝鲜王朝时期政治和文化的君主。开拓北方的金宗瑞、集贤殿的成三问和申叔舟、音乐家朴堧、贱民出身的科学家蒋英实，以及黄喜等名相，世宗时期涌现出的人才阵容堪称历史上的"梦之队"。世宗的用人政策既侧重能力，又坚持包容性和客观性。时至今日，这种用人政策仍然值得借鉴。

世宗的智囊团——集贤殿

  没有韩国人会否认世宗作为国王和政治家的伟大。世宗时期，

在集贤殿遗址上建起的景福宫修政殿。

光辉灿烂的民族文化成果不胜枚举：创制韩国文字——训民正音，为百姓编纂《农事直说》《乡药集成方》等农书和医书，提拔天才科学家蒋英实，日晷、自击漏、测雨器等各种科学仪器产生，命朴堧完成宫中的代表性音乐，等等。然而，世宗身上更突出的闪光点是广泛起用有能力的国家人才。

设立集贤殿就是世宗任用人才之构想的集中体现。在即位的同时，世宗将集贤殿升级为完整的国家机关，并将集贤殿当作学术的中心机构。还有，集贤殿汇集了"才行年少者"，即一批才能和品行出众的年轻人才。申叔舟、成三问、郑麟趾、崔恒等代表世宗时期的学者陆续聚集至此。

集贤殿设立于1420年（世宗二年），撤销于世祖二年，只存在了大约37年。集贤殿虽然存续如此之短，但仍深深镌刻在我们脑海里。这是因为，世宗时期的代表性学问和文化活动都是在集贤殿里完成的。自世宗至端宗，集贤殿前后共有过96名学者。记录朝鲜王朝时期文科合格人员名单的《国朝榜目》显示，集贤殿学者都是文科及第出身。其中，头名状元及第郑麟趾等 16 人、二等 6 人、三等申叔舟等 11 人、四等 7 人，另有 46 人位列五等之内，接近集贤殿全体学者的一半。被选拔进入集贤殿的文科及第者真可谓国家顶级人才。世宗赋予这些优秀人才的任务是读书和治学，以及以此为基础做出政策决策，编纂国家主要刊物。

集贤殿位于今景福宫修政殿，离国王早朝和议政的勤政殿和思政殿非常近。这说明世宗对集贤殿十分关注。世宗本人就是精通学问的君主，但他在政策决策上并不独断专行。世宗愿意充分采用集贤殿学者们的研究成果，尊重多数人的意见。

集贤殿里主要研究古制的解释和政治提案的政策问题。许多研究活动都是以集贤殿为中心而展开的，如调查关于住宅的古代制度，制订中国使臣的接待方案，研究盐田法，起草外交文书，调查朝鲜王朝的药草等各项研究和编纂活动。此外，隶属于集贤殿的学者们还被授予了义务和官职，如教育国王的经筵官、教育王世子的书筵官、科举考试的试官和记录历史的史官等。也就是说，这些学者被培养成了国之栋梁。

集贤殿中同样积极开展了各种编纂工作。将关于历史、儒教经典、礼仪、兵法、法律、天文等国家所需书籍的编纂任务交给集贤殿后，学者们就会通过以往的法制和学术研究将其完成，然后呈给国王世宗。世宗在位时，集贤殿做过不少此类项目。《高丽史》等整理前代历史的编纂工作始于世宗时期，成于文宗时期。这归功于世宗眼光长远，推动了以上事业的进行。

"共同政治"的榜样

在世宗的高度关注下，集贤殿研究和决定了国家的重要政策。世宗也不忘时常造访集贤殿，鼓励各位学者。某个冬夜，世宗见集贤殿内灯火通明，把自己披着的貂皮大衣盖在睡梦中的申叔舟身上。这则逸事成了美谈，流传至今。

可是，世宗的决定让学者们长期留任集贤殿，晋升因而被延迟。有些学者心生不满，想要调到其他部门。郑昌孙、崔万理、朴彭年、

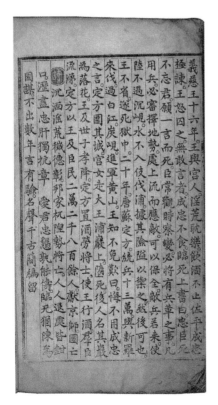

《三纲行实图》，作者为直提学偰循等，成于1434年，藏于奎章阁韩国学研究院。此为世宗时代集贤殿学者们编纂的图书。

申叔舟分别在集贤殿工作了 22 年、18 年、15 年和 10 年。集贤殿的工作年限长于其他任何部门，很多人因晋升缓慢心怀不满。了解到这一情况后，世宗从制度上采取措施，以关怀集贤殿学者。他实行的是赐暇读书，也就是国王赏赐的带薪休假制度。为身心俱疲的学者们提供再充电的机会，这与如今大学教授的研究年（安息年）[1] 制度相似。

1426 年（世宗八年）十二月，朝廷送权彩、辛石坚、南秀文等学者回家读书 3 个月，给他们再充电的时间，此为赐暇读书之始。起初，赐暇是让集贤殿的学者回家休息。后来，他们又被送到适合做学问的安静寺庙——津宽寺。至成宗时期，朝廷干脆新设读书堂（又名湖堂），并将赐暇读书制度固定下来。最初的读书堂位于龙山，叫作南湖。中宗时期的 1507 年，读书堂迁至现在的首尔金湖洞山脚下，名为东湖。现在首尔市城东区有读书堂路，汉江上有东湖大桥，这些都佐证了朝鲜王朝时期东湖读书堂的存在。

在世宗的特殊照顾下，集贤殿编纂出几百种研究报告和 50 余种书籍。他们编纂出《乡医集成方》《三纲行实图》《国朝五礼仪》和《历代兵要》等涵盖医学、历史、礼仪和国防等各领域的书籍，令世宗时代的文化之花绽放。

设置集贤殿最大的意义在于，世宗不独自决定国家政策，支持众多人才研究学问，并在政策上运用其成果。集贤殿出身的杰出人才是创造 15 世纪灿烂民族文化的原动力。世宗最大限度地利用国家人才宝库集贤殿，做出"共同政治"之榜样。从这一点来看，他也称得上是最伟大的国王。

世宗实行"国民投票"

　　世宗和普通百姓一起讨论政治问题，在直接向百姓询问土地税法相关意见时达到巅峰状态。1430 年（世宗十二年），世宗询问百姓是否赞成名为"贡法"的新税法，这种做法相当于今天的"国民投票"。该税法的核心内容为 1 结土地的税金统一定为 10 斗。因为之前官员亲自去田中察看，核实产量，并据此确定税金的做法问题颇多。

　　1430 年三月五日至八月十日，投票历时 5 个月才结束。统计显示，超过 17 万名百姓参加投票，9.8 万人赞成，7.4 万人反对。表决情况按照投票人所属地区记录在《世宗实录》中，可见这是一项集中国家全力的工作。从当时的人数看，17 万人参与是以全体百姓为对象的，跟现在的国民投票差不多。当时之所以会进行国民投票，是因为世宗最重视老百姓的意见。然而，表决双方相差不大，因此世宗没有急于确定税法，而是重新周密调查。1437 年八月，贡法从全罗道和庆尚道开始试行。1441 年（世宗二十三年），试行范围扩大到忠清道。1444 年（世宗二十六年），贡法最终确定为年分九等，田分六等。这距离那次国民投票已经过去了 14 年。

　　农业是当时的国家根基，决定耕地税金是百姓们最关心的大事。正因为问题重要，世宗才会花费大量时间，充分听取大臣和百姓的意见后做出决定。在人们经常先入为主地认为一切由国王决定的专制王权时代，这种经过民主决策做出决定的史实让人大吃一惊。

　　世宗不仅自身才智过人，而且懂得合理使用国家顶级人才，这使他能够快速构建起朝鲜王朝的国家框架。世宗与集贤殿中培养的人才讨论和决定国家政策，还毫不犹豫地起用贱民出身的科学家蒋英实。黄喜、金宗瑞、崔润德、成三问、申叔舟、朴瑛、蒋英实和李葳等都在各自领域里登峰造极，并以此回报了世宗的知遇和栽培。世宗的识才慧眼让他们得以永载史册。

---

1 安息年原来是指犹太人每 7 年休息 1 年的那年，而在各种机构中，多指为提升自己而暂时离开现任工作的时间。韩国国内的大学们为了强调自由研究的宗旨，多采用"研究年"这一说法。——译注

妓女出身的巨商：金万德

  艺人和普通人的乐善好施成为感人的美谈事例逐渐增多。听说，年轻女演员几年间捐款高达 8.5 亿韩元。还听说，卖紫菜包饭的老奶奶欣然拿出辛苦积攒的收入用作学生奖学金。用捐赠行动实践分享的歌手给人带来暖暖的感动，也让人感到生命的意义之一在于捐赠。这些只是大家知道的事例，更多的人仍在社会各个角落默默无闻地用捐赠奉献着爱心。

  若是追溯到朝鲜王朝时期，当时也有一位捐赠的代表性人物——万德。特别需要指出的是，出身济州岛妓女的身份和地域之特殊性，使此女的神秘感有所增加。那么，万德是怎样赚到巨额财富以至于能够捐赠的呢？

义妓万德何许人也

  济州妓万德，散施货财，赈活饥民，牧使启闻。将施赏，万

由于被退妓收养，万德也成了妓生。但她最终成为巨商，
实现了游览金刚山的平生所愿。这幅照片中的人物是一个
平壤妓女，李敦秀（音）所藏。

德辞，愿涉海上京，转见金刚山，许之，使沿邑给粮。(《正祖
实录》，正祖二十年十一月二十五日）

　　上述内容是《正祖实录》1796 年（正祖二十年）中，记述万德
捐赠善行之情景的记录。朝鲜王朝时期，在朝鲜半岛的最边缘地区
之一济州，妓生出身的女子施财救助百姓的做法十分令人称奇。还
有，这一事实被载入国家官方记录之《朝鲜王朝实录》也非常罕见。
实录中对万德的记录言简意赅，但《承政院日记》和《日省录》，以及丁若镛的《茶山诗文集》、朴齐家的《楚亭全书》和赵秀三的《秋斋纪异》等朝鲜王朝后期的个人著作中也有对她事迹的介绍。这些都足以证明万德事迹在当时社会上引起的巨大反响。

综合各种记录来看，金万德是金海金氏之后代，其父为金应悦，其母乃高氏。12岁那年，万德的父亲因海上风浪离世。同年，她又因蔓延济州岛的传染病失去母亲。万德变成孤儿，很快成了退妓的养女。多数妓女会将技艺传授给自己的女儿，万德也在这一过程中习得技艺，并从15岁时起正式开始了她的官妓生涯。

万德成为有名妓生，与上述生活背景颇有渊源。然而，万德并不以妓女自居，这或许是因为她有着贵族女儿家的自尊。蔡济恭的《万德传》中写道："万德俯首为妓，然不以妓自居。"

如何赚取巨额财富？

朝鲜王朝后期，女性很难发挥才能。就当时社会而言，像万德这样的女性能获得成功的情况非常罕见。那么，她是用什么方法赚到大笔钱财的呢？万德生活在英祖和正祖在位的朝鲜王朝后期，那时发生了巨大的变化。除传统农业外，人们拓宽了对手工业、商业和流通经济的认识，并将这些认识付诸实践。谈到商业和流通经济的发达，就不得不提港口贸易和客主业。据推测，万德便是靠港口贸易和客主业发的家。这从另一方面体现了济州岛不再是经济薄弱地带。朝鲜王朝后期，济州岛成为渔业和海上贸易的新中心。身处此地的万德察觉到时代发展趋势，直接投身到商业战线。

不当官妓后，万德在健入浦口做起了客主生意。健入浦口靠近济州牧官衙，商船和官船等进出频繁，络绎不绝。客主是一种向商人提供食宿、代卖商品的中间商。从现在来看，这可以被看作同时具备住宿和销售之职能的经营形态。有人认为，万德从事客主业之所以能成功，是因为做官妓时与官员结下的交情能起到重要作用。她特有的商业头脑也发挥了重要作用。济州特别缺少大米等粮食，也不出产盐。万德掌握着从外部进入的大米和盐的垄断权，将其与裙带菜和鲍鱼等济州海产品进行交换。她用大米和盐的市场差价不断积累财富，最终成为济州岛女首富。

万德与《裴裨将传》之城——济州岛

万德是朝鲜王朝时期令济州岛大放异彩的代表人物。可是，济州岛上的人物扬名需要不少时间。事实上，济州岛还是整个朝鲜王朝时期最糟糕的流放地，这与今天坐一个小时飞机就能到达的旅游城市形象相去甚远。此处是距离陆地最遥远的绝海孤岛，所有信息被隔绝，经济条件也不好。

五贤高中是如今代表济州岛的名校，校名是为了缅怀供奉在济州五贤坛的五位名人——金净、宋麟寿、金尚宪、郑蕴和宋时烈。除被派遣到济州任御史的金尚宪之外，其余四人都是在士祸和党派斗争动荡时期被流放至此的。流放期间，他们为无异于学问不毛之地的济州的学问振兴做出了重大贡献。

19 世纪后期，济州岛仍然是当时名门望族的流放地。1840 年至1848 年，19 世纪的学者金正喜在济州岛度过了 8 年流放生活。在此期间，他不失刚正不阿的儒生精神，把流放当作因祸得福、提升人格和学问的契机。他在这里完成了著名的秋史体，在这里将写有孔子名言"岁寒，然后知松柏之后凋也"的画作《岁寒图》赠予到访的弟子李尚迪。崔益铉、金允植等近代人物立志振兴正在坍塌的朝鲜社会，却惨遭流放济州岛的命运。

朝鲜王朝后期，济州岛还成了小说中的重要背景。以裴裨将和妓女爱娘之情为主题的小说《裴裨将传》，其舞台便是济州。小说从贵族金庆昇（音）被任命为济州牧使后，将和自己有交情的裴先达[1]用作礼房的裨将说起。喜欢玩乐、家住西江的裴先达得知此事后兴奋至极，遂将此事告知了妻子。可是，当时的济州岛乃是女色闻名之地。于是，妻子表现出深深的忧虑，一再叮嘱丈夫不要沉湎酒色。与妻子盟誓后牧使一行到达济州岛，是小说刚开始描写的场景。不过，风大浪大，一路上并不顺利。可见，这说明济州岛既是不便前往之地，又是官员们忌讳之地。然而，济州岛成为古典小说的主要舞台，这可以看作它慢慢跃升为历史空间的标志。

游览金刚山与蔡济恭的《万德传》

朝廷也讨论了对万德捐赠行为的褒奖，但她不是男子，不能轻易赏赐她官职。万德完全消除了朝廷的上述顾虑："我别无他愿，只想去汉阳瞻仰王宫，观赏天下名山金刚山的一万两千座山峰。"其愿望朴素得不像一个捐出巨款的人。由于当时不允许济州岛女子到陆地上，济州牧使遂将此事上报朝廷。正祖欣然接受了万德的请求，并采取了适当的措施。1796 年，万德一到都城王宫，正祖就赐她内医院医女班首一职，还亲自与孝懿王后一同勉励她。

次年春天，万德从平生所愿之金刚山游览归来。18 世纪之后，朝鲜王朝迎来了真景文化，儒生之旅也变得活跃起来，金刚山重新受到瞩目。他们用纪行录留下了自己游览金刚山的经历，金弘道和郑敾等画家则把金刚山美景绘在了画纸上。万德也被当时金刚山旅游渐热的氛围感染，心怀身为朝鲜王朝人，一定要去金刚山看一看的梦想。

实现梦想的万德经万瀑洞、妙吉祥，从三日浦坐船环视丛石亭后，结束了金刚山之旅。当时，万德简直成了京城的明星。《樊岩集》中写道："万德名传汉阳，公卿书生等莫论身阶，皆欲目其容。"寥寥数语，生动地呈现了当时的情景。

游过金刚山后，万德决定放弃官职，返回济州岛。此时，她与曾任正祖最高参谋——宰相的蔡济恭重逢。他们最初相识是在万德第一次上京时。离别前，蔡济恭以亲自写的《万德传》相赠。《万德传》收录在蔡济恭文集《樊岩集》中，世人因此永远记住了她。

> 圣上十九年乙卯，耽罗大饥，民相枕死。……于是万德捐千金贸米。……秦皇汉武皆称海外有三神山。世言我国之汉拿，即所谓瀛洲。金刚即所谓蓬莱。若生长耽罗登汉拿，麴白鹿潭水。今又踏遍金刚。三神之中，其二皆为若所包揽。天下之亿兆男子，有能是者否。（《樊岩集·万德传》）

1812 年，也就是回到济州岛 15 年后，万德离开人世。依照遗言，她被安葬在可以俯瞰济州全城的纱罗峰路边。这意味着，她希望自己永为济州女子。

济州岛设立了万德奖，每年都会选出新万德。从济州妓女出身

展现朝鲜王朝时期济州岛风景的画作。济州岛风光优美，是朝鲜王朝时期的绝海孤岛流放地，被权势排挤的人们不得不在此度过数年孤独时光。万德是济州出身的官妓，她令朝鲜王朝时期女性史更加丰富多彩。上图为《耽罗巡历图》中的《正方探胜》，作者金南吉，纸质淡彩画，大小为55cm×35cm，成于1702—1703 年，宝物第 652-6 号，藏于韩国国立济州博物馆。

到成功的女老板，再到实践分享美德的捐赠天使，万德让朝鲜王朝时期的女性史变得更加丰富多彩。

1　先达是文武科及第而未做官的人，常用于姓之后。——译注

朝鲜王朝时期的货币

2009 年，印有申师任堂肖像的 5 万韩元纸币开始在市面上流通。5 万韩元纸币是韩国货币史上最大面额的货币。1973 年，1 万韩元大约是大学应届毕业生工资 4.5 万韩元的五分之一。5 万韩元的价值虽不如从前，但可以肯定的是，它将与维持地位几十年的 1 万韩元纸币一道成为主流货币。韩国历史上也造过几次货币，但直到朝鲜王朝前期，新造货币没进入实际流通的情况有很多。正式发挥货币功能的是常平通宝。常平通宝制于朝鲜王朝后期的肃宗时代，是朝鲜王朝时期货币的代名词。下面，我们就一同走进它的故事吧！

两次战乱后的货币铸造论

朝鲜王朝初期的纸币楮货、世宗时代制造的朝鲜通宝、世祖时期紧急情况下使用的箭镞，以及和平年代使用的柳叶钱，这些是朝鲜王朝流通的法定货币。但是，由于大体上没有形成使用货币的社会和经济条件，大米或布行使了货币职能，楮货和铜钱并未起到很大作用。《经国大典》中虽然有以大米、布和楮货支付官员俸禄的规定，但楮货没能起到应有的作用。然而，从朝鲜王朝后期开始，这一状况被打破，其最重要的原因在于两次战乱，即壬辰倭乱和丙子胡乱以后，社会和经济发生了变化，这使人们对货币流通产生了新的认识。17 世纪前半叶，朝鲜王朝为了及早克服战乱后遗症，夯实国家重建基础，实施了多种社会经济政策。大同法、号牌法、户布法、良役变通和货币铸造论等经济政策的实施，展现了以农业为中心的朝鲜王朝正逐渐迎来一个也要关注工商业的时代。

另外，为克服接连而至的自然灾害的方案中也要求，除发展易受干旱和洪水侵害的农业外，还要培育其他产业。对于朝鲜王朝来说，17 世纪是个一边克服自然危机和社会危机，一边不断夯实国家重建基础的时期。为应对这种时代现状，伴随新社会政策一同登场的还有官员和学者们各种各样的经世论。

关于货币铸造与流通的讨论正是在这样的时代背景下出现的。17 世纪，密切关注货币铸造与流通的人物有金荩国、金起宗和金堉等经济官员学者与柳馨远等实学家。货币流通不仅是一种克服战乱和危机、增加国家财富的方案，也是一种能够脱离农业经济局限，用以工商业为中心的方法解决国家财富和民生问题的方案。17 世纪前半叶的宣祖时代，李德馨等人讨论过铜钱铸造。17 世纪中叶的仁祖时代和孝宗时代，金荩国和金堉等人关于货币流通的讨论变得激烈起来。

显宗时期，自然灾害和大饥荒席卷全国，导致无法产生货币流通新构想。17 世纪后半叶的肃宗时期，常平通宝在全国流通，反映了社会经济变化。尽管有人议论货币流通导致的弊端，但货币流通逐渐成为时代潮流。

朝鲜王朝时期的 1 分和 1 两：现在的 700 韩元和 7 万韩元

1678 年（肃宗四年），国王肃宗召集大臣和备边司众臣子，听取大家对于货币铸造的意见。首先，有人指出，货币要在全天下通行，唯有我国屡次想发行却无法实现，究其原因在于铜钱不是土产品，且流通货币的氛围不如中国浓厚。

接着，许积、权大运等大臣积极建议发行货币，作为应对社会情况变化的方案。肃宗则再三征求大家的意见，在座的多数人认同货币流通的必要性。最终，肃宗命户曹、常平厅、赈恤厅、御营厅、司仆寺和训练都监等机关铸造常平通宝，将 400 文钱定为 1 两银子的价格，货币在市面上流通起来。因此，400 文等于 1 两银的价值，也就是等于铜钱（常平通宝）4 倍的价值。今天，只有韩国造币公社能制造货币，朝鲜王朝时期则有多个机关都能铸造货币。常平通宝是一种从树叶形状的铸钱模具中做好后取出的铜钱，现在常说的"叶钱"一词源于铜钱像树叶一样挂在铸钱模具上的形象。常平通宝的铸造让朝鲜王朝正式迎来货币流通时代。朝鲜王朝时期的货币单位"文"，又称"分"，10 分为 1 钱，10 钱为 1 两。10 两为 1 贯，贯是最大的货币单位。

朝鲜王朝后期，1 两的购买力是多少呢？我们可以通过当时和现在都使用的物品进行比较。大家每天吃的大米就是最合适的比较对象。朝鲜王朝时期有"详定价"，即由国家规定的官方物价：1 石大米售价 5 两。当时的 1 石大米相当于现在的 144 千克。如今，20 千克大米的零售价约为 5 万韩元。当时 1 石的售价换算为现在的货币大概是 36 万韩元。因此，可以说，朝鲜王朝时期的 1 两与现在 7 万韩元的价值相当。最小的货币单位 1 分相当于现在的 700 韩元。即

常平通宝，藏于首尔历史博物馆。此为 17 世纪后半叶至朝鲜王朝末期人们使用过的铜钱。由铜锡合金铸成，叶钱中央的方孔四周有"常平通宝"字样，另一面是铸造机构的名称。

使在今天，乞讨者还常说"求您赏 1 分"，这就源于朝鲜王朝时期的货币单位。倘若他们说"求您赏 1 两"，那就不是乞讨，而是快成强盗了，不是吗？

常平通宝广泛流通的原因

常平通宝流通初期，百姓们使用得很消极，他们担心小小铜钱不能真正买米买衣。为此，政府直接将相当于名目价值的实物换给铜钱支付的人，还将中央官员派往各地方，鼓励使用铜钱。另外，朝廷设置政府直营的酒馆和饭店，广泛宣传货币流通的便利性。政府不仅用货币收税，汉城府、义禁府等处还用铜钱代替实物来作为犯人的保释金，促进货币流通。

不过，国家对货币流通的意愿，以及朝鲜王朝后期农业社会渐渐向工商业社会转变，二者作为正在扎根的时代状况，才是肃宗时期常平通宝在全国流通的最主要背景。也就是说，一方面，朝鲜王朝后期商业和手工业发达，金属货币因比此前行使货币职能的大米和布料更便利，从而显现了货币流通的必要性；另一方面，后来逐步实行租税金纳制，税金和地租也可以用铜钱代缴，这更加促进了

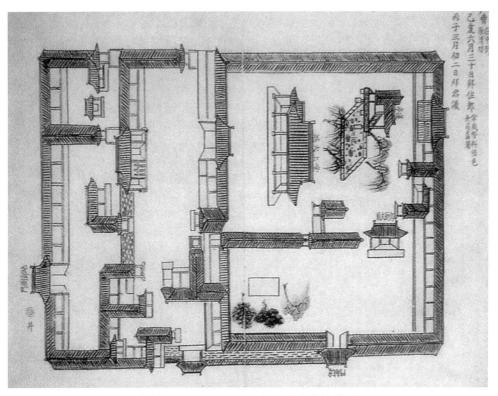

《宿践诸衙图》中的户曹，大小为 40cm×60cm，藏于美国哈佛大学图书馆。此
为朝鲜王朝时期铸造常平通宝的场所。

货币的流通。这与今天用信用卡结算比现金方便许多的道理相似。
一方面，从国家立场上讲，国家财政不可能仅依靠农业，为确保国
家财政收入，商业和手工业的重要性正在抬头；另一方面，货币流
通促进了商业的发展，以及铜钱所需材料的矿产开发。

但是，进入 18 世纪以后，朝鲜王朝发生了货币短缺现象，人们
把货币保存在家中，不让其流通。钱荒导致货币价值上升，发生了
无论铸造多少铜钱都无法实现流通的货币不足现象。贵族官僚、地
主和富商们把货币用作高利贷手段或者积蓄起来，成为引发"富益

富，贫益贫"现象的原因之一。18世纪的实学家李瀷之所以主张废钱论，就是因为考虑到货币流通反而会对贫苦百姓造成弊害。

寻找货币上的人物和图案

5万韩元纸币上的人物是申师任堂，此前韩国纸币上的人物全部姓李。例如，李舜臣、李滉、李珥和世宗大王。解放后发行过的纸币上印有首届总统李承晚，用至20世纪70年代的500韩元纸币上印有李舜臣。还有一点需要指出的是，除李舜臣外，目前韩国货币上的人物都是学问造诣深厚之人。外国货币上的也多是代表该国的人物。韩国货币上印有世宗大王、李珥、李滉和申师任堂等，可见重视学问的传统延续至今。

接下来，我们看一看硬币和纸币的图案。硬币正面标有面值，10韩元、50韩元、100韩元和500韩元上分别带有多宝塔、稻穗、李舜臣和仙鹤图案。纸币上则是与该人物相关的场所和物品。1000韩元旧钞和新钞上分别画有供奉李滉的陶山书院和成均馆明伦堂，5000韩元纸币上画有李珥出生的外婆家乌竹轩及其母亲申师任堂的草虫图，1万韩元纸币正反面分别是世宗龙椅后面的日月五峰屏和他发明的浑天仪、天象列次分野之图。1万韩元旧钞前后面分别是测雨器和景福宫庆熙楼。

货币的图案与上面的人物有着深厚渊源。不仅是韩国，很多国家货币上都浓缩着各自的历史和文化。尤其需要指出的是，纸币上的所有人物都是朝鲜王朝时期的人物。这也反证出，韩国人的意识当中更加亲近朝鲜王朝那段历史。

伴随韩国历史的牛

    2008 年，低成本独立电影《牛铃之声》带给人淡淡感动的同时，还引起了广泛关注。与花费巨额制作费、动用明星的所谓大片不同的是，这部影片的主要演员只有爷爷和老牛。尽管如此，老人与牛表现出的深厚友情和被遗忘的我们的生活投射在牛和老夫妇身上，这让很多人产生共鸣。《牛铃之声》的另一个主人公，即牛带给人的忠厚和诚实形象，不仅与老人的生活，甚至还和韩国人的历史密切相关。

牛：古代和中世纪农业社会生产力的根本

    关于牛的文献记录可以追溯到古代。中国的《孟子》等儒家经典中有牛被用作牺牲[1]进行祭祀的记载。用牛等家畜命名官职，说明农耕社会对家畜非常重视。史书中还写道："有军事亦祭天，杀牛观蹄以占吉凶，蹄解者为凶，合者为吉。"这说明牛是一种祭祀用和占卜用的代表性动物。

《三国史记》中有5世纪新罗纳祇王时（438年），政府教百姓用牛拉车的方法的记录。可见，牛车在新罗时期就已被正式使用。还有，庆州98号古墓中出土了泥牛车。6世纪，智证王时（502年）开始牛耕。牛取代了此前的人力劳作，给农业生产力带来划时代的发展，最终奠定了新罗繁荣的基础。不过，如佛教和花郎道世俗五戒中"杀生有择"（杀生也有所选择）的主张，在禁止杀生的社会风潮下，食用牛的例子很少见。法兴王十六年（529年）时"下令禁杀生"，即国王下达禁止杀生的命令。

高句丽古墓壁画上也经常出现牛的身影。安岳3号墓大行列图中有牛拉车、两名车夫赶牛行走的图画。双楹冢《车马行列图》中可以看到黄牛和旁边年轻的车夫。此外，舞俑冢、平壤附近的德兴里壁画上也有牛。可以推测，牛是与高句丽人亲近的动物。伽倻历史与牛的渊源可以从《三国遗事》水路夫人条中"傍有老翁牵牸牛而过者闻夫人言折其花"的记录得到印证。

高丽时代延续了三国时代的做法，积极地用牛运输和耕种。然而，受高丽立国之本佛教的影响，人们几乎不曾宰杀家畜。12世纪宋朝使臣徐兢记录高丽风俗的《高丽图经》中有"丽政甚仁，好佛戒杀，故非国王相臣，不食羊豕，亦不善屠宰"的记载。

牛：朝鲜王朝时期严格限制食牛

朝鲜王朝时期有部分牛被食用，但由于牛是代表性的耕种家畜，所以肉牛的饲养十分受限。只有在王室祭祀和宴会等特殊情况下才

会吃牛。1398年（太祖七年）的记录中写道："济州畜马点考使吕称、监察朴安义等来献牛马籍。"这说明牧场献上各自牛和马的户籍，由国家进行系统性管理。

王室吃牛的主要事例可以从1795年正祖巡幸华城，为母亲惠庆宫洪氏举办花甲寿宴的记录中找到。宴会上献给惠庆宫的70种菜肴有丸子汤1碗（牛肉、羊肉、猪肉约4两）、面条1碗（牛里脊肉3两）、渚脯汤1碗（牛肉1斤）、贻贝汤（牛肉1斤）、花阳炙（烤牛里脊肉7斤）、炖山鸡、蒸梭鱼、炖乳猪（牛肉1斤）、蒸海参（牛肉3斤）、各种饺子（牛肉各2斤）等，牛肉用料为数不少。

此外，《朝鲜王朝实录》中有不随便杀牛吃的内容，详细记录了大洪水时牛和猪等家畜的受灾情况，还有对牛传染病——牛疫对策的关注。《仁祖实录》仁祖十五年（1637年）八月七日的记录如下：

> 备局启曰："牛疫之患，八路同然，明年农事，殊极可虑。闻济州牛畜最繁，而其价甚轻云。宜令本道监司，详问公私牛畜之数及价直多少，而输致之策，亦思方便以启似当。"答曰："依启。姑俟牛疫之寝息。"

牛疫是一种经西伯利亚和蒙古地区传入的牛传染病，每三到四年为一个暴发周期，会导致巨大损失。有关牛疫的最早记录是高丽仁宗二十年（1142年）记录的牛疫和马疫，《朝鲜王朝实录》中也经常出现牛的疫病。再想一想最近出现的疯牛病恐慌，牛的确既是人

◀

《牛图》，作者金埴，水墨彩色画，大小为57.6cm×98.5cm，藏于韩国国立中央博物馆。

类最亲近的动物，也是不时引人警惕的对象。

朝鲜王朝后期实学家李瀷在《星湖僿说》之"万物门"章"牛耳"中，通过牛耳写出了牛温顺的性格。

> 按六畜中，马属火，故其色多赤，牛属土，故其色多黄，豕属水，故其色多黑。此最易别者。故于十二辰，马属午，牛属丑，豕属亥。相其形，马耳上指，牛耳平，豕耳垂下，各从其性也。周礼庾人云，散马耳。注虽云尔，恐不成说。马性善惊，惊必耸耳，火气冲上。故今济产性急者必抉其耳端，散似决开之义也。牛听不以耳，虽不知其必鼻听，耳不能听，则信矣。土性平，故其耳不上不下而平焉。谓其不自主，而以平为顺也。故盟会必取其血为誓也。豕耳无所当不著用。

牛：诚实和温顺的代名词

古人加上代表家人的"口"字，称呼牛为"生口"。可见他们对牛十分珍视，将其看作家庭成员。朝鲜王朝时期，黄喜政丞和牛的一则逸话非常有名。黄喜问耕田的农夫，哪头牛干得好。农夫说，牛虽是动物，但心地与人无异，他不能偏袒任何一头。黄喜听后深受感动。这则逸事告诉人们不要失去牛的心，与电影《牛铃之声》的内涵很相似。

《三纲行实图》中记载着朝鲜王朝时期忠臣、孝子和烈女的事迹。其中，《义牛图》刻画了牛的正义之举。庆尚道也流传着义牛与老虎搏斗的故事。故事讲的是尚州郡洛东面有虎出没，权姓农夫不幸遇险，他的牛与老虎相搏，为救主人而死。此外，朝鲜王朝时期绘制的善山地图中标记着大大的"义牛冢"，永远纪念这只义牛。

民俗中很多故事也与牛有关。每年正月的第一个"丑日"叫作"牛日"。这一天，人们不让牛干活，喂食好饲料。买牛和建牛舍也一定要择吉日进行。

与牛有关的民俗游戏中，最具代表性的要数杨州的牛游戏巫术和清道、晋州的斗牛等。斗牛成了这些地方流传至今的代表性地区活动。或许是得益于人与牛之间的深厚缘分，历史上流传下来许多牛的图画。朝鲜王朝时期的画家金埴留下了《枯木牛图》和《母子涉牛图》等画作，李庆胤也擅长画牛。佛教中展示修禅、修炼内心顺序的《十牛图》和《寻牛图》以牛比喻人的真实面目。高丽僧侣知讷号牧牛子，也与牛有关联。

近现代画家中，李仲燮（1916—1956）擅长画牛。他笔下的牛形态各异，有黄牛、白牛、走动的白牛、牛与孩童、斗牛等。"亡牛补牢"（亡羊补牢）、"慢慢悠悠牡牛之步"（慢工出细活）、"有可依靠的山坡牛才会蹭"（巧妇难为无米之炊）、"牛耳读经"（对牛弹琴）、"牛犊多了，卸不了驮"（孩子多了，父母没有省心的日子）和"牛倒走踩死鼠"（瞎猫碰见死耗子）等与牛相关的有趣俗语，多数表现了牛的诚实、珍贵和愚笨等品质。

1　牺牲指祭品。——译注

入籍者是韩国历史的一部分

　　2008 年北京奥运会乒乓球比赛上，有个十分抢眼的运动员。她就是此前一年取得韩国国籍的中国运动员唐汭序（中国姓名为唐娜）。考虑到入选中国乒乓球国家队难如登天，她离开祖国，戴上了太极标志。并非只有唐汭序如此。新加坡、美国等国的乒乓球国家队中也有很多来自中国的运动员。还有一些韩国籍运动员以其他国家队队员身份参赛。射箭项目中，澳大利亚国家队的金荷娜是原韩国射箭队队员。被激烈的国家队选拔赛淘汰出局后，她选择了加入其他国籍。几年前，名声大噪的职业足球国家队守门员沙里切夫也放弃国籍，成为韩国人"申宜孙"。职业篮球和职业足球中，入籍韩国的队员也在大幅增加，这反映出最近韩国的威望。还有韩国观光公社社长李参（音）[1]，以及一部分艺人也加入了韩国国籍。

　　历史上也有一些值得关注的入籍者，如高丽光宗时期最初引入科举制度的中国入籍者双冀，辅佐太祖李成桂建立朝鲜王朝的头等功臣李之兰，以及壬辰倭乱时日军将领中的先锋、后来带头抵挡来自其祖国日本进攻的金忠善等。

引入科举制的双冀

有一种考试竞争激烈，至今都是人们眼中的成功捷径。高丽时代的科举制度可以被称为选拔官员的鼻祖。其实，它是由一个中国入籍者引入的。956 年，高丽光宗时期，后周人双冀随封册使薛文遇来到高丽，因病只得留在高丽。当时的光宗正在推进政治改革。通过与双冀的交谈，光宗了解并高度评价了其能力。《高丽史·双冀列传》中也有对他的记载："引对称旨，光宗爱其才。"光宗得到后周可用其为臣的许可后，任命双冀为翰林学士，为其提供支持。958 年，双冀建议实行科举制度。同年五月，他首次担任科举的知贡举（考试主管者）。一引进科举制度，学问和实力相去甚远的开国功臣和豪族子弟就开始逐渐远离权力中心。由于双冀是中国人，与高丽王朝没有任何政治利害关系，所以才能实施高丽内部人士难以顺利推行的制度，这与光宗的政治改革绝妙吻合。

近来，对于是否将双冀界定为入籍者，学术界众说纷纭。那时没有明确的国籍规定，应该如何看待入籍条件呢？在前近代社会中，国王是中心，他以下的臣民都是国家成员。从这种观点来看，双冀受光宗教化，还得到了官职，形式上肯定算入籍者。人们怀疑的是，他是否认为自己是高丽人，因为其行为中仍体现出中国人的想法以及中国人的生活面貌。双冀死后，"双"姓便不复存在，也可以作为一项证据。无论如何，可以肯定的是，双冀是为韩国的历史潮流带来最大影响的外国人。

李成桂的女真人结拜兄弟 —— 李之兰

高丽王朝后期的 1380 年，倭寇频繁出没，高丽社会陷入危机。其中，15 岁的少年将领阿只拔都是头号危险人物。蒙古语中，"阿只"意为"幼儿"，"拔都"意为"无敌之士"。这个年幼的外敌将领横行高丽各地。但是，高丽也有对手迎战。那就是咸镜道武将李成桂和与他亲如兄弟的女真人李之兰。为压制阿只拔都，李成桂叫来李之兰，说如果自己射中阿只拔都头盔，他就直接上前将其斩杀。他们的行动取得了成功。倭寇失去首领，吓得魂飞魄散，奔逃而去。这场战斗就是荒山大捷。

随李成桂一起取得荒山大捷的李之兰本是女真人。在共同参加战斗的过程中，他与李成桂意气相投，最终投身到朝鲜王朝的建国事业当中。作为回报，李成桂封他为开国功臣。李之兰是唯一一个和李成桂结拜兄弟的人。李成桂究竟为何如此信任他呢？

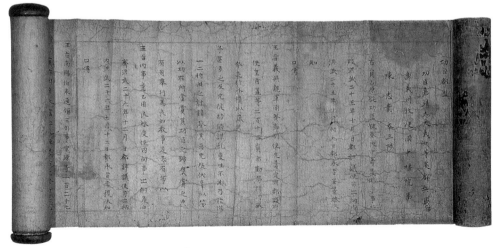

《开国原从功臣录券》，大小为 30.8cm×634cm，宝物第 1160 号，藏于韩国国立春川博物馆。李之兰虽是女真人，却因其辅佐李成桂建立朝鲜王朝有功，被封为头等开国功臣。

答案与李成桂的出身密不可分。他的家乡在永兴（现在的咸兴），那里正是和女真族所在地接壤的地方。当时，在元明鼎革期的混乱之中，元朝鲜卑出身的纳哈出势力和高丽的李氏势力正就东北部地域的主导权展开争夺。该区域还是元朝设立双城总管府100年后，恭愍王与李子春等人共同收复的地区。

为镇压纳哈出势力，李成桂与由北向南迁徙而来的女真族势力建立起友好关系。女真族移民李之兰定居在北青，与李成桂结识。李之兰原名古兰豆兰帖木儿。"古兰"是姓，"豆兰"是名，"帖木儿"是男子名后的尊称。改姓之后，他成为青海李氏始祖，并把"豆兰"改为朝鲜名字"之兰"。

高丽王朝后期的危机时期，李之兰以其天赋异禀的武功帮助了李成桂。李成桂还将继妃神德王后康氏的侄女惠安宅主许配给他。太宗经王子之乱掌握政权后，李之兰在返回家乡东北面后去世。其卒记中充分表现出李成桂对他的信任。

> 青海君李之兰卒。之兰，东北面青州府人也。古名豆兰帖木儿。禀性纯厚，有武才，早从太上王征战献捷，竟与开国之列。太上王待之特厚，又与定社佐命之功。
>
> 疾且笃，上书曰："臣之本土人，死于他国，则焚其尸，还葬其土。愿殿下使臣从土风。又愿殿下恐惧修德，永保朝鲜。"上悼甚，辍朝三日，谥曰襄烈。及葬如其请。三子，和英、和美、和秀。（《太宗实录》，太宗二年四月九日）

上述记录中，"还葬其土""使臣从土风"之遗言表明，李之兰想把自己永远视为朝鲜王朝臣民。

从日军先锋变成朝鲜王朝将军的金忠善

1592 年壬辰倭乱爆发，日军大将加藤清正麾下有个武功高超的先锋，名叫沙也加。然而几天后，沙也加变成了朝鲜王朝军队的金忠善将军，冲向祖国日本阵营。沙也加归顺庆尚兵使朴晋后，在庆州、蔚山等地阻挡日军进攻时立下了功劳。因为他曾是敌军先锋，最了解敌人动向。

当时，投降朝鲜王朝的日本人被叫作"降倭"，他们中的大多数人被分配到朝鲜王朝军队。由于日本的武器是火炮和火枪，朝鲜王朝的弓箭无法与之抗衡，因此，他建议在军中广泛传授自己的火枪制造技术，应用于战斗，并将其付诸实践。

1597 年丁酉再乱时，沙也加在宜宁战斗中立下大功，战功得到肯定，被封为嘉善大夫。都元帅权栗等人认可其卓越战功，奏请为他赐名。最终，沙也加重生为金忠善。金姓取自"沙里淘金"，因其渡海而来，籍贯定为金海。从宣祖到光海君，再到仁祖时期，金忠善被任命为北方防御使，在李适之乱和丙子胡乱等国难时立下赫赫战功。金忠善晚年居住于达城郡鹿村。他娶牧使张春点之女为妻，制定乡约，过着被朝鲜王朝社会同化的生活，著有《慕夏堂集》。金忠善堪称定居朝鲜王朝的日本入籍者的成功典范。

壬辰倭乱的 7 年时间里，朝鲜王朝和日本两国间产生了大量俘虏。其中，也有很多像金忠善一样离开祖国的入籍者。朝鲜王朝既授予日本入籍者官职，还赐予姓名，积极劝其定居下来。其中，被赐予的名字有忠善（忠诚又善良）、向义（向着道义）和归顺（温顺地归来）等。

如前所述，历史上，离开祖国来到韩国，并给韩国带来巨大影响的历史人物非常多。入籍不仅是过去的史实，还是现在正在发生的事件。从这一点来看，入籍者更加受到关注。虽然出身国外，却能以韩国国籍创造出与众不同的历史。我期待着这样的人物继续诞生。

---

1 原籍德国，名字为 Bernhard Quandt。

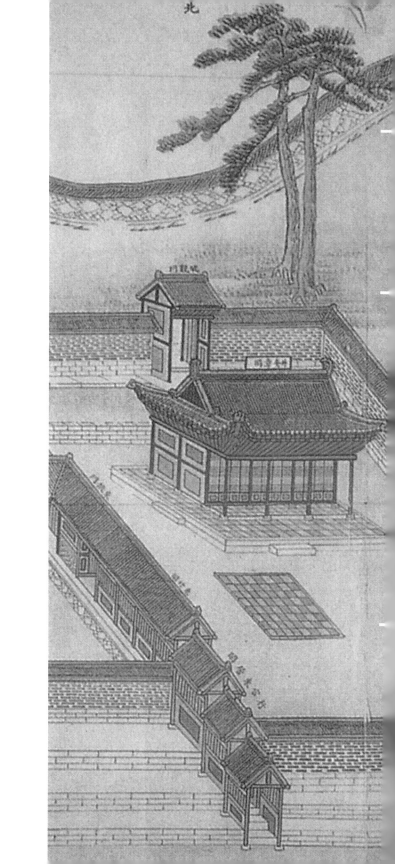

壬

反映变革的时代

庶孽的身份上升运动

黑人总统贝拉克·奥巴马的上台给美国历史带来新的转机。
1863 年，林肯总统宣布黑奴解放已经是巨大的历史事件。146 年后
的今天，更是迎来了黑人当总统的时代。历史上有过身份或阶层被
排挤的人成长为历史主角的一些例子。朝鲜王朝时期的庶孽就是这
样一个有代表性的阶层。庶孽是贵族身份社会的牺牲品，但他们逐
渐摆脱歧视的枷锁，成为朝鲜王朝后期的历史主角。

庶孽受人歧视的历史

庶孽受歧视的问题始于朝鲜王朝时期，但这不代表朝鲜王朝刚
开始时就是这样。15 世纪以前，嫡子和庶子的差别还不算大。16 世
纪以后，随着性理学理念在朝鲜王朝社会牢牢扎根，理念和名分得
到强化。其间，贵族与平民、男子与女子、嫡子与庶子的差别越发
加深。

在承认贵族纳妾惯例的朝鲜王朝社会结构下，出现庶孽是必然的。然而为了维持自己的特权，贵族反而强化了庶孽歧视。有意识的庶孽经常制造机会，与和自己处境相似的人聚到一起。不再是一个人孤立无援，因同样处境而烦恼的人数在增多，这就具备了为彼此增添力量的条件。

进入 16 世纪，庶孽与从事技术职业的中人、衙门胥吏和地方乡吏一道，在身份上形成中人一级。洪吉童是小说里的庶孽，但朝鲜王朝时期登上历史舞台的庶孽并不在少数。其中，朝鲜王朝前期，扬名天下的庶孽有柳子光。他曾告发南怡将军谋反，并因此丧命。他还曾作为 1498 年"戊午士祸"的真正主谋，为士林派儒生带来巨大灾祸。因此，从这两点来看，柳子光一直被指为典型的奸臣。然而，素质出众是他即便因庶孽身份的枷锁所困亦能登上高位的基础。此外，《稗官杂记》的作者鱼叔权、以草书和文笔而出名的杨士彦和梁大朴等，也是朝鲜王朝前期有名的庶孽。到朝鲜王朝中期，让庶孽有组织地登上历史舞台的是 1613 年七名庶孽主导的"银商杀害事件"，这也是小说《洪吉童传》的背景。到朝鲜王朝后期，庶孽的身份上升运动仍在继续。他们不断上疏，请求庶孽许通，即公平录用庶孽为官，但这些请求未被接受。

描写庶孽痛苦的《洪吉童传》

洪吉童是个小说人物，也是我们熟知的代表性庶孽。许筠的小说《洪吉童传》中，描写庶孽苦痛最深刻的要数他"不能称父亲为父亲"的一段。

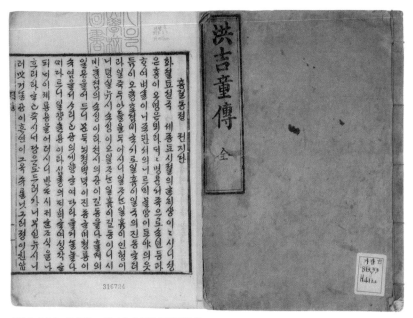

《洪吉童传》，许筠作，藏于奎章阁韩国学研究院。

　　小人平生最伤心的莫过于，父母养育之恩如海深，身为堂堂男儿却无法亲口称呼父兄，枉为人。

　　连家人都不能随心所欲地称呼，庶孽歧视已经超越家庭范畴，成了一种更大的社会制约。最后，洪吉童为了克服现实壁垒，顶着社会谴责，走上了做盗贼的道路。洪吉童是实际存在于燕山君时代的盗贼，深深影响了许筠的小说《水浒传》的主人公也是盗贼。综合以上两点，他将庶孽出身的主人公设为受社会指责的盗贼，展现了当时庶孽出路受阻的社会状况。

　　当上贼首后，洪吉童集中力量，抢劫非法敛财的海印寺及贪官污吏掌管的地区，成了一个义贼。他带领的这群人叫"活贫党"，意思是救活贫困百姓。洪吉童站在受苦受难的百姓一边，痛快淋漓地打击贪官污吏，为庶孽和民众带来满足感。《洪吉童传》也是反映作者许筠之经历的一部小说，将主人公洪吉童设定为庶孽，多少与他的人生体验有关。许筠的父亲许晔历任判书，哥哥、姐姐都是学识渊博之人。可是，老师李达因为是庶孽而受歧视，徐羊甲和沈友英等有能力的年轻人仅仅因为是庶孽而受挫。面对现实，许筠并未坐视不理。

《洪吉童传》的具体原型能从 1613 年（光海君五年）的七庶之狱中找到。"七庶"指的是"七个庶子"。1608 年，七庶提出的庶孽许通要求未被接受，这成了他们打算进行现实改革的直接动机。1613 年春天，以西人领袖朴淳的庶子朴应犀为首，徐羊甲、沈友英、李耕俊、朴致仁、朴致毅和许弘仁等七个庶子，因在鸟岭杀害银商并抢夺 700 两白银而被捕入狱。审问过程中，还查出了他们与武臣串通、策划谋反的惊人真相。由于庶孽这一身份上的瑕疵，他们想要改变被人歧视的现实。这次事件之前，他们自称江边七友和竹林七贤，彼此结下了交情。他们还与中央官员交往，想借此向政治圈反映自己的主张。许筠就是与他们保持密切联系的官员之一。

许筠发现庶孽的可能性

许筠十分同情庶孽的处境，进而确信庶孽才是自己追求的思想改革的伙伴。在《遗才论》中，许筠主张积极运用庶孽的能力。

古今之远且久，天下之广，未闻有孽出而弃其贤，母改适而不用其才者。我国则不然，母贱与改适者之子孙，俱不齿仕路，以区区之国，介于两虏之间，犹恐才之不为我用，或不卜其济事，乃反自塞其路而自叹曰，无才无才。何异适越北辕，而不可使闻于邻国矣。

许筠正式指出，歧视庶孽导致国家出现大批怨民，是人心不满的原因。

匹夫匹妇含冤，而天为之感伤，矧怨夫旷女半其国，而欲致和气者亦难矣。……天之生也而人弃之，是逆天也。逆天而能祈天永命者，未之有也。

许筠在《遗才论》中指出，只有朝鲜王朝不接受庶出的有才之人，他强烈主张取消庶孽歧视。1613年的七庶狱死事件是庶孽对政府最早的有组织的抵抗运动，并最终促成许筠动笔创作《洪吉童传》。许筠通过这部小说揭露了社会制度的矛盾，为庶孽未能在现实中实现的梦想和希望代言。

“庶孽许通事目”谱写的新历史

进入朝鲜王朝后期，庶孽的身份上升运动变得更加活跃。国王们同样无法回避庶孽问题。其中，英祖对此格外关注。他母亲原是宫中打杂女仆，他本人是庶孽为王的代表人物。或许是身份上的自卑感使然，英祖对庶孽表现得很宽大。1772年（英祖四十八年），英祖颁布通清纶音，委任庶孽以重要官职，让庶孽同样能称父兄为父兄，违反者依法论处。诸如此类措施，旨在积极消除庶孽歧视。

英祖的庶孽许通政策在正祖时代结出果实。1777 年（正祖元年），"庶孽许通事目"终于被颁布，并正式允许庶孽出任官职。学者型的君主正祖特意高度评价了庶孽的能力。朴齐家、柳得恭、李德懋、徐理修等庶孽出身的学者被正祖提拔为政治改革的发源地——奎章阁的检书官，在学术研究和政策决定中发挥了核心作用。

庶孽一度以为自己命该如此。朝鲜王朝中期以后，他们积极努力克服身份社会的壁垒。这既是社会趋势，也是历史潮流。他们开展通清运动，要求可以和普通贵族一样担任重要官职。正祖时制定了"庶孽许通事目"，允许庶孽担任官职。他们的努力取得了部分成果。1859 年大邱达西精舍发行的《葵史》中也能看到朝鲜王朝后期庶孽的努力。"葵"字意指"向日葵"，《葵史》是一部庶孽表明自己会像向日葵朝向太阳一样，对国王忠心不二的传记。它让全天下知道，庶孽也是堂堂正正的历史主角。

德寿宫、大韩帝国和德惠翁主

　　对很多人而言，德寿宫是城市中心的休憩场所。对在首尔度过童年时光的人们来说，德寿宫是记忆中举行美术大赛和郊游的地方。几年前开始的德寿宫"守门将"换岗仪式，正在成为那里的新景观。德寿宫见证了100多年前韩国近代史的光荣与屈辱。这里最后一次燃起焰火，高宗宣布成立大韩帝国，而且诞生了高宗皇帝最宠爱的公主——德惠翁主。下面，就让我们一起来看一下100年前跌宕起伏的近代史的中心空间——德寿宫、大韩帝国，以及德惠翁主的故事。

1897 年宣布成立大韩帝国

　　1895 年，朝鲜王朝发生了一起皇后被杀的罕见事件。那就是日本前任公使井上馨和现任公使三浦梧楼策划，日本右翼青年参与，由日本人杀害明成皇后的"乙未事变"。无论国家怎样贫弱，这种野蛮行径都是史无前例的。"乙未事变"后，高宗为摆脱日本干涉，与俄国建立起紧密关系。1896 年，他离开景福宫，去俄国公使馆避难，即"俄馆播迁"。

1897 年 2 月 20 日，高宗在俄国公使馆生活了 1 年多后，将住处迁至庆运宫（现在的德寿宫）。之所以舍景福宫和昌德宫而选择德寿宫，是因为它靠近美国、俄国等多个西方国家公使馆，有利于牵制日本。1897 年 8 月 16 日，高宗改年号为光武，表明其富国强兵的意志。同年 10 月 12 日，高宗在圜丘坛举行皇帝登基仪式，改国号为大韩帝国。朝鲜王朝由王的国家变成了皇帝的国家。

朝鲜王朝时期的国王多数在举行先王葬礼期间登上王位，国王的登基仪式并不是庆祝活动。然而，朝鲜王朝时期也有两次特别令人高兴的登基仪式。第一次是世宗在太宗之后即位。太宗在世时主动退位，禅位于世宗。所以，世宗即位算得上可喜可贺。第二次就是高宗国王登基为皇帝。高宗登基是其自称皇帝的重要仪式。因此，该仪式能够在欢庆的氛围中举行。

1899 年 8 月，高宗发表堪称大韩帝国宪法的"大韩国制"，将陆海军统率权、立法权、行政权和官员任命权等所有权力集中到皇帝手里。他致力于培育国防、财政和工商业，从实质上支持国家自主。此外，高宗还大举兴建近代技术学校，积极推进交通和通信的近代化发展。德寿宫则是高宗提出以"旧本新参"（以旧制为根本，参酌新制度）和民国建设为立国理念，推进大韩帝国进行光武改革的中心场所。

高宗登基仪式的记录——《大礼仪轨》

高宗的登基仪式被详细地记录在 1897 年编纂的《大礼仪轨》中。1897 年 10 月 13 日，高宗皇帝去明成皇后的殡殿祭奠。上午 8 时许，高宗宣布国号为"大韩"。《大礼仪轨》最后附有 36 幅班次图，画面中轿上载着登基仪式的册文和玉玺前往圜丘坛。高宗皇帝的登基仪式在德寿宫附近的圜丘坛举行。登基仪式前的 10 月 11 日，高宗带领世子去圜丘坛查看祭品和祭器。这天，高宗还与众大臣讨论新国家的国号。高宗认为"朝鲜"让人想起统一三韩土地，并提议定国号为"大韩"。这可以看作韩国使用至今的国号，即"大韩民国"的由来。

10 月 12 日，高宗带着国玺去圜丘坛向天神和地神献祭后，坐在金黄色椅子上接受国玺。当时，他身穿十二章衮冕。此前，朝鲜王朝国王穿的是九章服。高宗则堂堂正正地穿上了皇帝礼服。登基仪式结束后，高宗回到德寿宫，在太极殿（即朝堂）接受百官祝贺。12 点册封王后为皇后，14 点册封王子为皇太子。此前只呼"千岁"的大臣们改呼三声"万岁"。晚上，汉城市民家家户户悬挂太极旗，庆祝皇帝登基。

随着高宗升格为皇帝，仪轨的制作也发生了变化。国王看的"御览用仪轨"变成皇帝用仪轨，并另行制作。御览用仪轨的封面选用象征皇帝的黄色绸缎。120 余年前，德寿宫是大韩帝国的中心场所，但其荣光未能长久。1907 年，高宗被日本逼迫退位，德寿宫也就成了见证末代王朝灭亡的场所。

不幸的末代公主——德惠翁主

　　由 1910 年韩日合并所致失国之痛尚未消退的 2 年后，在某个春日里，德寿宫里诞生了一个小生命。对于年过花甲的高宗来说，没有比这更令他欣喜的了。1912 年 5 月 25 日的《纯宗实录附录》[1]载："德寿宫宫人梁氏生女，赐梁氏堂号曰福宁。"此为宣告德惠翁主（1912—1989）出生。50 天后的 7 月 13 日，高宗将婴儿带至自己的居所咸宁殿。《纯宗实录附录》中对孩子的记录非常多，可见高宗十分宠爱翁主。高宗甚至专门为女儿建了一所幼儿园。德寿宫浚明堂是皇帝的偏殿，但高宗将此处用作"德寿宫之花"——翁主的幼儿园。

照片中从右向左依次为德惠翁主、纯贞孝皇后、高宗、纯宗和英亲王。

然而，国家灭亡，皇帝之位危在旦夕，无法保证翁主未来平安无忧。特别是高宗的儿子英亲王被伊藤博文送去日本，并与日本皇族方子（李方子）结婚后，高宗感到压力巨大。他将为德惠择婿之事秘密托付给自己信任的侍从金璜镇。金璜镇推荐了自己的侄子金章汉。日本势力察觉到这一行动，将金璜镇驱逐出宫，婚事随之落空。

1919 年 1 月 21 日，高宗在德寿宫咸宁殿去世。高宗的死给 8 岁的小翁主带来了无限悲痛。1921 年，翁主就读于为汉城的日本居民设立的忠武路日出小学，接受日式教育。高宗死后，日本帝国主义开始为朝鲜王朝的象征——德惠翁主施加日本色彩。1925 年，日本下达了令德惠翁主去东京留学的命令，企图让翁主彻底从本国人的视野中消失。英亲王妻子李方子女士在日本见到翁主后表示："我大吃一惊，她与我第一次见到的翁主判若两人。初次见面时吸引我的活泼伶俐的眼神彻底消失了。……她看到我，脸上甚至没有一丝微笑。"这也从侧面证实了年幼翁主所承受的巨大痛苦。

"好想多活几年。大韩民国，我的祖国。"

到了日本，翁主在天皇家族和贵族子女就读的女子学习院学习。父亲高宗被毒害给德惠翁主造成了被害意识，她一直随身携带保温瓶，度过了不安的青春期。1929 年，生母贵人梁氏去世。翁主暂时回国奔丧，她身穿黑色洋装，满怀悲伤地回到昌德宫，在母亲生前的居所观物轩小住几日便匆匆返回日本。1931 年 5 月，德惠翁主和毕业于东京大学的日本人宗武志伯爵结婚。这个消息让韩国的百姓

儿时的德惠翁主。

更加难过。"德惠翁主身穿洋装，乘坐汽车到达宗伯爵家，11 点 25
分开始举行日式婚礼。"虽有以上简短报道，但有些报纸抹去了婚礼
照片上翁主丈夫的面部。此后，德惠翁主就从韩国的报纸上消失了。

　　翁主的不幸还没有结束。1947 年，日本废除贵族制度，丈夫失
去伯爵的地位，翁主甚至住进了松泽精神病院。1955 年 6 月她与丈
夫离婚后，孤独地度过了晚年。解放后，德惠翁主几乎已被韩国人
遗忘。李承晚政府批判性地看待朝鲜王朝和大韩帝国，对寻找大韩

帝国末代公主持消极态度。1950 年,《汉城新闻》驻东京特派员金乙汉(金章汉的哥哥)找到住在松泽精神病院的翁主,请求带其回国,但李承晚政府态度冷淡。1961 年的"5·16 军事政变"后,金乙汉找到朴正熙议长,终于得到了翁主回国的首肯。

1962 年,德惠翁主踏上了阔别 38 年的祖国土地。不幸的是,她没有了公主的资格。她几乎失去意识,状况令人担忧。回国后,德惠翁主先是住院治疗 7 年,然后搬到昌德宫乐善斋居住。 1972 年,前夫宗武志来到乐善斋,但翁主拒绝与之相见。"好想在乐善斋多活几年。好想见殿下(英亲王)和妃殿下(李方子女士)。大韩民国,我的祖国。"1983 年,翁主在纸上写下的这段话,让人更加痛心地记住了大韩帝国末代公主的悲惨命运。1989 年 4 月,翁主长眠在京畿南杨州市高宗的墓后,享年 78 岁。

1912 年出生的德惠翁主曾是"德寿宫之花",给失落的高宗带来最后一线希望。可是,如同大韩帝国皇室经历的亡国之痛一样,她的命运也是这场悲剧的延续。

---

1 原文为《高宗实录》,实为《纯宗实录附录》。——译注

古人射箭

　　射箭项目历来是韩国在奥运会上的强项。2008 年北京奥运会上，韩国代表团的射箭技艺引人注目，虽然男女团体赛夺得金牌，男女个人赛只摘得银牌，但他们只要参加，就能赢得奖牌。箭与朝鲜民族的渊源可以追溯到古代。中国称朝鲜民族为"东夷"，"夷"字中有"弓"字，意思是"善于射箭的东方民族"。可见，朝鲜民族自古就给周边国家留下了善于射箭的印象。

太祖李成桂的箭术

　　建立高句丽的东明王擅长射箭，高句丽壁画上有骑马转身射箭的武士形象。这些史实都说明朝鲜民族射箭技术高超。继承高句丽出色射箭传统的代表人物是建立朝鲜王朝的太祖李成桂。《太祖实录》中多次提及太祖出神入化的箭术。

太祖少时，定安翁主金氏见墙头五乌，请射之。太祖一发，五乌头皆落。

太祖尝于盛暑，浴川水讫，坐川边近傍大薮。有一蜜狗走出，太祖急取朴头射之，中而踣，又一蜜狗走出，取金矢射之。于是相继而出，凡二十发皆毙之，无得逃者。其射之神妙，类如此。

高丽末期，太祖凭借出色箭术带头击退倭寇，成为救国英雄，最终成为新王朝的缔造者。李晬光的《芝峰类说》中写道，箭是能与中国矛、日本刀媲美的优秀武器；妇女的贞操、贱人的葬

箭筒，朝鲜王朝时期，藏于韩国国立民俗博物馆。箭筒又叫箭室、矢筒。

礼与祭祀、盲人的占卜才能和武士的射箭本领，非中国人所能及。这充分展现出朝鲜民族与箭不可分割的关系。

角弓和扳指，朝鲜王朝时期，藏于韩国国立民俗博物馆。角弓是将动物的角接在结实的原木上所做出的弯弓。拉弓射箭时，扳指套在拇指下关节处。

射箭可以培养涵养和礼仪

在传统社会中，射箭不是一种只为考武艺的行为。《周礼》重射，将其与礼、乐、御、书、数合称六艺；《论语》《孟子》和《礼记》等儒教经典中，更是把"射"看作修养身心的最佳途径。从下列资料中，我们不难看出自古以来射箭在培养涵养和礼仪方面所占的比重。

　　故射者，进退周还必中礼。内志正，外体直，然后持弓矢审固。持弓矢审固，然后可以言中，此可以观德行矣。（《礼记》第四十六篇《射义》）

　　仁者如射，射者正己而后发。（《孟子·公孙丑上》）

朝鲜王朝时期，射箭还是强化王权和国防的基本活动。为此，国王会定期与文武官员举行一种射箭活动——大射礼。据《朝鲜王朝实录》记载，朝鲜王朝分别在1477年（成宗八年）、1502年（燕山君八年）、1534年（中宗二十九年）和1743年（英祖十九年）举行过四次大射礼。除大射礼之外，还经常举办御射和试射，地方上组织的乡射礼也十分活跃。

记录画中也反映出射箭在朝鲜王朝社会上的重要意义。八幅屏风《华城陵幸图》描绘了正祖侍奉母亲惠庆宫洪氏巡幸华城的情景。其中，第六幅《得中亭御射图》展现的是正祖在得中亭里示范射箭的情景。由此可见，国家的重要庆典上少不了射箭。

英祖举行大射礼

1743 年，英祖在成均馆举行大射礼活动。大射礼一方面使人记起 200 多年前的祖宗旧礼得到恢复的事实，另一方面又是在自己 50 岁时举行的，这让英祖深感激动。为纪念 200 多年后再次举行的大射礼，英祖命各道观察使和守令在全国范围内选拔人才进行试射，还特别指示留下该活动的记录。最终，当天的活动被记录在《大射礼仪轨》中，此仪轨充分地体现了君臣参加射箭活动的情景。

地点选在成均馆，是因为国王想要亲自巡幸成均馆，鼓舞儒生，激励他们提高身心修养。朝鲜王朝时期，成均馆儒生是人们心中的国家元气之所在，国家对他们寄予了很大期望。

1743 年闰四月七日，英祖戴远游冠，着绛纱袍，从昌德宫暎花堂乘小轿，经集春门出宫。接着，英祖来到与昌德宫相连的成均馆下辇台下轿，进入临时住所幄次[1]并换上祭服（即冕服）后，在孔庙举行参拜先贤的酌献礼。英祖返回幄次，换上翼善冠和衮龙袍，进入明伦堂，勉励等候在那里的大臣和儒生后，举行主要活动——大射礼。大射礼结束后，他激励成均馆儒生，并以"喜雨观德"为题进行考试。久旱逢甘霖，谓之"喜雨"，以示喜悦之情。王阳明之《礼记》[2]中有"故古者射以观德。德也者，得之于其心也。……故君子之于射以存其心也"的表述，强调射箭的目的在于心灵修养，也就是所谓的"观德"。

英祖的试题便是来自久旱后的甘霖和射箭中蕴含的"观德"。

《大射礼仪轨》中的射箭

英祖时的大射礼活动被记录在《大射礼仪轨》中。仪轨先是以描绘国王射箭的《御射礼图》和描绘大臣、宗亲射箭的《侍射礼图》展示了现场的生动情景。幄次内设三坛：第一坛是国王的位置，第二坛是铺着纯紫色龙纹席的御射位，第三坛是宗亲和文武百官的位置。

坛东侧放着三张桌子：第一张桌子上摆着装国王扳指和袖带的盒子，第二张桌子上摆着装御弓的盒子，第三张桌子上摆着装御矢的盒子。桌子与盒子皆为红色。东西台阶下放有两张桌子；东侧桌子上摆着奖赏用的表里[3]和弓箭，西侧桌子上摆着惩罚用的甜酒和酒杯。垫高地面为射坛，90步处立箭靶，设后端。临时御座前有文武官员护卫。天棚和帷帐搭建而成的幄次阻挡四周，将国王掩护起来。

院子东西设红箭门，以增添大射礼仪式的神圣与威严，红箭门前设轩架（乐队）以渲染活动氛围，红箭门另一侧设箭靶。国王的箭靶为红底熊头图案的熊侯。箭靶设在御座南侧90步处，熊侯东西两侧各10步处设乏（挡箭的围垒），左右侧乏内分别安排7名和6名获者（报靶者）。熊侯和乏由训练院根据规格设置。训练院正[4]站在鼓前，训练院正的后方安排了许多人来处理国王射出的箭。

《侍射礼图》描绘的是侍射者（射箭者）两人一组射箭的情景。和《御射礼图》不同的是，箭靶换成了蓝底的麋侯（鹿头）。射中后，站在乏后的获者会举起相应方位的旗子：射中靶心举红旗，射中上方举黄旗，射中下方举黑旗，射中左侧举青旗，射中右侧举白旗，未射中则举彩旗。

《大射礼仪轨》里还记录着哪只手握弓和是否命中靶心。比如，

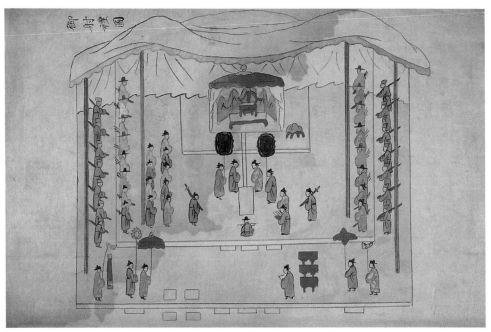

《大射礼仪轨》中的《御射礼图》，1743 年闰四月英祖在成均馆举行大射礼仪式的仪轨。大射礼是一种国王和臣子一同射箭，并根据成绩进行赏罚的仪式。《朝鲜王朝实录》的记录显示，1477 年（成宗八年）首次举行大射礼，1534 年、1743 年和 1764 年又分别举行过大射礼。仪轨前面画有《御射礼图》、《侍射礼图》和《侍射官赏罚图》等，后面详细记录着参加人员名单、实施细则与礼仪、相关经费、守卫、弓箭、靶子等活动内容。

30 名参加人员中有 12 个（40%）左撇子，占比较大。可见，朝鲜王朝时期的左撇子比人们想象的多。记录中留有真实姓名和是否射中，包含着让人平时多练箭的意思。

那么，大射礼对英祖来说意味着什么呢？对于完成荡平政治，确立强有力王权，以此为基础致力于百姓教化的君主英祖而言，大射礼并非一次单纯的射箭活动。它蕴含着通过大射礼确立官员精神状态和树立纲纪的同时，将国王的教化传播给所有百姓的远大政治抱负。朝鲜王朝时期，射箭已经成为上至国王、下至臣子和百姓生活的一部分。这一日常化的传统于不知不觉中得到传承，让大韩民国在射箭方面继续保持最高水平。

1　国王休憩或出巡时用的帷帐。——译注
2　原文如此，疑有误，此句应出自王阳明的《观德亭记》。——译注
3　君王赐给臣下或臣下贡给君王的衣服面料和里子。——译注
4　训练院正是朝鲜王朝掌管武艺训练、兵书学习的训练院正三品堂下官。——译注

丢失的文化遗产：外奎章阁仪轨

最近，世界各国正如火如荼地展开文物返还谈判，这堪称"文物战争"。不久前，中法之间因为两件文物的拍卖产生了外交摩擦。其争论焦点是第二次鸦片战争期间，被法国掠夺的清代圆明园鼠首和兔首等两件十二生肖铜像。中国政府认为被掠夺的文物应该归还原属国，强烈谴责法国举行拍卖的行为。最终，中国收藏家高价拍得兽首后，以兽首是被掠夺文物为由拒绝付款。2010 年的 G20 峰会期间，韩法两国决定以租借的形式将仪轨交韩国保管。关注这一过程的同时，1866 年被法国掠夺的外奎章阁仪轨的返还问题再次浮出水面。

朝鲜王朝记录文化的精髓期盼回归之日

正祖之后，奎章阁的地位得到提升，负责发行和保存列代国王的御制、御书，记录国家重要活动的仪轨、各种文集等展示朝鲜王

《江华府宫殿图》中的《外奎章阁图》，大小为 36.8cm × 26.7cm，成于 1881 年，
藏于韩国国立中央图书馆。

朝后期文化精髓的宝贵资料。正祖以奎章阁为中心，倾力于编纂工作和书籍保管。他下令在江华岛修建外奎章阁，目的是更安全地保存王室文书。或许是因为历史经验告诉他，在宫中保管国家重要文书并不稳妥。

1782 年（正祖六年）二月，江华留守呈上"江华岛外奎章阁工程完工"的报告。这距离正祖 1781 年三月下令在江华岛开工修建外奎章阁，已经过去了 11 个月。以此为契机，朝廷将御帖、御书、仪轨等王室相关资料集中保管在江华岛外奎章阁。此后的 100 多年里，外奎章阁扮演着王室宝库的角色。1784 年编纂的《奎章阁志》显示，外奎章阁占地大小为 6 间，位于行宫东侧。奎章阁引领了朝鲜王朝后期的文化运动，外奎章阁则是它的分阁。将这里命名为"奎章外阁"或"外奎章阁"也是出于以上原因。

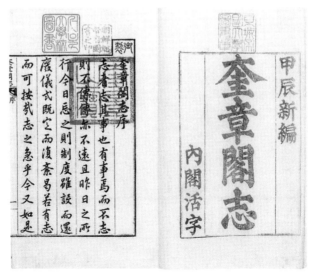

《奎章阁志》，成于 1784 年，藏于奎章阁韩国学研究院。《奎章阁志》卷一中有对外奎章阁等奎章阁建筑物的说明。

《江华府志》中的《沁府内城图》，成于1783年，藏于奎章阁韩国学研究院。
"沁府"指江华岛，图中可以看到新建的外奎章阁。

外奎章阁保管的资料中，目前最受国际关注的是仪轨。"仪轨"代表仪式和轨范，是用绘画和文字系统地记录朝鲜王朝时期王室活动的国家档案。仪轨分为国王亲自阅读的御览用仪轨和保管在史库中的分上用仪轨。为安全起见，正祖以后的御览用仪轨被保管在江华岛外奎章阁。

御览用仪轨是呈给国王的，封面和纸张质量好，字迹鲜明，具有非常高的文化价值。选择高档草注纸，由写字官用楷体精心书写后，再以红线缠绕，增添了王室威严。御览用仪轨的图书装帧同样一丝不苟。用黄铜合页装订，用圆环、五个菊花童钉等装帧。绸缎质地的封面外观华丽，极大地提升了王室品位。一般来说，分上用仪轨写在比草注纸质量略差的楮注纸上，缠绕黑线，以麻布当封面，用熟铁和三个朴乙钉装帧。

1866 年外奎章阁仪轨遭掠夺

外奎章阁藏书中，法国军人格外眼红的是仪轨，因为彩色的绸缎装帧和鲜明的图画装饰一下子映入眼帘。法军放火烧毁外奎章阁的过程中没有烧掉仪轨。仪轨高品质且华丽的装帧和绸缎封面，以及彩色图画的价值和艺术性让那群洋人大开眼界。多半书籍被付之一炬，300 余册仪轨则被撤退的法军掠走。当时被火焰吞噬的外奎章阁已没有了朝鲜王室的威容，外奎章阁中流出的 297 册仪轨现保管在法国。

韩法之间不断推进仪轨的实地调查和返还谈判，就外奎章阁仪轨的数字化工作等进行协商。2008 年，两国完成了 30 册孤本仪轨、

50 幅《英祖贞纯王后嘉礼都监仪轨》班次图和以原来绸缎作封面的仪轨正反封面等的数字化工作。2011 年，时隔 145 年以后，仪轨终于有了回归韩国的机会。

还有很多保管在外奎章阁里的仪轨被焚毁。比如，展现光海君时期对科学和天文关注的《钦敬阁营建仪轨》及《报漏阁修改仪轨》。这两册仪轨虽然已失传，但可以想见，光海君时期对制作科学仪器倾注了大量心血。

仪轨作为国家档案，与佛像和美术作品等以观赏为主的物品有许多不同之处。简而言之，仪轨是研究韩国历史和文化必不可少的资料，对于研究朝鲜王朝王室活动变化的研究意义尤为重大。而且，御览用仪轨的内容、封面和装帧精美绝伦，对仪轨制作方式很有意义。此外，对保管在法国的仪轨和留在韩国的仪轨进行对比研究也十分必要。所以，仪轨在韩国和在外国，其价值差异是难以比较的。设想法国的国家正式记录流落外国，又会有何意义呢？

在巴黎遇见御览用《英祖贞纯王后嘉礼都监仪轨》

收藏在法国国家图书馆的仪轨中，我最想见到的就是《英祖贞纯王后嘉礼都监仪轨》。我刚开始在奎章阁工作时整理过它的目录和索引；2001 年，还以它为基础，出版过名为《66 岁的英祖迎娶 15 岁的新娘》的书。所以，我对这册仪轨可谓情有独钟。

调查仪轨预计用时五天。第三天，法方图书管理员就把《英祖贞纯王后嘉礼都监仪轨》交到了我手中。拿到书时的奇妙兴奋很快被失望冲得烟消云散。连仪轨封面都被改动过。朝鲜王朝时期用草绿绸缎封面和五个菊花童钉装帧的华丽封面不见了，摆在眼前的是被后人改装过的样子。

失望也只是暂时的。一张张翻看下去，高品位的纸张、精心书写的字迹和最后以绘画装点的华丽班次图，让人一眼便知御览用仪轨的真正价值。尤其需要指出的是，奎章阁收藏着分上用仪轨，我很了解其中的班次图，而御览用班次图的精致、轿子和仪仗物品的细腻描绘，以及人物清晰的眉毛和胡须让人叹为观止。可以确信，如果将其与国内的分上用仪轨对比研究，肯定能取得更大的学术成果。《英祖贞纯王后嘉礼都监仪轨》等 1866 年以前的御览用仪轨，大多被收藏在法国国家图书馆。

1993 年，法国总统密特朗表示要将本国保管的仪轨中的《徽庆园园所都监仪轨》归还韩国政府。随后，被遗忘甚久的外奎章阁仪轨再次引起世人关注。可是，漫长的返还谈判一直持续到 17 年后的 2010 年。2001 年，法方提出用与仪轨价值相当的文物进行等价等量交换的收回方式，但遭到国内舆论反对，最终告吹。此后，韩方要求以"永久租借"的方式返还仪轨，却难以达成协议。法方不愿将仪轨返还韩国，最主要的原因是他们拥有数量庞大的掠夺文物。由于担心返还仪轨会成为返还其他文物的先例，法国才反复消极应对，态度不明朗。

2010 年 11 月，G20 峰会期间传来一个好消息。法国终于达成将仪轨返还韩国的协议。根据具体谈判结果，仪轨预计能在 2011 年 5 月前回到韩国。虽然没用"返还"一词，也不是韩方始终要求的"永久租借"，而是采取了"每 5 年更新一次租借合同"的方式，但最重要的是，仪轨在 145 年后重新回到韩国。我们期待以外奎章阁仪轨的返还为契机，继续研究仪轨和朝鲜王朝的王室文化。

朴趾源的《热河日记》

朴趾源儿子朴宗采亲自修改完善的《热河日记》被发现后，引起学术界热议。《热河日记》的内容十分有趣，流传有许多种手抄本。这次发现了作者儿子亲自修改的版本，更能阐明朴趾源写下日记的真实意图。230 年前，朝鲜王朝社会仍然对清朝充满报复意识，朴趾源通过《热河日记》强调了开放和沟通，而非理念的重要性。

在 3000 里长路尽头 —— 热河见识新天地

1780 年（正祖四年），朝鲜王朝后期北学派学者朴趾源（1737—1805）出使清朝。回国后，他于 1783 年完成纪行文《热河日记》。为祝贺乾隆皇帝古稀寿诞，他以堂兄朴明源的子弟军官的身份同赴清朝，记下了一路上的所见所闻。

在报复清朝的意识 —— 北伐理念依然占统治地位的年代，朴趾源游历清朝各地时，深受打击。回国后，令人震惊的经历促成他创

《热河日记》，作者朴趾源，藏于奎章阁韩国学研究院。1780 年，朴趾源随使团出使中国，游览了北京和热河等地，并记下了其间的见闻。

作《热河日记》。因为到过最初的目的地北京后，他们还去了当时乾隆皇帝度假的热河避暑山庄，所以书名取作《热河日记》。

1780 年夏天，冬至使[1]朴明源一行渡过鸭绿江，去往清朝乾隆皇帝所在的北京。这一行人中就有朴趾源。行程刚开始时，他一度兴奋不已，真到了边境，却开始想家，心情也有些复杂。

遥瞻前途，溽暑蒸人，回想家乡，云山渺漠，人情到此，安得无怃然退悔。(《热河日记·渡江录》)

朴趾源还详细描述了边境上检查携带物品的情景。

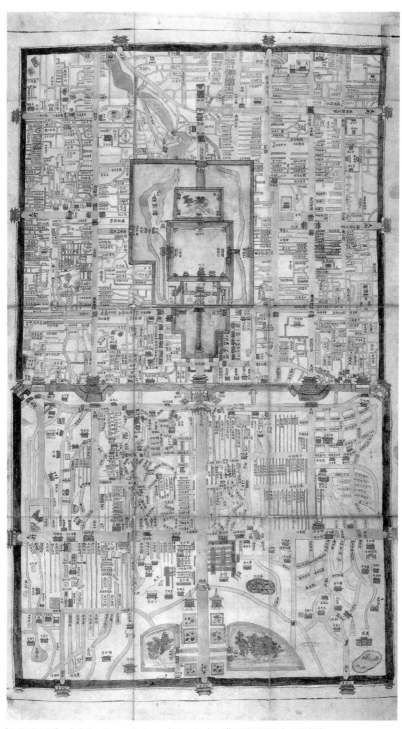

《北京城地图》，大小为 107cm×63.6cm，成于 1790 年，藏于韩国国立中央图书馆。

厮隶则披衣摸袴，裨译则解视行装。袲衣裢，披猖江岸，皮箱纸匣，狼藉草莽，争自收拾，眳眳相顾。(《热河日记·渡江录》)

从鸭绿江过境时的情景让人读后仿佛身临其境。尽管表示出对被搜查让人失去颜面的不满，他还是顺从地接受了检查，并最终越过了日思夜想的边境。

去往"天下之脑"——热河

朴趾源去热河走过了一段长达 3000 里的陆路旅程，大概可分为两部分：从鸭绿江到北京 2300 余里，从北京到热河 700 里。路途遥远自不必说，中原一望无际，变化无常的天气也令旅行者苦不堪言。然而，朴趾源出乎意料地幸运。他一边享受冒险，一边细心记下了所到之处的随感。

自康熙皇帝之后，热河就被中国历代皇帝用作别宫。那里气候凉爽，夏季最高气温不超过 24 度。可是，通往热河的道路地势险峻，再加上皇帝一再催促，使臣团一行曾马不停蹄地赶路，连夜渡河 9 条。热河被看作遏制当时北方蛮夷的"天下之脑"。朴趾源在那里接触到各种各样的人和动物，以及蒙古族、维吾尔族、藏族以及西洋等多种文明，受到与他所想的完全不同的文化冲击。

《热河日记》单独流传的版本由 12 册，共计 26 卷组成，分别是：第 1 册《渡江录》，第 2 册《盛京杂识》，第 3 册《驲汛随笔》，第 4 册《关内程史》，第 5 册《漠北行程录、太学留馆录》，第 6 册《还燕道中录、倾盖录、黄教问答、班禅始末、札什伦布》，第7册《忘羊录、审势篇》，第8册《鹄汀笔谈、山庄杂记》，第9册《幻戏记、避暑录、行在杂录、戏本名目》，第10册《口外异闻、玉匣夜话、金蓼小抄》，第11册《黄图纪略、谒圣退述、盎叶记》，第12册《铜兰涉笔》。

> 大凡车者，出乎天而行于地。用旱之舟，而能行之屋也。……我东未尝无车，而轮未正圆，辙不入轨，是犹无车也。然而人有恒言曰，我东岩邑，不可用车。是何言也。国不用车，故道不治耳，车行则道自治，何患乎街巷之狭隘，岭陀之险峻哉？……方数千里之国，民萌产业，若是其贫，一言而蔽之，曰车不行域中。（《热河日记·驲汛随笔》"车制"）

正如上述记录所示，《热河日记》中朴趾源深刻的北学思想无处不在。针对"我东岩邑，不可用车"的狡辩，他说"国不用车，故道不治耳，车行则道自治"，严厉批判了不尝试造车就放弃的态度。这种想法与现代的保障交通网也有极其相似之处。20世纪70年代的经济开发时期，开山修隧道，建立高速公路网，与从多个层面创造经济附加值的道理相同。他不认为车是一种单纯的交通工具，而是把用车带来的道路网建设等当成谋求整个国家事业发展的机会。

到达大清后，朴趾源整理了在各地观察到的情况，并将其收录在《热河日记》里。比较典型的是他对于毛帽的如下感想。

> 我国所着毳帽，皆出此中。共有三铺，一铺为三五十间，铺中所造工人，不下百人。湾商已充斥其中，为约帽，回还时

输出也。……帽为一人三冬之资，春后弊落则弃之耳。以千年
不坏之银，易三冬弊弃之帽，以采山有限之物，输一往不返之
地，何其不思之甚也。(《热河日记·驲汛随笔》)

当时，朝鲜王朝冬季热销的毛帽子进口自清朝，但朴趾源感
到为此花费银两是种浪费行为，从而持否定看法。最近，也有进口
商以部分富豪为对象，进口外国皮草、名牌服装和箱包等，致使大
量美元流入海外。联想起这些，人们就绝不会对朴趾源的说法感到
陌生。

朝鲜王朝后期的畅销书

《热河日记》是朝鲜王朝后期的畅销书，从传有多种与现在内容
稍有不同的手抄本就可知这部书在当时的人气有多旺。《热河日记》
如此流行，最主要的原因是文章有趣。有位文人评价道，看《热河
日记》让人一直笑得合不拢嘴。朴趾源混用乡土谚语，若无其事地
记录他与下层人之间的玩笑。他还在汉文文章中使用了汉语和中国
的小说文体等，文风与当时知识分子普遍使用的死板写法截然不同，
再加上他独有的诙谐与讽刺，十分吸引读者。而且，朴趾源文章
中有对当时现实的认真思考，因此得到了有意识的知识分子的热烈
响应。

但是，由于在文体和内容上打破常规，朴趾源的文章成了被
评判的对象。国王正祖也认为稗官杂记不安分，敦促他回归醇正文
(即古文)。正祖亲自下诏书，责其文章庸俗。朴趾源的文章带有反

抗贵族身份秩序的性质，正祖担心一旦广为扩散将导致社会纲纪废弛。所以，进入 19 世纪后半叶，也就是燕岩朴趾源去世约 80 年后，《热河日记》才重新受到关注。1911 年，朝鲜光文会出版活字印本《热河日记》，使其从此得到广泛传播，北学思想先驱者朴趾源的名字为后世所牢记。

---

1 冬至使为朝鲜王朝时期大约在冬至时节派遣的使臣，和正朝使、圣节使一同称为三节使。——译注

撼动朝鲜王朝的十大新闻

年终岁尾时，报社和电视台会忙于整理代表该年度的事件和人物。我尝试着从朝鲜王朝历史的专业角度，选出代表这一延续了500余年之王朝的十大新闻。

一、创制训民正音：百姓识字

选择撼动朝鲜王朝的十大重要事件并不容易，但之所以将世宗大王创制训民正音放在第一位，是因为韩文能让人记住大韩民国是世界上拥有固有文字的国家之一，还因为韩文的独创性——它几乎是唯一一种有明确创制目的和时间的文字。

朝鲜半岛的历史历经上下几千年，但在世宗大王之前没有自己的文字。生活中，人们说的是本国语言，写的却是汉字，百姓的不便不言而喻。世宗创制出由子音和母音共28个字母组成的训民正音，让不懂艰涩汉字的百姓可以轻松读写。

训民正音创制于 1443 年，由多名学者和大臣在宫中试用三年。结果，朝廷认为它是一种便于众人书写的文字，并决定传授给全体百姓。特别是，阐明 28 个新字创制意义的序文为训民正音增色不少，其中蕴含着世宗的自主精神、爱民精神和务实精神。

二、壬辰倭乱爆发：八道成为战场

1592 年四月十三日，日本二十多万大军攻打朝鲜王朝。先头部队是入侵釜山镇的小西行长一部。最初的战斗中，朝鲜王朝官军惨败于日本。四月三十日，国王宣祖放弃汉阳，逃往义州。

然而，情况逐渐发生逆转。这得益于义兵在地方上的自发抗争，以及掌握南海岸制海权的"不败将军"李舜臣在海战中的出色表现。义兵与水兵的作战为反击打开突破口，因此朝鲜王朝军队取得了此后多数战斗的胜利。休战会谈破裂后，日本于 1597 年再次来犯（丁酉再乱），但朝明联军于 1598 年将日军全数驱逐出去。壬辰倭乱虽以胜利告终，长达七年的战争却导致国土荒废、生灵涂炭、文物被毁等惨重损失。

三、三田渡之辱：仁祖受辱"蛮夷"膝下

1636 年十二月，清太宗亲自率领近 13 万大军进攻朝鲜王朝。此举意欲断绝朝鲜王朝与明朝的外交关系，要求朝鲜王朝与清朝建立君臣关系。仁祖与朝廷逃往南汉山城，抗战 50 天左右，但心有余而

力不足。1637 年一月三十日，仁祖受到在三田渡受降坛向清太宗投降的耻辱。朝鲜王朝一直视清朝为"蛮夷"，勿忘此辱的意志演变为后来孝宗时期的北伐思想。

四、落幕的高丽时代：太祖迁都汉阳

1394 年（太祖三年）十月，都城由开城迁至汉阳。太祖虽然在开城寿昌宫即位，却推进了与新王朝相匹配的都城建设。汉阳位于

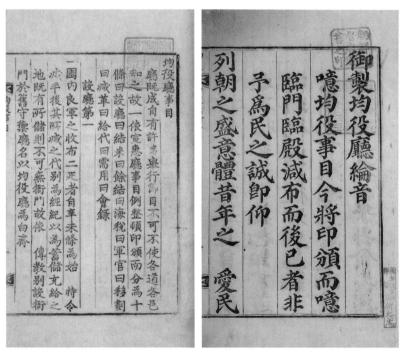

《均役厅事目》，大小为 23.2cm×15.4cm，成于 1752 年，藏于韩国国立中央图书馆。所谓均役法，是一种将百姓的良役负担由 2 匹减为 1 匹，旨在抑制兵役弊端的制度。英祖时期税金过重，导致有人逃跑、亲戚和邻居代为缴纳等兵役方面的问题。英祖二十六年颁布均役法，以解决这些问题。

朝鲜半岛中央，百济已在此立都 500 年。特别需要指出的是，都城南靠汉江，水陆交通非常便利。而且，汉阳周围有高山环绕，国防上十分有利。太祖"观此地形势，可为王都。况漕运通道里均，于人事亦有所便"的说法便是明证。都城定在汉阳，但对于王宫朝哪个方向，王师无学大师和郑道传的意见针锋相对。无学主张以仁王山为主山；郑道传称国王应坐面朝南，主张以北岳山为主山。1394年十月二十八日，都城迁到以北岳山为主山的汉阳。

五、英祖和正祖时期：迎来政治和文化的中兴

克服国家危机——壬辰倭乱和丙子胡乱后，朝鲜王朝进入稳定期。相继出现英祖和正祖这样的杰出国王对其起到很大作用。英祖实行荡平政治和均役法，谋求政治和经济稳定。1760 年，英祖坚决实施清溪川工程，还对城市失业者进行救助。正祖继祖父英祖之后，开展政治改革。特别是通过华城建设和华城巡幸，极大提升了朝鲜王朝的农业、商业、科学和国防水平。英祖和正祖时期积极推行《续大典》、《续五礼仪》、《大典通编》和《武艺图谱通志》等的编纂工作，开启了朝鲜王朝的文艺复兴。

六、四大士祸血雨腥风：朋党政治的开始

15 世纪和 16 世纪，勋旧派与士林派在政治和思想上的对立引发了四大士祸，分别是 1498 年的戊午士祸、1504 年的甲子士祸、1519

年的己卯士祸和 1545 年的乙巳士祸。士祸中，士林派受到极大的政治打压。己卯士祸中，赵光祖出面开展激进的政治改革，后因此丧命，士林派试图在中央和地方实践性理学的理念。

四大士祸中，士林派均以失败告终，但他们在地方上得到了认可。16 世纪中叶，宣祖即位后，士林派成长为代表朝鲜王朝的政治势力。他们掌握政权后，朋党政治时代来临。

七、真景文化：拥抱丙子胡乱的苦痛

18 世纪后，朝鲜王朝的文化、艺术等领域发生了很大变化。18 世纪，进入英祖和正祖时代后，出现了将中国流行的南宗文人画与朝鲜王朝的自然和风俗相结合的本土化画风，那就是"真景山水画"。朝鲜王朝的中华思想对真景文化的流行起了很大作用。该思想主张从文化上消除败给清朝的耻辱，认为文化中心从明朝延续到了朝鲜王朝。

绘画方面，真景文化的主角当属郑敾。贵族出身的郑敾以独特笔法画出了仁王山等自己所居住的汉阳周边的秀丽景色和金刚山风光。继他之后开创山水画和风俗画新境界的画家有画员出身的金弘道和申润福。金弘道格外受正祖宠爱，成为宫中画家的中心人物，参与制作了各种宫中风俗画。他还把老百姓的生活状况画入风俗画。可以毫不夸张地说，他的《铁匠铺》《摔跤》《建房》和《秋收》等风俗画展现了朝鲜王朝时期人们的生活场景。申润福的画作体现了妇女的生活情境，进一步丰富了真景文化。

八、仁祖反正：思想界刮起旋风

1623 年的仁祖反正不仅仅是一个驱逐北人、西人登场的政治事件。此后，由思想多样性共存的时代转变为以朱子性理学为中心的时代。从这一点来看，仁祖反正又是划分朝鲜王朝前期和后期的基准点。仁祖反正的主导势力是西人李珥和李恒福的门生金鎏、李贵、金自点、申景禛和李适等。光海君时代的政权由以南冥学派和花潭学派为基础的北人掌握。

被排斥在权力之外的西人和南人对北人心怀极大的政治不满，逐渐集结起势力。特别需要指出的是，光海君杀死永昌大君，将继母仁穆大妃幽禁西宫的"废母杀弟"成为他们反正的主要理由。仁祖反正后，朝鲜王朝的政治界和思想界变成西人主导、南人协助的局面。

九、势道政治的展开：受限制的改革

1800 年，领导朝鲜王朝后期政治改革和文艺中兴的正祖突然离世。正祖以其强有力的气魄领导了朝鲜王朝的中兴，他的急逝给此后朝鲜王朝的政局掀起巨大波澜。1800 年六月，正祖去世，11 岁的纯祖即位，由此开始的强势君主政治权力空白被大王大妃和外戚占据，即势道政治拉开了帷幕。

19 世纪上半叶，年幼的君主纯祖（1800—1834 年在位）、宪宗（1834—1849 年在位）和人称"江华道令"的哲宗（1849—1863 年在位）等软弱国王相继即位，安东金氏、丰壤赵氏等王室外戚家族以大王大妃和王大妃为权力基础，稳稳地进入权力核心。国王无法正常管理国家，政治以少数外戚家族为中心施展，朝鲜王朝渐渐走向没落之路。势道政治时期，三政（田政、军政、还谷）紊乱尤为严重，这导致抵抗势力揭竿而起，引发了 1811 年的洪景来之乱和 1862 年的壬戌民乱。

十、编纂《朝鲜王朝实录》等世界级档案

目前，韩国有 7 件文物被联合国教科文组织收录进世界记录遗产。其中，《训民正音》《朝鲜王朝实录》《承政院日记》《东医宝鉴》和朝鲜王朝仪轨都是朝鲜王朝时期的档案。由此可见，朝鲜王朝时期有良好的记录编纂传统。

《朝鲜王朝实录》是一部以编年体记述从第 1 代国王太祖至第 25 代国王哲宗，共计 472 年（1392—1863）情况的朝鲜王朝国家官方记录。全套图书数量庞大，共有 1707 卷 1188 册，包括朝鲜王朝时期的政治、外交、经济、军事、法律、思想和生活等各方面历史事实。《承政院日记》是国王秘书室承政院所写的日记式记录，《东医宝鉴》是伟大医学家许浚编撰的医书。仪轨是以文字和绘画整理朝鲜王室主要活动的图书，对今天再现王室活动有很大帮助。

癸

历史的意义

历史上领导人最后的样子

　　2009 年 8 月，前总统金大中的遗体告别仪式隆重地举行。他身居韩国现代史的中心 40 余年，对韩国影响巨大，一言一行都足以创造新历史。卸任总统一职后，金大中继续积极活动，无奈年事已高，最终难敌病痛困扰。病床上，他甚至与一生的政治同志兼政敌——前总统金泳三，还有将自己判处死刑的前总统全斗焕达成戏剧性和解。直到生命的最后一刻，他仍在传达国民团结与和解，以及一生的目标——南北合作的思想。

"轻徭薄赋，自得民心"

　　韩国历史上的领导人中，有个让人脑海中清晰浮现出其最后情景的代表人物，他就是建立高丽的太祖王建。王建临终留下《训要十条》，为后代国王整理出必须遵守的 10 个政策方向：

其一曰，我国家大业，必资诸佛护卫之力，故创禅教寺院，差遣住持焚修，使各治其业。后世奸臣执政，徇僧请谒，各业寺社，争相换夺，切宜禁之。其二曰，诸寺院皆道诜推占山水顺逆而开创。其三曰，传国以嫡，虽曰常礼，然丹朱不肖，尧禅于舜，实为公心。若元子不肖，与其次子。又不肖，与其兄弟之众所推戴者，俾承大统。其四曰，惟我东方，旧慕唐风，文物礼乐，悉遵其制。殊方异土，人性各异，不必苟同。契丹是禽兽之国，风俗不同，言语亦异，衣冠制度，慎勿效焉。其五曰，西京（平壤）水德调顺，为我国地脉之根本，大业万代之地，宜当四仲巡驻，留过百日，以致安宁。其六曰，朕所至愿，在于燃灯八关。燃灯所以事佛，八关所以事天灵及五岳名山大川龙神也。其七曰，人君得臣民之心为甚难，欲得其心，要在从谏远谗而已。……轻徭薄赋，知稼穑之艰难，则自得民心，国富民安。其八曰，车岘以南，公州江外，山形地势，并趋背逆，人心亦然……其十曰……博观经史，鉴古戒今。

很明显，高丽王朝以佛教和风水地理思想为基础，采取以西京为中心的北进政策，与契丹形成对决格局。之所以坚持强硬政策代替所谓"阳光政策"来对待契丹，是因为王建认为契丹是灭渤海的残虐民族。遗训虽然距今一千多年，但是尊重传统文化、继承者的继承问题、收集言论和轻赋税等许多内容，现在用来也很有借鉴价值。然而，太祖的遗训很难遵守下去。太祖死后不久，王子们之间就不断围绕王位继承展开争夺。直到第4代光宗时，高丽王朝才得以打下根基。

国王们的最后时光

朝鲜王朝开国者太祖的坟墓很特别，覆盖封坟的是紫芒，而不是青草。据说由于父亲思念故乡咸兴，儿子太宗从咸兴移植紫芒种在封坟上。实录中也有关于这一情况的记录。

> 同经筵洪瑞凤曰："健元陵莎草，无修改之时，而今见本陵所报，则陵前杂木着根，渐近随生。太祖遗教以北道青蘴为莎草，故至今莎草甚茂，异于他陵。"……"自古此陵不改莎草者，其意有在，不可改也。"（《仁祖实录》，仁祖七年三月十九日）

上述记录显示，儿子太宗遵照太祖遗言，移来故乡咸兴的紫芒作为东九陵的莎草[1]，此后的多位国王也格外关照太祖的莎草。父亲太祖生前，儿子太宗便与他有诸多矛盾。父亲的坟墓也没有建在他喜欢的地方。太宗反对把父亲葬在其挚爱的王妃——神德王后身旁，太宗在现在的东九陵脚下修建健元陵，犯下单独供奉父亲的不孝之罪。可是，他似乎没能拒绝父亲最后的遗言，即移来故乡咸兴的紫芒覆盖坟墓。太宗想挽回没将父亲葬在中意之地的不孝之举，健元陵的紫芒隐含着他这种痛苦心情。

1452年五月，文宗临终时最后一次将信任的大臣金宗瑞和皇甫仁等人叫到跟前。无论如何，刚满十二岁的年幼世子登上王位都让他感到不安。因此，文宗再三叮嘱他们好生辅佐端宗。端宗即位后，金宗瑞和皇甫仁忠实履行了文宗遗言。但是，遗言被履行得太过分。他们推行黄标政事，即录用官员时在自己决定的人名下方做黄色标记，王室因此无异于傀儡。文宗的弟弟，也就是端宗的叔父首阳大君对此感到愤慨，并最终在1453年发动名为"癸酉靖难"的政变，金宗瑞、皇甫仁等臣权的代表被清除。1455年端宗退位，在流放地宁越清冷浦结束一生。文宗最后的担忧成为现实，演变为王室的悲剧。

1607年十二月，宣祖病情恶化，他传柳永庆、申钦和韩应寅等七名前任和现任大臣入宫。尽管想把老年所生的嫡长子永昌大君指为继承人，但永昌大君当时只有两岁。最终，宣祖当着诸位大臣的面下达遗教，让已被册封为王世子的光海君继承王位。由于放心不下幼子，他嘱咐诸位大臣，自己死后也要照顾永昌大君。此时，听取宣祖最后遗言的被称为遗教七臣。宣祖还叮嘱光海君务必保护好弟弟永昌大君。

1608年二月，宣祖突然陷入昏迷。许浚等御医开出苏合元、开关散等强效药方，却不见宣祖病情好转。许浚最后诊断，国王病重，已经回天无力。光海君继宣祖之后登上王位，但没有遵守父亲遗言，反而在1613年将年幼的弟弟杀害。随着党派之间政治斗争的激化，威胁王位的嫡长子弟弟成为光海君沉重的政治负担。宣祖定光海君为继承人的最后遗言虽得到了遵守，他深爱的小儿子却在后来的政治惊涛骇浪中凄惨死去。

著名学者的最后时光

南冥曹植和退溪李滉同生于1501年，同为岭南学派的两大支柱，人称"左退溪右南冥"。一生中，他们既是政治上的对手，又是学问上的同志。即使在性理学的理解上两人也持不同见解，曹植主张重视实践，李滉则主张探索理论。他们看待现实的眼光和对待倭寇的立场等所有方面都不相同。继承他们学问的弟子又分为北人（曹植学派）和南人（李滉学派），学术和思想上的对立关系愈演愈烈。

两人思想观念不同，最后的时光也不同。临死之时，李滉很想念清凉山，那里有他为学生们解疑释惑的陶山书堂。彼时，他已无法亲自登上清凉山。1570 年，学生权好文从清凉山归来，李滉在病床上边听他讲述边点头。李滉一生尤为钟爱梅花。为了不让梅花看到自己临终不洁的样子，他命人将花盆移走。十二月八日，李滉留下"给那棵梅花树浇浇水"的遗言后，安静地闭上了眼睛。学识渊博、热爱自然的著名学者走完了生命最后一程。

曹植最为强调性理学的实践，将终生修养和象征实践的"敬义"信念化。他随身佩带的刀上刻有"内明者敬，外断者义"八个字，就连窗户与墙壁之间也写有"敬义"两个大字。曹植去世前，门生们最后一次向他求教。他留下了一段很有名的遗言："敬义二字极为重要和迫切，做学问之人反复习之，胸中会无一物遮挡，我没能达到如此境界。"

栗谷李珥是代表朝鲜王朝中期的政治家和学者。直至生命最后一刻，他还在担忧王朝的国防。1584 年，李珥身居吏曹判书一职。任兵曹判书时就有的病痛让他卧床不起。宣祖亲自派医员为他诊治。碰巧巡抚御史徐益要去关北，临行找李珥询问边防事宜。他病情稍有好转，但不能劳累，弟子们请他不要应允。李珥却说："我的身体只为国家效力。如果此事令病情加重，那也是我命该如此。"他勉强起身迎接，把六条策略讲给徐益听。徐益刚记完，他就气息断绝。尽管又苏醒过来，但一天不到就与世长辞了。这就是至死都在担心朝鲜王朝国防的政治家和学者李珥的最后时光。

　　历史人物的最后时光不仅留在了当时之人，也留在了子孙后代的深刻记忆中。被敌人子弹击中的瞬间，李舜臣将军还毅然决然地说："战方急，慎勿言我死，毋令惊军。"这句著名遗言让他的形象更加光辉伟大。前总统金大中一生都在为国民团结、民主政治和南北合作而奋斗。他最后的日记中饱含着对祖国和民族的热爱。如今，他亦已作古，成了一位历史人物。

1　莎草为给坟墓植的草皮。——译注

国王是否幸福：听王陵对你说

　　国立显忠院是总统、政党代表和身居政治决断位置的政治人士都会拜访的地方。或许，因为那里埋葬着在韩国近现代史中曾留下清晰足迹的人物和救国家于战争等危难的人物，有着象征性的重量。在朝鲜王朝时期，后代国王参拜先王坟墓也被视为一项重大活动。

　　例如，正祖将父亲思悼世子的坟墓建在华城，时常巡幸。这不单纯是缅怀父亲，还有更深层次的政治目的——通过尊崇思悼世子，从而卸掉自己"罪人之子"的枷锁，强化王权。

王陵告诉我们的事情

　　迄今为止，对王陵的关注和研究并不算多。可能有人抱有成见，认为王陵是死人墓穴，样子大同小异，没什么特别之处。然而，除了国王坟墓之外，王陵还有许多意义。我们可以通过坟墓所在地区和葬在旁边的人，大体推测当时的政治状况；还可以通过立在王陵

《敬以勿毁》中的《太祖忘忧岭驾幸图》，纸质彩色画，大小为 48.2cm×33.3cm，藏于
韩国国立文化遗产研究所。此为太祖生前定下自己的寿陵地，并去那里查看的情景。

周围的石雕，读出当时的建筑艺术和美术史潮流。

一般而言，王陵不仅包括国王的坟墓，也包括王妃的坟墓。王与王妃（正妃）的坟墓统称"陵"，国王私亲[1]和王世子（世子嫔）的坟墓叫作"园"。思悼世子的坟墓原名显隆园，思悼世子被追尊为庄祖后，陵号改为"隆陵"。这一变化更为充分地体现出陵与园的地位差别。此外，被废黜的国王则与大君、公主、翁主和后宫等一样，坟墓叫作"墓"。可以说，"燕山君墓"和"光海君墓"的称呼是朝鲜王朝时期的观点在现代的延续。

朝鲜王朝时期，建造王陵最重视风水地理和地域接近性。既是风水宝地，又离汉阳不远的地方符合王陵选址要求。后代国王要想经常参拜先王王陵，首先距离不能太远。现存王陵多数分布在首尔，以及九里、高阳和坡州等京畿北部地区就是出于这个原因。建在汉江以南的王陵（太宗的献陵、世宗的英陵、端宗的庄陵、成宗的宣陵、中宗的靖陵、孝宗的宁陵、正祖的健陵、纯祖的仁陵）相对较少，是因为走水路有诸多不便。

人们还注意到，王室的坟墓，如东九陵和西五陵集中建在一起。这可以理解为那里是风水宝地，而且后代国王愿意葬在先王旁边。但是，朝鲜王朝时期的王陵不是国王生前按照自己意愿修建的，因为要受坟墓修建主体——后代国王的想法、政治变数和大臣意见等各种因素的左右。其中，除风水地理层面的基本要素外，政治上的牵制关系、正妃与继妃之间的矛盾等对修建王陵的影响也很大。王陵的外表看起来差不多，但每一座都有自己的历史和故事。通过朝鲜王朝时期的王陵，我们也许能看出谁是最幸福的，谁又是最不幸的国王。

肃宗之陵：死后仍旧艳福不减

朝鲜王朝时期，死后最幸福的国王要数肃宗，因为他死后与自己生前钟爱的四位王妃葬在一处。肃宗坟墓（明陵）位于现在的西五陵，西五陵的意思是西边的五座王陵。实际上，建在那里的王陵只有睿宗的昌陵、肃宗的明陵和追尊王德宗（成宗的父亲）的敬陵三座王陵。之所以叫作西五陵，是因为包括王妃陵——翼陵和弘陵在内，共五座。

有趣的是，西五陵的主角就是肃宗。那里有肃宗自己的坟墓，还有他十岁时迎娶的糟糠之妻——王妃仁敬王后，以及第一位继妃仁显王后和第二位继妃仁元王后的坟墓。仁显王后和肃宗葬在一起。仁元王后留下过想葬在肃宗身旁的遗言，坟墓却被修在肃宗和仁显王后坟墓左侧山坡的高处，稍显落魄，似乎满眼嫉妒地看着眼前的两人。

1970 年，曾受肃宗专宠的张禧嫔之墓来到西五陵。这一年已经是她死后 270 年了。张禧嫔被肃宗以毒药赐死，坟墓原在京畿道广州（五浦面文衡里），几乎成了一片废墟。随着坟墓被发现，后人自作主张，将其移至肃宗身边。迁到西五陵内之后，坟墓、围墙和石雕依旧布置得狭窄简陋，如同她悲剧一样的人生。无论如何，包括三位王妃和一位后宫（这位后宫也曾登上王妃宝座）在内的四位王妃死后都葬在了肃宗身旁，他跟生前一样艳福不减。当然，肃宗在位时期，这些女人多次引发了血腥的党派斗争……

肃宗儿媳贞圣王后（英祖正妃）的坟墓——弘陵在肃宗坟墓附近。英祖很爱这位与自己同生死共患难、好不容易当上王妃的贞圣王妃，但二人膝下没有子嗣。贞圣王后于 1757 年去世。英祖将王妃坟墓建在父亲肃宗坟墓附近，并空出旁边的位置，留给自己逝后所用。然而，岁月流逝，冲淡了往日誓言。1759 年，66 岁的英祖迎娶 15 岁的新娘（贞纯王后）。1776 年，83 岁的英祖去世。考虑到仍在世的王大妃贞纯王后，孙子正祖准备将其坟墓建在东九陵。最终，英祖的坟墓建在东九陵内，名为元陵，一旁的空墓归 1805 年去世的贞纯王后所有。贞圣王后死后也躲不过侍奉公公肃宗和四位婆婆的残酷命运。

来到肃宗王陵看一看，就能感到他的政治影响力在死后仍然存续。在位时，他废黜又新立王妃，令政局动荡不安。死后，王妃们的坟墓竟若无其事地列在他的墓旁。

中宗之陵：死后没有一位王妃陪伴

与肃宗不同的是，有位国王生前与三位王妃结缘，死后却无一人相陪。那就是中宗。他的坟墓建在如今首尔江南区宣陵站附近，父亲成宗的宣陵内。中宗先后有过三位王妃，死后却没有一人陪伴。因为第一位王妃端敬王后慎氏是慎守勤（燕山君妻兄）之女，1506年中宗反正时被废黜，死后无法合葬。继妃章敬王后尹氏与中宗合葬在西三陵的禧陵，但后来被人拆散。主角就是明宗时因垂帘听政而臭名昭著的中宗第二位继妃文定王后。文定王后打算死后葬在中宗身旁，早就在谋划将守着中宗的章敬王后（仁宗生母）移走。1542年，文定王后与奉恩寺住持普雨商议过后，突然把位于现在西三陵的中宗王陵迁到宣陵（成宗之墓）附近。这该让地下的中宗多么惊慌失措啊。

可是，中宗的新墓地并非风水宝地。最重要的是，地势较低，频频被淹。发洪水时，水甚至会漫过斋室。最后，文定王后只好放弃葬在中宗身边的心愿，她的坟墓位于如今的泰陵。结果，三位王妃中没有一位能常伴中宗左右，令他成了个悲剧人物。有父亲成宗在身边，多少会给他些许安慰吧？

迄今为止，韩国去世的总统都安葬在国立显忠院。现代史虽历经 "4·19 革命"、"5·16 军事政变"、"12·12 军事政变" 和 "5·18 光州民主化运动" 等众多曲折，但对最高当权者的最后礼遇还是比较优厚的。然而，我们也无法肯定以后不会出现进不了国立显忠院的前总统。因此，无论东九陵和西五陵等朝鲜王朝时期王陵，还是带有 "现代版王陵" 色彩的国立显忠院，都堪称后人的历史学习园地。

---

1 私亲为庶子生母。——译注

朝鲜王朝时期宗亲们的生活

2008 年，前总统卢武铉兄长"烽下大君"卢建平被拘留，这一度成为坊间最热议的新闻。也许，大多数国民会在心里说"该来的终于来了"。因为韩国政治史上不断出现亲属不正之风和腐败现象，总统亲属不被拘留反而是例外。从全斗焕政权时代的全斗焕兄弟被拘留开始，前总统金泳三、金大中的儿子们像翻版一样相继被拘留。以道德为最强执政武器的卢武铉政权也有亲属腐败。最高权力者的直系家属为何无法摆脱权力和金钱的诱惑？同样，朝鲜王朝历史上有些国王宗亲掌握着国家实权。但是，国家对他们实行的权力牵制措施也不算少。下面，就让我们看一下朝鲜王朝时期王室亲属——宗亲们的故事。

国王至亲远离权力

朝鲜王朝刚建立时就发生过王子们争夺实权的事件。拉开序幕的人物是太祖五子李芳远。然而，埋下事件伏笔的其实是建国始祖太祖李成桂。建立朝鲜王朝的过程中，太祖在军事力量上得到了李芳远等王室父系亲属——宗亲的极大帮助。或许出于这个原因，太祖置高丽时代延续下来的"宗亲不任以事"原则于不顾，允许宗亲为官。因此，宗亲自建国初就可以担任官职，拥有私兵。特别需要指出的是，王子们的私兵后来变成瞄准王室的匕首。

李芳远以自己的私兵为基础，除掉太祖指定的世子——弟弟李芳硕，最终登上权力顶峰（第一次王子之乱，1398年）。李芳远掌权后，虽将王位传给哥哥李芳果（定宗），但由于四哥李芳干垂涎王位，他又一次加入权力斗争。这就是1400年的第二次王子之乱。此后，李芳远即位为太宗，开始全面加强王权。建国初的两次王子之乱给出了以王子们的政治野心和军事力量为基础，王位便可轻松易主的先例。

难道这一经历成了反面教材？从此以后，朝鲜王朝国王一直采取彻底将宗亲排除在权力之外的政策。宗亲指王室的父系亲属，又叫作宗族、本宗、本族或同宗。作为国王四代之外的子孙，同姓为"宗"，父系为"亲"，统称"宗亲"。母系和妻系亲属以"戚"称呼，父系亲属使用"宗"字，可见后者被放在首位。朝鲜王朝初期，宗亲的范围很广。但到了世宗时期，宗亲则被界定为国王四代之内的子孙。

设立宗亲府的意图

朝鲜王朝时期，国王赋予宗亲不同的品阶。这类品阶叫作宗亲阶，从1443年（世宗二十五年）起实施。宗亲阶为双阶，从正一品（显禄大夫、兴禄大夫）至正六品（执顺郎、从顺郎），是只有品阶，没有实职的名誉职务。之所以将宗亲阶与文臣和武臣的品阶区分开来，是为了阻止其参与政治。宗亲干政不仅会威胁国王地位，对贵族官员们也绝无好处。亲尽，即国王四代子孙之外的亲属脱离了宗亲的地位才可做官。由于是全州李氏，《芝峰类说》作者李睟光的家人很长一段时间内不能为官，但其父李希俭那一代与王室断绝了关系，因此可以担任官职。

朝鲜王朝时期还有宗亲的科举考试。成宗时期的1484年，单独为宗亲举行了科举考试，其目的不是录用官员，而是鼓励他们做学问。考试内容涉及四书三经，分别为一、二、三等合格者提高三、二、一个品阶。可是，宗亲们对名誉职务的反响并不大，这些职务在中宗时期以后被废除。

负责宗亲事务的官厅是宗亲府。到朝鲜王朝时期，高丽王朝起就有的诸王子府更名为在内诸君所。世宗时期的1428年，在内诸君所内设宗簿寺，专门负责纠察宗亲的腐败现象。1430年，在内诸君所升级为宗亲府，宗亲府成了正一品衙门。宗亲府在形式上排名最靠前，但无法行使实际权力。《经国大典》中以法律形式规定了宗亲府的作用和品阶。宗亲府负责制作王室族谱——《璿源谱》、奉上王室所用衣料等事务，但不能发挥任何政治作用。

最终，设置宗亲府从制度上阻止宗亲参与政治的同时，还令其承担起纠察宗亲腐败现象的职能。纵观朝鲜王朝，与国王外戚活跃参政相比，宗亲则很少出现政治上的不正之风和腐败现象。可见，这种制度起到了很大作用。

大君鼻祖：让宁大君

朝鲜王朝时期以嫡长子继承为原则，国王有哥哥的情况极为少见。从这一点看，让宁大君的经历很特别。被父王太宗剥夺王世子之位后，让宁大君离开都城，过着风流不羁的生活。但是，有哥哥在世会给国王造成巨大的政治负担。尽管也讨论过处罚让宁大君，但弟弟世宗每次都出面袒护，还经常传他回都城，盛情款待，共叙兄弟情谊。

让宁大君正式干预政治是在废黜端宗的时候。首阳大君以大君身份从侄子端宗手中篡夺王位，并将其流放在外，但前国王在世是他最大的负担。此时，让宁大君作为积极主张清除端宗的王室元老，华丽地参与政治当中。以下是实录中的记载。

让宁大君禔等启曰："前日请鲁山君及瑜等罪，至今未蒙俞允。请速置法。"上不允，禔再启："如大逆事关宗社，非所商量。请断以大义。"（《世祖实录》，世祖三年十月十九日）

虽然不清楚以上记录是出自让宁大君本意，还是迫于世祖政权的压力，但可以肯定的是，让宁大君积极主张处罚端宗给了世祖极大支持。

精通诗书画的安平大君

具备能力却命中注定无法入朝为官，这种现实壁垒让很多宗亲

《安平大君千字文石刻拓本帖》，大小为17cm×23cm，成于1450年，个人收藏。安平大君不仅具备政治能力，在诗书画方面也发挥了卓越才能。

转而在艺术方面施展才能。其代表人物是世宗三子，也就是首阳大君的弟弟安平大君。安平大君自幼好学，诗书画才能尤其出色，人称三绝，其书法家的名声甚至传到中国。朝鲜王朝前期，他的笔体流行甚广，现存作品以写在安坚的《梦游桃源图》上的跋文为代表。

　　不幸的是，安平大君不仅艺术上有建树，还具备政治能力。金宗瑞和皇甫仁在端宗登上王位后得势，他们选择安平大君为其王室伙伴，而非有野心的首阳大君。对此，安平大君也用积极的配合予以回应。但是，他们之间的同盟被首阳大君发起的"癸酉靖难"击得粉碎。安平大君被流放江华岛乔桐，最终在那里被赐死。

朝鲜王朝时期，严格限制宗亲参与政治。朝鲜王朝初期，反复出现王子之乱和癸酉靖难等王子掌权事例。成宗时期，用法律从源头上阻止宗亲参政。或许是这些措施奏了效，朝鲜王朝后期，宗亲几乎与权力无缘。这时，取代宗亲走入政权核心的是母系和妻族的外戚。从明宗时期的尹元衡开始，19 世纪势道政治时期还见证了安东金氏、丰壤赵氏等外戚的全盛时代。目睹过总统亲属腐败现象不断的现代政治史后，我们是否该为外戚腐败现象不多而庆幸呢？

记录文化之花：仪轨

图文并茂的王室活动报告

仪轨是朝鲜王朝时期以记录形式将重要仪式过程整理成册的书籍。如有需要，还会附上图画，生动地描述活动场景。"仪轨"是汉字"仪式"和"轨范"的合称。"轨范"的"轨"字和"范"字分别是车轮和模范的意思，即要像沿着车轮的轨道一样，依据儒教理念整理好以前的活动，传于后世。制作仪轨的主要目的在于开创先例，加以参考，继承先王法度的同时预防犯错。仪轨的制作需要发挥聪明才智，目的是让后代有先人经验可考，从而顺利举行婚礼、葬礼和宫廷宴会等国家重要活动。

仪轨在朝鲜王朝王室的主要活动结束后制作而成，带有活动报告的性质。国家和王室举行国王婚礼、世子册封、王室宴会和葬礼，以及王国建造工程等重要活动时，会收集其间的相关记录。待活动结束后，成立临时机构，进行仪轨编纂。从设置推进国家活动的专门机构，到制作活动报告仪轨，最后向国王报告，才算完成该项活动。

人们能从仪轨中发现的另一个要素是图画。仪轨还是一种收录展示活动全过程的班次图，以及画有各种建筑和物品图解的画册。通过一般绘制为彩色的图画，我们可以立体地感受到活动当时的情形，还可以清楚地了解到无法靠纯文字感知的物品细节。因此，仪轨可以称为图文并茂的活动综合报告。

2006 年，韩国政府以仪轨的稀缺性、翔实的记录和长达 300 多年的时间跨度为理由，申请将其登载为世界记录遗产。2007 年 6 月，收藏于奎章阁和藏书阁的仪轨被评为世界记录遗产。仪轨作为档案资料，其价值同样获得了世界认可。

仪轨的制作步骤

举行记录在仪轨中的各种活动前，会先成立临时机构——都监。都监的叫法因各个活动名称的不同而不同。也就是说，王室婚礼设嘉礼都监，国王或者王世子册封仪式设册礼都监，王室葬礼设国葬都监，接待使臣设迎接都监，王宫建造房屋设营建都监，这些临时设立的都监主办各自负责的活动。从今天的角度看，这与现在奥运会组委会、世界杯组委会和总统职务交接委员会的组建原理相同。

由于都监是临时设置的机构，官员兼任的情况很多。都监的编制通常以如下方式构成：总负责人都提调一名，从政丞级别的官员中任命；副职负责人提调三至四名，由判书级担任；业务管理人员都厅二至三名、郎厅四至八名、监造官（监督官）六名，从堂下官中选拔；再下面，负责文件起草、文件收发、会计和仓库整理等行政支援的算员、录事、书吏、书士、库直和使令等各任命数十人。此外，将画员、匠人等参与实际工作的人安排到各部门，仪轨做好时，都会记下他们的真实姓名，赋予其责任感和自豪感。

都监会收集以日期顺序整理起来的活动全过程的文件。一房、二房、三房等各部门整理自己负责的业务内容，需要时会附上图解和班次图等图画资料。活动结束后，都监和各房对收集到的文件进行整理，并以此为基础制作仪轨。

仪轨中记载的王室活动的方方面面

仪轨中记录着朝鲜王朝时期举办过的各种王室活动。朝鲜王朝是个王朝国家，所以王室活动是仪轨的主要内容，展示王室成员一生的仪轨有很多。从展示供奉王室胎衣，在周围修建石雕过程的胎室仪轨开始，再到国王不断成长直至死亡的生命历程，多在仪轨中有所体现。

其中，首先是与王子成为国王前必经的王世子册封仪式，以及继先王之后登上王位之册封过程相关的仪轨。王妃和国王一同参加王妃册封仪式，相关活动被整理为册礼都监仪轨。国王婚礼一般在其为王世子时的 15 岁前后举行，随后也一定会总结为仪轨。王室婚礼叫作嘉礼。整理王室婚礼的嘉礼都监仪轨中附有大量图画，内容也很丰富，足见嘉礼是朝鲜王朝王室的最大庆典。

仪轨中，所占比重最大的是王室葬礼的相关仪轨。朝鲜王朝信奉儒教，上至国王下到百姓都会办好祖先葬礼，非常重视葬礼后的祭祀仪式。国王或者王妃死后将庄严肃穆地举行葬礼，葬礼全过程

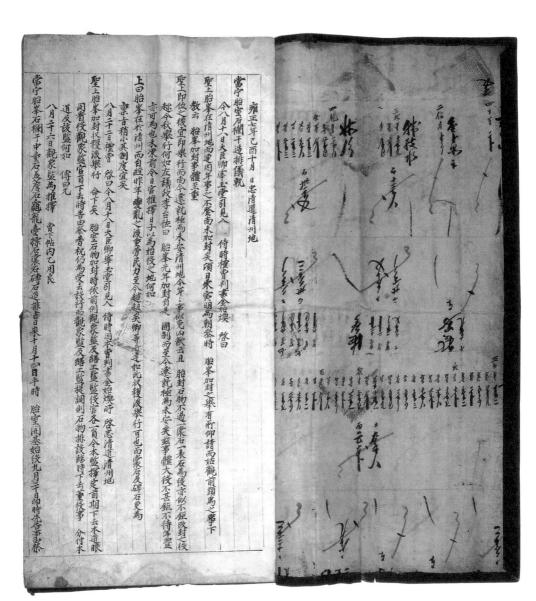

雍正七年乙酉十月　日忠清道清州地

當宁胎室石欄干造排儀軌

今八月十八日大臣卿宰玉堂引見入　付時禮曹判書金始煥　啓曰

聖上胎峯在清州地而建因年事之不登南未加封至矣頃日來寔明爲朝叅時　胎峯加封之擧有所仰請而始觀前頭爲之事下

教云　胎峯加封事體至重

聖上即位之後宜即擧行而每令遷就今遠就極爲未安玆清州地今年・・蓋似凶歉云且　胎封石物不遇・・一表石爲後亦似不甚歟改封之後

越今秋擧行何如左議政李台佐曰　胎峯加封旣自・・圍制而至今遷就極爲未安玆事體大段不甚鉅不待年豐

上曰胎峯在於清州而自經昨年　慶亂之後・・而甍石及碑石更爲

亦可爲也未東前令日官推擇日子以爲始役之地何如

稟旨稍小其制度宜矣

八月二十二日禮曹　啓曰今八月十八日大臣卿宰玉堂引見入　付時因禮曹判書金始煥　啓　忠清道清州地

聖上胎峯加封授役擧行　命下矣　胎室石物加封時依前例觀象監後定爲宣各一員令本監提調則石物排設臨時下去董役事　令付本

同前役觀象監石首下去時苦辛者祀仍爲受去設計而觀象監繕工監提調則石物排設臨時下去董役事　令付本

道及設監何如　傳曰允

八月二十六日觀象監爲推擇　書下帖內乙用良

當宁胎峯石欄干中童石烏慶石適龍臺標石業石碑石造排啓日來十月十四日午時　胎室開基始役九月三十日卯時先告事畢叅

《英祖大王胎室加封仪轨》，大小为 36.3cm×73cm，成于 1729 年，藏于清源郡。
重修英祖胎室后，记录其详细过程。

被编纂为国葬都监仪轨。此后，朝廷还要编纂收录国王坟墓修建过程的山陵都监仪轨，把在宗庙供奉国王牌位的仪式整理在祔庙都监仪轨中。当上国王后，随着主管的活动越来越多，各种类型的仪轨也就应运而生，有国王亲自祭祀宗庙和社稷坛的宗庙仪轨和社稷署仪轨，还有将农业国家——朝鲜王朝的国王亲自耕种过程整理起来的亲耕仪轨。由于当时重视女子织布，所以王妃负责主办缫丝织布的亲蚕活动，该活动全过程收录在亲蚕仪轨里。

宴会也在王室活动中占有很大比重。其中，有为大王大妃和王大妃等王室地位最高的女性举办的宴会活动，还有纪念国王 40 岁、50 岁和花甲等的活动。宴会结束后，制作出丰呈都监仪轨、进宴仪轨、进馔仪轨和进爵仪轨等宴会相关仪轨。"进宴"意为"设宴"，"进馔"意为"请客吃饭"（规格小于前者），"进爵"意为"提高爵位"，都是逢喜事设宴席的仪式。在王室提升尊号的仪式后，会制作尊号都监仪轨。

宫殿和城郭建成后也一定会制作仪轨。与建筑相关的仪轨中，最具代表性的是正祖在如今的水原修建华城后，收录修建全过程和各建筑物图纸的《华城城役仪轨》。也有记录昌庆宫、昌德宫和庆运宫等朝鲜王朝王宫修建过程的仪轨，火器的制造过程则收录在火器都监仪轨中。此外，还有《报漏阁修改仪轨》和《钦敬阁营建仪轨》，记录着使用和保管自击漏、测雨器等科学仪器的建筑物的修建过程。

大射礼仪轨中记录了国王亲自巡幸成均馆，与臣子比试箭术，以射中成绩进行赏罚的仪式过程；迎接都监仪轨中记录了接待中国使臣时的情景；《园幸乙卯整理仪轨》中记录了正祖为母亲设六十寿宴，率领大批部队巡幸华城的场景；《乐器造成厅仪轨》中记录了制造宫廷乐器的情况。这些仪轨为人们生动地呈现出朝鲜王朝时期丰富多彩的王室活动。

从供奉出生第一个标志——王室胎衣的仪式，到国王灵魂供于宗庙这个让人永远铭记的仪式，国王的一生都被载入仪轨的记录之中。因此，仪轨不仅是研究朝鲜王朝时期王室文化的重要资料，也是还原文化传统必不可少的资料。如果拥有宗庙、社稷坛、城郭和清溪川等传统遗产的首尔能以仪轨记录为中心，积极再现宫廷活动，就能让国内外人士更近距离地领略朝鲜王朝宫廷文化的风采。

朝鲜王朝王室国葬的程序和记录

　　2009 年 5 月，前总统卢武铉的国民葬礼在广大国民的哀悼中举行。1988 年，他作为国会听证会明星，令国民深受感动，后来担任总统一职。卢武铉自称平民总统，生命走到尽头时让全体国民陷入震惊和悲痛。人们纷纷献上自己最崇高的敬意，送他走完最后一程。朝鲜王朝时期的国王去世时，同样会汇集王室之力，隆重举行最盛大的葬礼仪式。下面，就让我们了解一下朝鲜王朝时期的国葬。

大臣披发绝食三日

　　朝鲜王朝时期的国王、王妃、太上王妃、世子嫔和世孙嫔死后，王室会以国丧为其举办葬礼。但是，国丧的叫法因人而异。国王和王妃的葬礼统称国葬，世子和世子嫔的葬礼叫作礼葬，皇帝的葬礼叫作御葬。死亡的说法也因人而异。《礼记》中规定，天子用崩，诸侯用薨，大夫用卒，士用不禄，庶民用死。朝鲜王朝的国王属于诸侯，要用"薨"，但《朝鲜王朝实录》中通常写为"上升遐"。论地点，寝殿中去世的国王最多。昌德宫寝殿大造殿中，先后有成宗、仁祖、孝宗和哲宗等国王升遐。

国王病重，临终会向人说出遗言，这叫作顾命。一般由国王的亲信大臣领受顾命，写成国王遗教。领受顾命的大臣叫作顾命大臣。国王死后，将其头朝东停放，内侍在其口鼻上放棉花，查看是否还有气息。确定死亡后，内侍拿着国王平时穿的衣服爬上王宫屋顶，踩着屋脊高喊三声"上位复"。这是呼唤国王离去的灵魂回来的意思。

国王死后，王世子以下的大臣要除去头上冠、身上衣，散开头发，还要穿上白衣、白鞋和白袜，绝食三日。《世宗实录》中写道："卒哭之后，犹御素膳，圣体瘦黑，群臣望见，莫不惊骇。且殿下平昔非肉未能进膳，今素膳已久，恐生疾病。"（世宗四年九月二十一日）这段内容讲的是世宗非常爱吃肉，但国丧让他茶饭不香，令大臣们担忧。

卒哭[1]前，停止宫中所有祭祀与奏乐。此后直到三年丧，只祭社稷，只在大祀时奏乐。而且，为哀悼国王去世，民间也五日不开市，禁止结婚和屠宰。换言之，要向逝者表达最高敬意。

确认国王死亡后，要为死者沐浴更衣，叫作袭；用衣服和被子包裹死者，叫作小殓和大殓。大殓结束后，将放有遗体的梓宫（用胡桃楸木制作的国王棺材）停入殡殿。按照常理，普通人的棺材直接停放在灵堂。国葬时，要制作名为"攒宫"的大箱子，将梓宫置入其中。攒宫四面画有四神图，左青龙，右白虎，南朱雀，北玄武。国王死后第三天，朝廷派大臣去社稷坛和宗庙，正式禀报国王去世的消息。

国王葬礼的程序

成服（丧主穿丧服）于大殓两日后进行，新国王登基仪式于成服后举办。新国王在前国王葬礼进行过程中，经简单仪式登上王位。因此，朝鲜王朝时期的国王登基仪式并不是通常想象的那样异常华丽又喜庆。由于仪式以先王葬礼为中心，登基反而交织着悲伤。新国王只在登基仪式时将丧服换成冕服（礼服）。只有世宗和高宗的登基仪式充满生机。太宗退位为上王，将王位传给儿子世宗；高宗则自封皇帝。

国王死后次月，新国王定下前国王的庙号（在宗庙中供奉牌位的称号）、陵号（王陵的称号）和谥号（称颂生前功绩的称号），加以尊奉。例如英祖，庙号是英宗（高宗时，由英宗改为英祖），陵号是元陵。记录国王生平事迹的行状、册文、碑文和志文由高层大臣分头起草。这些文章作为附录，被收录在《朝鲜王朝实录》各个国王记录的最后部分。

发引开始后，国王的棺材离开宫殿，举行路祭（在路上祭祀）后到达墓地。到达山陵都监提前修建好的王陵后，将棺材引入丁字阁，从攒宫中取出棺材下葬。下葬时，会使用提前设置的辘轳等机器。王陵建完后，进行虞祭（埋葬死者后，安慰其灵魂的祭祀），奉假神主回宫殿。安置好假神主后，王室葬礼的主管部门——国葬都监完成工作并解散。但国葬仪式并未就此结束。还要将假神主供奉在魂殿里，守孝三年（大约27个月）。三年后，取出魂殿内供奉的假神主，埋在宗庙，制作新牌位供奉在宗庙里。这叫作祔庙。

国葬结束后，由国葬都监、殡殿都监、山陵都监、魂殿都监和祔庙都监等各都监制作仪轨。都监是负责葬礼执行的临时部门。与国葬相关的都监有总管葬礼的国葬都监，还有设置殡殿安放死者、准备殓袭和服饰的殡殿都监，以及修建坟墓的山陵都监。按照现在的葬礼仪式，国葬都监相当于总管葬礼的执行部，殡殿都监负责布置灵堂、接待吊唁者，山陵都监则负责修陵工作。

国葬记录在仪轨中

之所以按部门设置与国葬相关的都监，以及在仪式结束后制作各种各样的仪轨，是因为当时视隆重举行葬礼为最高礼节。国葬都监仪轨中收录了梓宫、各种车子、册宝、各种仪仗和祭器制作的情况，最后画有展示国葬队列的班次图。从《正祖国葬都监仪轨》的记录中可以看出，班次图大约在出殡前 10 天完成，并接受核实。葬礼必须举行得庄严隆重，所以众多参加者要提前对照班次图进行演练，熟记自己在队伍中的位置。描绘 1780 年正祖国葬队伍的班次图共 40 页，出现人物 1440 个。1897 年明成皇后国葬班次图共 78 页，出现人物 2035 个。由于此次国葬是高宗皇帝登基后举行的皇室活动，其规模更加盛大。

国葬队伍的主要场面如下。队伍中间，画面中央，载有香炉的轿子走在前面，然后是各种仪仗物品和乐队，红色遮阳伞后由 12 名侍卫别监引领神辇（供奉着国王假神主的轿子）点着三色蜡烛经过。葬礼结束后，该神辇上的牌位返回宫中。再往后是多顶彩色轿子，里面载着各种祭器和葬礼上用的器物。画面下端 4 位方相氏的作用是驱逐恶鬼。方相氏后排列着数十个挽幛，挽幛是一种写着悼念故人文章的帷帐。画面上还能看到载有仪仗物品——竹散马（国王和

《明成皇后国葬都监仪轨》，纸质彩色画，大小为 49.7cm×33.2cm，藏于奎章阁韩国学研究院。

王妃葬礼上使用的马型祭器）和竹鞍马的车子。

　　出现在队伍中心位置的是肩舆和大舆。据推测，140 余人抬着的肩舆是装有国王遗体的梓官放入或抬出大舆时，以及经过狭窄路段时使用的轿子。肩舆后面依次是载着香炉的香亭子、写有国王名字的铭旌和大舆。大舆是国王遗体所在的轿子。其规格高于肩舆，位于队伍最中央。大舆两侧有 24 名士兵举灯，其外围又有护卫士兵；大舆前面有 12 名别监负责护卫；大舆后面有国葬都监的各级官员和京官跟随，其后同样排列着挽幛。再往后是 10 名负责哭丧的宫女。队伍后半部分是东班和西班的官员，队伍最后部署着负责队尾警卫工作的兵力——后厢军。

　　除国葬都监仪轨外，国葬的相关记录还被整理为其他形式的仪轨。殡殿都监仪轨中收录了殓袭、成服所需的物品和殡殿中的物品等，山陵都监仪轨中收录了在工曹判书指挥下修建王陵的土木工程，布置在王陵的各种石雕及种在王陵周边的树木等内容。魂殿都监仪轨中收录的是修建魂殿的相关情况，祔庙都监仪轨中收录的是制作国王牌位，以及祔祭于宗庙的过程。

　　朝鲜王朝时期王室的国葬使用最高礼节，场面庄严肃穆，并按照仪式制作仪轨。当时自不必言，现存仪轨中也要数国葬相关的仪轨最多。制作这些仪轨是为了让子孙后代也能广泛继承国葬仪式。直至现在，我们都能从中领略到朝鲜王朝时期国葬的生动情形。

1　三虞祭（出殡后的第三次祭祀）之后，以终止痛哭之意而举行的祭祀。——译注

沿着光化门和历史水路

    2009 年 8 月 1 日，在大韩民国的心脏位置，光化门广场建成。2010 年 8 月 15 日，光化门被复原。朝鲜王朝建国后的景福宫正门光化门回到了自己的位置，景福宫前建成宽阔广场，这两项工程意义重大。光化门广场上另一处引人注目的是历史水路，上面记录着从 1392 年朝鲜王朝建国到 2008 年间的主要历史事件。我曾参与整理刻在历史水路石板上的主要事件，因此对历史水路的完成感怀更深。

朝鲜王朝荣光与苦难的记录

    朝鲜王朝时期至今发挥"政治一号地"作用的世宗路变成了"光化门广场"。朝鲜王朝时期，光化门广场所在的位置两旁有吏曹、户曹、礼曹、兵曹、刑曹和工曹的六曹建筑，因此得名"六曹大街"。可以说，一切政治信号都是从这里释放出去的。地上广场两侧流淌着 2 厘米深的历史水路。东侧的历史水路有 617 块石板，上

《白岳春晓图》，作者安中植，绸缎淡彩画，大小为 51.5cm×125.9cm，成于 1915 年，藏于韩国国立中央博物馆。画中可见被日本殖民主义者损毁前保存完好的光化门。

《御前濬川题名帖》中的第28页，纸质彩色画，大小为44cm×34cm，成于1760年，藏于釜山市立博物馆。垃圾、沙子和石头堵塞清溪川水道，散发恶臭。为治理水道，预防水灾发生，国家方面开展了河道清淤和修缮工作。英祖三十六年，国家绘制此画以示纪念。

面记录着朝鲜王朝至今的历史大事。西侧历史水路的石板保留空白，用来书写我们将要创造的历史。

我们就以历史水路上的主要事件为中心，来一次朝鲜王朝 500 年历史的时间旅行吧！ 1392 年，记录的当然是朝鲜王朝建国一事，但地点不是汉阳。从形式上讲，是高丽末代国王恭让王让位于太祖李成桂。所以，登基仪式是在开城寿昌宫举行的。1394 年，太祖迁都汉阳，正式开启汉阳时代。1395 年，建成正宫——景福宫。1396 年，修建都城，建造崇礼门等四大门，汉阳真正具备了都城的面貌，但宫内很快就接连发生王室争斗。李芳远（太宗）发动第一次王子之乱后，稀里糊涂登上王位的定宗于 1399 年迁都开城。1400 年的第二次王子之乱后，李芳远登上王位。1401 年，太宗在宫中设申闻鼓。1402 年，太宗让人们佩戴号牌，相当于现在的身份证。

1405 年，太宗重新迁都汉阳。1406 年，昌德宫建成。1412 年，太宗着手进行清溪川工程。因为都城汉阳四面环山（北岳山、南山、骆山、仁王山），所以洪水经常泛滥。此后，英祖时期的 1760 年，国家进行了大规模的河道疏通。2005 年，复原清溪川也是清溪川历史上的重要事件。1420 年，世宗在位期间，在景福宫内设集贤殿。世宗本人是位英明君主，还能最大限度地使用国家人才，为此得到世人更高的评价。1443 年，世宗创制训民正音。1446 年，训民正音正式颁布。时至今天，拥有一个民族的独立文字仍能给韩国人带来极大的自豪感。成宗时期，国家完成了整顿体制的各种编纂工作。1474 年，国家完成收录儒教礼法的《国朝五礼仪》。1485 年，朝鲜王朝的宪法——《经国大典》和囊括朝鲜王朝之前历史的《东国通鉴》完成。

战胜逆境：飞跃发展的朝鲜王朝中后期

在 100 多年的短暂时间内，朝鲜王朝实现了政治和文化上的稳定，但从 15 世纪后期开始的 50 多年是士祸时期。士祸的意思是勋旧派与士林派的政治对立令人们遭受祸害，其中有 1498 年的戊午士祸、1504 年的甲子士祸、1519 年的己卯士祸和 1545 年的乙巳士祸。韩剧让医女长今变得更有名气，她为大妃医病是中宗时期的 1522 年。1545 年（仁宗元年），圣雄李舜臣出生。1559 年，林巨正之乱爆发，举国上下动荡不安。1575 年（宣祖八年），朋党政治开始。

1592 年（宣祖二十五年）的壬辰倭乱让朝鲜王朝和现光化门广场所在地遭受致命打击。景福宫被烧毁，广场前也成为一片废墟。宣祖慌忙舍弃汉阳，逃往义州。义兵奋起抗争，再加上李舜臣将军在海上积极作战，宣祖得以重回汉阳。1610 年（光海君二年），许浚编撰《东医宝鉴》。不久前，《东医宝鉴》被载入世界记录遗产，再次凸显出其重要价值。17 世纪中期，朝鲜王朝先后经历了两次大的磨难——1627 年的丁卯胡乱和 1636 年的丙子胡乱。1653 年（孝宗三年），哈梅尔漂流至济州岛。成功出逃后，他出版了《哈梅尔漂流记》一书，创造了一个向世界介绍朝鲜王朝的契机。1678 年（肃宗四年），朝鲜王朝铸造常平通宝，在全国范围内流通。由于铸造模具为树叶形状，常平通宝被称为"叶钱"。1696 年（肃宗二十二年），渔夫安龙福将日本渔夫驱逐出郁陵岛。1712 年（肃宗三十八年），朝鲜王朝与清朝之间产生国境争议，长白山竖起定界碑。18 世纪，英祖和正祖相继登基，为朝鲜王朝带来政治和文化的中兴。英祖于 1725 年（英祖元年）实施荡平政策，于 1750 年（英祖二十六年）实施均役法，于 1760 年完成其满意作品——清溪川疏通工程。1776

《洪景来阵图》，彩色抄本，藏于奎章阁韩国学研究所。

年正祖即位后设立奎章阁，将其作为学术和政治的核心机构。1795年（正祖二十年），为庆祝母亲惠庆宫洪氏花甲寿辰，正祖大规模巡幸华城，该情景记录在仪轨的班次图中。

近代史：动荡的记录

进入 19 世纪，纯祖即位后势道政治开始，朝鲜王朝逐渐崩溃。1811 年，朝鲜王朝发生洪景来之乱。1862 年，始于晋州地区的民乱扩展到全国各地。兴宣大院君在儿子高宗 1863 年即位后掌权，曾为王室中兴做出过努力，1865 年至 1872 年的景福宫重建便是代表事例。我们今天仍能看到景福宫，兴宣大院君功不可没。19 世纪后半叶，西方列强和日本的侵略让朝鲜王朝越发陷入危机。1866 年，朝鲜王朝与法国开战，即丙寅洋扰。1871 年，朝鲜王朝与美国开战，即辛未洋扰。西方列强数次叩响大门，打开朝鲜王朝国门的却是日本。1876 年，与日本签订《江华岛条约》后，朝鲜王朝走上了被动的近代之路。这期间发生了许多事情：1882 年发生壬午兵变，1884 年发生甲申政变，1894 年发生东学农民运动和中日甲午战争。甲午战争后，日本完全获得了对朝鲜王朝的优势，通过 1894 年和 1895 年的甲午改革和乙未改革等进一步强化了其影响力。1897 年，高宗登基为皇帝，宣布成立大韩帝国，想要以皇室为中心推行各项自主改革，无奈受到日本的阻挠。1905 年签订的《乙巳条约》剥夺了大韩帝国的外交权。1907 年，日本以高宗皇帝向海牙派遣密使为由逼其退位。1910 年的韩日合并更是导致韩国国权丧失。

从 1910 年到 1945 年 8 月 15 日光复，韩国历史的中心都是找回国权。1919 年，三一运动爆发。1920 年，独立军在凤梧洞和青山里战役中取得大胜。1932 年，尹奉吉在上海虹桥公园投掷手榴弹，李奉昌向日本天皇投掷手榴弹。1940 年，韩国光复军得以成立，并努力以自己的力量实现光复。1945 年，日本向盟军投降，韩国随之解放。

浸润着生活史气息的当代史

值得注意的是，在历史水路上的当代史部分中，除了政治事件外，还记载着大量生活史相关的内容。人们可以真切感受到，历史不是个别政治家领导的，而是由全体国民共同创造的。下面，就让我们看一下浓缩着当代史的石板上铭刻的生活史相关内容。

1955 年，国产汽车始发轿车上市。1956 年，电视台 HLKZ TV 开播。1957 年，第一届韩国小姐选美大赛举办。1960 年，金浦机场航站楼竣工。1961 年，韩国广播公司（KBS）与韩国文化广播公司（MBC）的电视频道开播。1962 年，实行第二次货币改革，货币单位变为韩元。1963 年，拉面首次上市。1965 年，决定向越南派兵。1968 年，受"1·21 事件"影响，乡土预备军成立，《国民教育宪章》颁布。我入小学前也将《国民教育宪章》背得滚瓜烂熟，也依稀记得 10 韩元硬币的奖赏。在光化门广场守护至今的李舜臣铜像也是 1968 年修筑的。1970 年，京釜高速公路开通。1974 年，地铁 1 号线开通。

1980 年起，彩色电视时代来临。1982 年，现在最受欢迎的职业棒球联赛开打。1985 年，63 大厦完工。1986 年、1988 年分别承办亚运会和奥运会，汉城一跃成为国际化都市。1989 年，出境旅游自由化，人们可以走出国门，亲眼看世界。

1990 年，景福宫复原工程开始。1996 年，拆除前朝鲜总督府，为景福宫恢复原貌做出了贡献。1997 年，金融危机爆发，接受国际货币基金组织（IMF）金融救济，国民积极参与捐献黄金运动。1998 年，金刚山旅游开放。2000 年，南北首脑会谈举行，很大程度上缓解了朝鲜半岛南北间的紧张关系。2001 年，仁川国际机场开航。2002 年的韩日世界杯激起红魔狂热，将全体国民凝聚在一起。2004 年，KTX 高速铁路开通。2005 年，清溪川复原，重归市民怀抱。2006 年，韩国出口额突破 3000 亿美元。2008 年，韩国国内首位宇航员出现。大韩民国已拥有不逊于任何国家的经济和文化实力。

光化门广场曾是 600 多年前朝鲜王朝的中心，如今它变成了发展为世界级国家的大韩民国的中心。希望各位漫步光化门广场，沿着历史水路回顾朝鲜王朝以来的主要历史事件。尤其是审视当代史中那些带来重要生活变化的事件，对比自己走过的人生历程，将会更加有意义。

译后记

　　翻译讲究信、达、雅，但要做到这一点并非易事，祈盼读者在阅读本书的过程中没有感到拗口和别扭。

　　原著以韩文出现的大量文献史料，如《朝鲜王朝实录》《土亭秘诀》等，我都尽最大可能地核实了原文（汉文）。不便于读者理解的专有名词等，我以译注的方式做出了注释。希望这有助于专业读者深化书中相关领域的研究，普通读者能够更好地理解本书。

　　原著作者申炳周注重历史的现实性，主张在历史现场还原历史并与当代史进行交叉反思。他是韩国史学界知名学者，在朝鲜王朝史的研究领域颇有建树。本书有 10 个专题，每个专题有 6 个主题，共用 60 个主题介绍了朝鲜王朝时期的制度、政治变革、历史文献记录、思想文化、艺术、官吏和民众的生活等多方面的历史，是作者长期在该领域进行教学研究与大众科普的集大成之作，既有宏观叙述，亦有微观研究。

　　原著对非专业出身的读者来说很难，但对半路出家专攻朝鲜半岛近现代史的我来说，翻译此书并没感到累，因为原著读起来很有趣，我也对书中的观点感同身受。书中的主题既有对民族、国家，乃至人类的思考，又有对个体生活的关注，尤其是将历史事件与当代史进行交叉思考后得出的结论，对读者们定有启发。

仁祖反正与朴正熙发动的"5·16军事政变"及全斗焕发动的"12·12军事政变"在方式上极其相似；英祖勤政食素而长寿，燕山君暴饮暴食、骄奢淫逸而短寿……诸如此类，正如克罗齐所说，"一切历史都是当代史"。

从社会科学文献出版社（甲骨文）的陆大鹏先生委托我翻译此书到现在已经过去五个年头了，正好与我儿子同岁。译著出版问世时，也正好到了他认字读书的年龄，所幸就把这本书当作他的第一本启蒙读物吧。

最后感谢陆大鹏、成琳、刘洋、张金勇、秦晓静、尹英爱在本书的翻译与出版过程中给予的所有帮助。

图书在版编目 (CIP) 数据

真景：文物中的朝鲜王朝史 / (韩)申炳周著; 王
海龙译.--北京：社会科学文献出版社，2022.6
ISBN 978-7-5201-8254-6

Ⅰ.①真… Ⅱ.①申… ②王… Ⅲ.①朝鲜－历史－
研究 Ⅳ.①K312.07

中国版本图书馆CIP数据核字 (2021) 第067543号

真景：文物中的朝鲜王朝史

著　　者 / [韩] 申炳周
译　　者 / 王海龙

出 版 人 / 王利民
组稿编辑 / 董风云
责任编辑 / 张　骋　成　琳

出　　版 / 社会科学文献出版社·甲骨文工作室（分社）（010）59366527
　　　　　　地址：北京市北三环中路甲29号院华龙大厦　邮编：100029
　　　　　　网址：www.ssap.com.cn
发　　行 / 社会科学文献出版社（010）59367028
印　　装 / 南京爱德印刷有限公司

规　　格 / 开　本：787mm×1092mm 1/16
　　　　　　印　张：30.75　字　数：360千字
版　　次 / 2022年6月第1版　2022年6月第1次印刷
书　　号 / ISBN 978-7-5201-8254-6
著作权合同
登 记 号 / 图字01-2021-3841号
定　　价 / 188.00元

读者服务电话：4008918866